MENSCHEN IM STAAT

WR
in Davos
Febr. 1927

WILHELM REICH

MENSCHEN IM STAAT

Nexus Verlag

CIP-Kurztitelaufnahme der Deutschen Bibliothek

Reich, Wilhelm
Die emotionale Pest der Menschheit / Wilhelm Reich. - Frankfurt am Main: Nexus Verlag
Einheitssacht.: The emotional plague of mankind (dt.)
Bd. 1 erschien selbständig u.d.T.: Reich, Wilhelm: Christusmord
Bd. 2 s. Reich, Wilhelm: Menschen im Staat

Reich, Wilhelm
Menschen im Staat / Wilhelm Reich. - Dt. Erstausg. - Frankfurt am Main: Nexus Verlag 1982.
(Die emotionale Pest der Menschheit / Wilhelm Reich ; Bd. 2)
Einheitssacht.: People in trouble (dt.)
ISBN 3-923301-40-5

Deutsche Erstausgabe

Gesamtherstellung: NEXUS Verlag
Umschlaggestaltung: NEXUS Verlag
Printed in Germany 1982

ISBN 3-923301-40-5

Liebe, Arbeit und Wissen sind die Quellen unseres Lebens. Sie sollten es auch beherrschen.

Wilhelm Reich

DEN KINDERN DER ZUKUNFT

INHALT

Und so, im Verlauf der Entwicklung, wird alle frühere Wirklichkeit unwirklich, verliert ihre Notwendigkeit, ihr Recht zu existieren, ihre Vernünftigkeit. Anstatt der sterbenden Wirklichkeit steigt eine neue, lebensfähige Wirklichkeit empor – friedlich, wenn die alte vernünftig genug ist, ohne Kampf zu sterben, gewaltsam, wenn sie den Weg dieser Notwendigkeit blockiert.

– Friedrich Engels, in *Ludwig Feuerbach (1888)*

DER STILLE BEOBACHTER

Das Buch Menschen im Staat *beruht auf einem Manuskript von 1937, das durch anderes Material und Anmerkungen 1944/45 ergänzt wurde. Vor der ersten englischsprachigen Veröffentlichung 1953 fügte Reich, selbst als Stiller Beobachter, weitere Anmerkungen hinzu. Diese (manche von ihnen mit "SB" bezeichnet, andere nicht) sind überall im Text in eckige Klammern gesetzt oder folgen auf die Jahreszahl "1952". Die Rolle des Stillen Beobachters erklärt Reich selbst in dieser einleitenden Bemerkung. – Der Hrsg.*

Der Stille Beobachter (SB) in diesem autobiographischen Buch betrachtet die Ereignisse rückblickend von den Jahren 1950-52 aus, d. h. als das Oranurexperiment durchgeführt wurde. Dieses Experiment, das eindeutig die Existenz der ursprünglichen kosmischen Orgonenergie auf eine praktische und sogar sozial eindringliche Weise nachwies, räumte auf mit jeder Art von Kritik, Zweifel und Verzerrung, die von den Feinden der Orgonomie während der norwegischen Kampagne (1934-38) und von einigen psychoanalytischen Verleumdern (1934-47) geäußert wurde. Der Stille Beobachter prüft nicht nur diese Feinde objektiv, er schließt auch den Entdecker der Orgonenergie, Wilhelm Reich (WR), in seine schonungslose Kritik mit ein. Die Irrtümer und dummen Fehler genauso wie die großen Fortschritte und Erfahrungen von 1927 bis 1937 stellen eine wichtige Lehre für jeden dar, der in Zukunft versucht, sich mit der menschlichen Natur politisch statt wissenschaftlich zu beschäftigen. Nur der reale, nicht der politische Weg wird letztendlich mit der sexuellen Revolution unserer Tage zurecht kommen und die emotionale Pest (EP) besiegen.

Der Stille Beobachter weiß sehr gut, daß die Entdeckung der ursprünglichen kosmischen Orgonenergie alle unbedeutenden politischen Spitzfindigkeiten und jedes Denken in Begriffen wie Klasse oder das Unbewußte überholt hat. Es ist sicher, daß diese Entdeckung zum richtigen Zeitpunkt der Menschheit neue Werkzeuge des Denkens und Handelns in ihrem Kampf gegen die emotionale Pest, die die befähigsten und eifrigsten Bemühungen untergräbt, in die Hand geben. Trotz allem scheint es die tragische Wahrheit zu sein, daß für viele der kommenden Jahrzehnte oder gar Jahrhunderte der Politiker und der Ideologe die öffentliche Szene beherrschen und versuchen werden, die menschliche Natur mit Hilfe von Ideen, Programmen, Reden, Versprechungen,

Illusionen, taktischen Manövern und allen Arten von Politik zu ändern, ohne auch nur einen praktischen Schritt zu tun, um die Verhältnisse zu ändern und die natürlichen Gesetze des Lebens wiederherzustellen.
Die folgende Bilanz der Erfahrungen WR's in der sozialistischen und psychoanalytischen Bewegung wird hier vorgelegt, um bei der Vermeidung von Irrtümern und dummen Fehlern in der Zukunft zu helfen. Es ist zu hoffen, daß sogar der fähige, versteckte Verleumder, innerhalb und außerhalb der kommunistischen Parteien, genug Achtung hat vor dem Leiden der Menschen und ihrer Anstrengung, aus dem Versteck hinter den "Büschen" hervorzukommen und abzulassen von Mißbrauch und Kränkung von Offenheit, während diese geschichtliche Dokumentation auf der "Wiese" ausgestellt wird.

ZUR EINFÜHRUNG

Dieses Buch setzt sich aus verschiedenen Niederschriften in den Jahren zwischen 1927 und 1945* zusammen. Ich lege hier weder ein Kompendium der sexualökonomischen Soziologie noch eine Schrift vor, die anläßlich eines bestimmten Ereignisses verfaßt worden wäre. Die Entstehung des vorliegenden Buches gibt die allmähliche Reifung von Einsichten wieder, die im Verlaufe von fast zwei Jahrzehnten sich stückweise meldeten, um schließlich zu einem Gesamtbilde zu verschmelzen. Wer selbst in unerforschten Gebieten gearbeitet hat, begreift, daß es nicht ein vorgesetztes Ziel, sondern der Weg **des Suchens** selbst ist, der sich im Endergebnis widerspiegelt.

Man wird fragen, weshalb ich dies betone. Der Grund ist einfach: Ein naturwissenschaftliches Denkergebnis bezeugt seine Unvoreingenommenheit, wenn es soziale Erlebnisse darstellt, die zu verschiedenen Zeiten erworben wurden und den Weg des Irrens und Findens widerspiegeln. Ich schrieb dieses Buch nicht von einer vorgefaßten theoretischen oder emotionell begründeten Meinung her. Ich schrieb es nicht als Ergebnis eines willkürlichen Denkprozesses. Ich schrieb es auch nicht, weil ich mir irgendein Bild von einer besseren sozialen Organisation zurecht gemacht hatte. Ich habe die Einsichten, die in diesem Buche zusammengefaßt sind, gesammelt, wie etwa ein Siedler in unbewohnter Wildernis seine Beobachtungen und Erfahrungen sammeln **muß**, wenn er **überleben** will.

Ich war ursprünglich Kliniker, der nur für Naturwissenschaften und Naturphilosophie interessiert war und nicht Soziologe oder gar Politiker. Es war der spontane Gang der Orgonwissenschaft, der mich im Beginne, etwa 1919, auf das Gebiet der individuellen und sozialen Sexualökonomie führte. Die Sexualökonomie war Vorläuferin der Entdeckung des Orgons, der kosmischen Lebensenergie.

Rückblickend von 1945 muß ich sagen, daß die Entdeckung des Orgons durch mich ohne die Erlebnisse, die in diesem Buche geschildert sind, ausgeblieben wäre. Sie verdankt ihre Existenz den Hindernissen, die der irrationale Bau der menschlichen Gesellschaft und die charakterliche

* *1952: "1945" bezieht sich hier nur auf einen 1945 gefaßten Plan, alles historische Material bis zu diesem Jahr zu veröffentlichen. Als Folge anderer Bindungen war nur die Zeit von 1927 bis 1939 tatsächlich konsequent beschrieben. Andere Perioden wurden in gesonderten Schriften behandelt.*

Struktur der Menschentiere des 20. Jahrhunderts ihr in den Weg geworfen haben. Der Zwang, diese Hindernisse als **biopathische** Lebensäußerungen, und nicht als zufällige Schicksalsschläge zu erkennen und die Mittel zu finden, sie zu überwinden, rüstete mich mit den Methoden der Orgonforschung aus. Ich ahnte von der Existenz des Orgons ebensowenig, wie irgend ein Psychoanalytiker, der sich mit Triebpsychologie, oder irgend ein Physiker oder Biologe, der sich mit Erdmagnetismus oder mit der Kernteilung beschäftigt. Wie ich oft hervorhob, war nicht die Entdeckung des Orgons, sondern im Gegenteil, seine **Nicht-Entdeckung** im Zeitraume von etwa 2500 Jahren eine Leistung, allerdings eine **Verdrängungs**-Leistung. Zwei Jahrzehnte dauernde klinische Beschäftigung mit der menschlichen Neigung zur Verdrängung lebenswichtiger Prozesse, stellte mir die Frage nach den Ursachen des menschlichen Irrationalismus entgegen. Aus welchem Grunde, so lautete die Frage, wehrt sich der Mensch gegen nichts so sehr wie gegen die Erkenntnis seines eigenen Wesens, seiner biologischen Vernunft und Konstitution? Von der biologischen **Entartung** des Menschentiers, die seine persönliche und soziale Existenz seit Jahrtausenden chronisch und in periodischen Katastrophen gefährdet, wußte ich nichts.
Mit dieser Frage war ein Zweifel an der Rationalität des menschlichen Denkprozesses in mich geraten, der nie mehr locker ließ. Als noch Frieden herrschte, hatte der Zweifel wenig Nahrung. Die Neurosen, die **Freud** in naturwissenschaftlicher Weise, wenn auch nur psychologisch, verstehen gelehrt hatte, erschienen mir, wie allen anderen, als Erkrankungen ansonsten gesunder Organismen. Wenn irgendwer vor 1927 behauptet hätte, daß so viele soziale Institutionen der Gesellschaft des Menschentiers seit Tausenden Jahren im wesentlichen irrational, also biopathisch waren, wäre ich einer seiner strengsten Gegner gewesen. Mittlerweile hat die soziale Entwicklung überall auf dieser Erde, ausgehend von Europa, die Tatsache, daß der Mensch und seine Gesellschaft im streng psychiatrischen Sinne des Wortes geisteskrank ist, zu einem Gemeinplatz gemacht. Ich hatte das Glück, oder wenn man will, das Unglück, diese Tatsache nicht, wie die meisten erst um 1942, sondern schon 1927 empfunden und mit ihrer Erforschung begonnen zu haben. Der erste Zusammenstoß mit der menschlichen Irrationalität war ein Riesenschock. Daß ich ihm standhielt, ohne geisteskrank zu werden, ist unbegreiflich. Man bedenke, daß dieses Erlebnis mich mitten in einer behaglichen Angepaßtheit an das übliche Denken antraf. Ich geriet, ohne zu ahnen, womit ich es zu tun hatte, in die sogenannte

"Wurstmaschine", also in einen Zustand, der in den letzten 10 Jahren jedem neu hinzukommenden Sexualökonomen und Vegetotherapeuten wohl vertraut ist. Der Zustand läßt sich am besten wie folgt beschreiben: Wie mit einem Schlage erkennt man die wissenschaftliche Nichtigkeit, die biologische Sinnlosigkeit und die soziale Schädlichkeit von Anschauungen und Einrichtungen, die bis zu diesem Zeitpunkt ganz natürlich und selbstverständlich erschienen. Es ist eine Art Weltuntergangserlebnis, wie man es beim Schizophrenen in seiner pathologischen Form so oft antrifft. Ich möchte sogar vermuten, daß die schizophrene Form der Geisteskrankheit regelmäßig mit einer **erhellenden** Einsicht in den Irrationalismus des sozialen und politischen Geschehens, der Erziehung der Kleinkinder in erster Linie, einhergeht. Was wir echten "kulturellen Fortschritt" nennen, ist nichts anderes als Ergebnis solcher Einsichten. **Pestalozzi, Rousseau, Voltaire, Nietzsche** und viele andere waren ihre Repräsentanten. Der Unterschied zwischen dem Erlebnis des Schizophrenen und den Einsichten kräftiger Neuschöpfer ist der, daß sich umstürzende Einsichten in langen Zeiträumen, oft über Jahrhunderte praktisch entfalten. In sozialen Revolutionen, wie etwa der amerikanischen von 1776, der französischen von 1879 und der russischen 1917, überschwemmen solche rationalen Einsichten das Lebensempfinden von Millionenmassen. Mit der Zeit werden die "radikalen Wahrheiten" ebensolche Selbstverständlichkeiten, wie die irrationalen Anschauungen und Institutionen vorher gewesen waren. Die Entscheidung darüber, ob rationale Einsichten zur individuellen Geisteskrankheit oder zur rationalen Umgestaltung der sozialen Verhältnisse führen, hängt von vielen Umständen ab: beim Individuum vor allem von seiner genitalen Befriedigungsfähigkeit und der Geordnetheit seines Denkens; im großen Maßstabe der Menschenmasse hängt die Entscheidung vom Zusammenfallen naturwissenschaftlicher Erkenntnisse mit sozialen Notwendigkeiten ab. Es ist wohlbekannt: Eine korrekte Einsicht kann in einem Individuum verfrüht auftauchen, ehe der soziale Prozeß denselben Standpunkt erreicht hat. Die Geschichte der Naturwissenschaften und der Kulturentwicklung ist voll von Beispielen, die diese Behauptung als richtig erweisen.

Die Achse, um die sich dieses Buch dreht, ist die Behinderung der Funktionen einfacher und natürlicher Lebensprozesse durch den sozialen Irrationalismus, der, von biopathischen Menschentieren erzeugt, sich in der Menschenmasse charakterlich, d. h. **BIO–PHYSIKALISCH** verankert und derart soziale Bedeutung erhält. Nicht die rationale Einrichtung des sozialen Lebens, sondern umgekehrt, die **Aufrechterhaltung des politischen Irrationalismus stellt eine Riesenleistung dar.** [Sie ist ein wahrhaft teuflisches Problem.] Die biologische Energie, die ein Leben lang in einer Biopathie irrational verausgabt wird, würde, rational gelenkt, Riesenrätsel der menschlichen Existenz lösen. Dieser Behauptung kann sich niemand entziehen, der als Biopsychiater tätig ist. Der Traum von einem besseren sozialen Dasein bleibt nur deshalb ein Traum, weil Denken und Sinne der Menschentiere für das Einfache und Naheliegende gesperrt sind. Diese Tatsache wurde spontan durch die Ereignisse klar.

Ich habe den sozialen Irrationalismus in Mitteleuropa jahrelang selbst mitgemacht. Ich habe ihn später persönlich in meiner Eigenschaft als Arzt und Naturforscher von anderen erlitten. Ich war jahrelang politischer Mensch [d. h. ein stark an sozialen Fragen interessierter Mensch] und Arbeitender zugleich, ohne die Unvereinbarkeit von Arbeit und Politik zu gewahren. Der Politiker in mir ging unter, der arbeitende Arzt, Naturforscher und Soziologe blieb nicht nur bestehen, sondern er überstand vielmehr, bis jetzt, das soziale Chaos. Ich hatte Gelegenheit, viele politische Katstrophen aus der Nähe zu verfolgen. Einige davon erlebte ich am eigenen Leib: Den Untergang der österreichischen Monarchie; die Rätediktatur in Ungarn; die Rätediktatur in München; den Untergang der österreichischen Sozialdemokratie und österreichischen Republik; die Entstehung und den Untergang der deutschen Republik; ich erlebte die ungarische, österreichische und deutsche Emigration; dann folgten der Reihe nach der Untergang der Czechoslovakei, der Untergang Polens, Hollands, Belgiens, Dänemarks, Norwegens, Frankreichs; mit all diesen Ländern verknüpften mich persönliche und sachliche Beziehungen. Aus all diesem politischen Ruin ragte unter anderen **eine** Tatsache eminent hervor: Überschritt ein Politiker einmal die Grenzen seines Landes, so wurde er unbrauchbar und konnte sozial nicht mehr Fuß fassen. Überschritt dagegen ein arbeitender Mensch die Grenzen seines Heimatlandes, so faßte er in jedem beliebigen anderen Lande, früher oder später, sofern er nicht von Politikern gehindert wurde, sachlich und materiell wieder Fuß. Diese **eine** Tatsache enthält eine riesenhafte Wahrheit. Die Politik ist ihrem Wesen nach auf nationale Grenzen beschränkt. **Die Arbeit ist ihrem Wesen nach international und frei vom Zwange irgendwelcher Grenzen.** Wir werden diesen Tatbestand in seiner vollen sozialen Tragweite erst am Schluß dieses Buches ermessen können.

Es gibt derzeit eine Reihe menschlicher Gruppierungen in Europa und anderwärts, die meine soziologischen Schriften aus den Jahren zwischen 1927 und 1930 zur Grundlage ihrer sozialen Neuorientierung gemacht haben. Es ist unerläßlich, schon hier Klarheit über meinen Standpunkt zu schaffen: Ich trage noch immer voll die Verantwortung für jede naturwissenschaftliche, ärztliche oder sozialpädagogische Behauptung aus jenen Jahren, sofern nicht spätere Arbeiten Korrekturen einfügten oder noch einfügen werden. Das Lehrgebäude der Sexualökonomie steht wesentlich unverändert und durch die scharfen sozialen Ereignisse erprobt auf festem Grunde. Die Orgonforschung ab etwa 1934 hat diesem Lehrgebäude, das **kein fertiges System** ist, die experimentelle Verwurzelung gesichert. Die Sexualökonomie ist heute ein anerkannter naturwissenschaftlicher Zweig.

Von den alten, politischen Begriffen dagegen, die man in meinen frühen soziologischen Schriften findet, besteht keiner mehr zu Recht. Sie gingen mitsamt den Organisationen, unter deren Einfluß sie in meine Schriften gelangt waren, zugrunde. Man findet eine ausführliche Korrektur der sozialen Begriffe meiner politischen Psychologie im Vorwort zur dritten, **englischen** Auflage der *"Massenpsychologie des Faschismus"*.

Die Ausscheidung der politischen Parteibegriffe ist kein Rückschritt zu akademischer, sozial uninteressierter Naturwissenschaft, sondern ganz im Gegenteil, ein Riesenschritt **vorwärts** aus dem Gebiete des politischen Irrationalismus heraus in die rationale Gedankenwelt der natürlichen Arbeitsdemokratie. Ich weiß nicht und kann nicht wissen, wer von den alten Freunden und Mitarbeitern den gleichen Prozeß mitgemacht hat, oder wer noch mit alten politischen Begriffen operiert. Wer meine kleineren, meist illegal erschienen Aufsätze zwischen 1936 und 1940 kennt, weiß auch über den Prozeß der Loslösung von der Politik Bescheid. Ich möchte daher jede Verantwortung für Versuche ablehnen, die meine früheren parteilichen Bindungen von vor mehr als 14 Jahren parteipolitisch ausbeuten wollten. Ich müßte sofort öffentlich protestieren, wenn irgendwer meinen Namen oder meine Arbeiten zur Unterstützung sozialistischer, kommunistischer, parlamentarischer oder irgend einer anderen Art **Machtpolitik** ausbeuten wollte. Ich hatte nie etwas und habe jetzt nichts mit Machtpolitik zu tun.

Doch die Gefahr solcher Ausbeutung ist gering. Sie könnte nur durch Verzerrung meiner Arbeitsergebnisse durchgeführt werden. Erfahrungsgemäß verhalten sich übliche Parteipolitik und Orgonbiophysik wie Feuer und Wasser zueinander.

Weder bin ich noch war ich jemals in Machtpolitik verwickelt. Ich ging 1927 in die sozialistischen und kommunistischen Kultur- und Gesundheitsorganisationen, um durch Massenpsychologie ihre rein ökonomistischen Vorstellung der Gesellschaft, wie sie in der sozialistischen Theorie enthalten war, zu ergänzen. Formal war ich zwischen 1927 und 1932 ein Sozialist und Kommunist. Aber praktisch war ich nie einer und wurde auch von den Parteibürokraten nie als ein solcher angesehen. Ich glaubte niemals, daß Sozialisten und Kommunisten wirklich psychische Probleme des Menschen lösen könnten. Dementsprechend hatte ich nie eine Parteifunktion inne. Ich war mir wohl ihrer trockenen, ökonomistischen Orientierung bewußt, und ich wollte ihnen helfen, da sie die Rolle der "Fortschrittlichen" im Europa der 20er Jahre spielten. Zwar konnte mich die Politik nie irre machen, aber es dauerte lange, bis ich "soziale" von "politischen" Prozessen unterscheiden konnte. Ich hatte eine hohe Meinung von Karl Marx als einem Wirtschaftstheoretiker des 19. Jahrhunderts. Heute jedoch betrachte ich seine Theorie als weit überholt durch die Entdeckung der kosmischen Lebensenergie. Ich glaube, daß von der Marxschen Theorie nur der **lebendige** Charakter der menschlichen Produktivkraft bestehen bleiben wird. Dies ist ein Teil seiner Arbeit, der völlig vernachlässigt und schon vor langer Zeit vergessen wurde in den sozialistischen und kommunistischen Bewegungen, die Opfer mechanistischer Wirtschaftstheorie und mystischer Massenpsychologie wurden – ein Fehler, den man nicht so konsequent begeht, ohne seinen Platz im Buch der Geschichte zu verlieren.

Und schließlcih wurde nicht die Spur einer Unterscheidung gemacht zwischen einer wissenschaftlichen Sicht der Gesellschaft und den bestialischen, unwissenden, gemeinen Grausamkeiten, die von Biopathen – die wußten, wie man durch Intrigen an die Macht kommt, – an Werktätigen verübt werden. Einen Duncker, Kautsky oder Engels mit kriminellen Mördern des Moskauer Typs in einen Topf zu werfen, ist das sicherste Zeichen eines degenerierten, wissenschaftlich inkompetenten und konfusen Gehirns. Wenn heute einer beansprucht, den Kommunismus zu bekämpfen, muß er beweisen, daß er weiß, worüber er spricht, vom Köpfen einmal abgesehen.

[1952: Es ist unmöglich, die Lebensfunktionen zu beherrschen, wenn man sie nicht voll lebt. Kein Bergmann kann Kohle abbauen, ohne ins Berkwerk zu gehen. Kein Ingenieur kann eine Brücke über eine Schlucht bauen, ohne ein Hinunterfallen zu riskieren. Kein Arzt kann eine ansteckende Krankheit heilen, ohne das Risiko, sich selbst anzustecken.

Einer, der nie verheiratet war, weiß nichts über die Ehe und keine Person, die nicht einmal ein Kind geboren oder zumindest praktisch bei einer Geburt geholfen hat, weiß, wie es ist. Das meint die Arbeitsdemokratie. Als Malinowski sich entschied, alte Kulturen zu studieren, ging er auf die Trobrianden, wo er mit den Leuten in ihren Hütten lebte, an ihrem Leben und ihrer Liebe teilnahm. Auf diese Weise entdeckte er den Funktionalismus in der Ethnologie. **Um funktional zu denken, muß man funktional leben.**

Ähnlich mußte ich – und ich tat das freudig, ja sogar begeistert –, als ich mich entschloß, in der vorbeugenden Mentalhygiene (heute "Sozialpsychatrie" genannt) zu arbeiten, mich zu den Leuten an den tiefsten Wurzeln der Gesellschaft gesellen, wo auch immer und wie auch immer sie lebten, liebten, haßten, litten und in eine unsichere Zukunft träumten. In jener Zeit waren in Europa die sogenannten unteren Klassen unter sozialistischer und kommunistischer Führung organisiert. Es gab vier bis fünf Millionen kommunistische und sieben Millionen sozialistische Wähler in Deutschland allein, und diese zwölf Millionen linken Stimmen waren bedeutend unter den etwa dreißig Millionen Stimmen in Deutschland. Man muß dies miterlebt haben, um zu wissen, was "Linke" sind; man kann unmöglich Europa von Amerika aus beurteilen, ohne das miterlebt zu haben. Es ist auch wesentlich zu wissen, daß in den späten Zwanzigern die Orientierung der kommunistischen Parteien in Deutschland und Österreich im wesentlichen demokratisch war. Sie waren noch keine Beute der roten Faschisten geworden, wie es in den Dreißigern passierte.

Das war zu dieser Zeit meine Feldarbeit in Sozialpsychatrie, und meine ersten Schritte trafen bald mit der vollen bösen Macht der emotionalen Pest zusammen. Nicht viel später wurde mir allmählich klar, daß **ich der erste Arzt und Psychiater war, der die emotionale Pest im sozialen Bereich entdeckte und sich selbst in einen tödlichen Kampf verstrickt sah mit der schlimmsten Seuche, die jemals die Menschheit heimgesucht hat,** ein Kampf, der bis zum heutigen Tage andauert. Diese Erkenntnis war eine wesentliche Vorbedingung, um die Fähigkeit und den Willen zum Lernen aufzubringen, die unabdingbar waren, wenn ich überleben sollte.]

Die Erfassung des natürlichen arbeitsdemokratischen Lebensprozesses der Gesellschaft verbietet politische Tätigkeiten im alten Sinne. **Wir vertreten sachliche Prozesse und keine Ideologien.** Der ernste Arbeiter haftet an seiner Aufgabe unter allen Umständen, und er vertritt sie so tapfer wie möglich. Das gilt für **jeden** lebensnotwendigen Arbeitsprozeß. Wir teilen aller Welt mit, wie wir unsere Arbeit organisieren. Die Teilnehmer an allen anderen Arbeitsprozessen haben ebenso wie wir die Verantwortung, was aus dieser menschlichen Gesellschaft wird. Wir können weder dem Bergbau noch der Lebensmittelindustrie vorschreiben, wie sie ihre spezielle Arbeit arbeitsdemokratisch organisieren sollen. Wir haben die Prophylaxe des Krebses und anderer Biopathien, also das sexualökonomische Prinzip in der Kleinkindererziehung und die Nutzbarmachung der kosmischen Lebensenergie des Orgons zu organisieren. Wir leisten mit unseren psychiatrischen und biophysikalischen Kenntnissen Pionierarbeit und legen Grundprinzipien des Lebensprozesses klar.

Wir können auf Grund alter, zahlreicher Erfahrungen sicher sein, daß sich uns bei jedem entscheidenden Schritt sozialhygienischer Art dieser oder jener machtvolle Politikant in den Weg stellen wird. Hierzu ist zu sagen: Wir haben viele Jahre hindurch geduldig und unterstützt durch den praktischen Erfolg unserer Bemühungen versucht, mit verantwortlichen Politikern jeder Schattierung zu kooperieren. Wir haben nur Schwierigkeiten erlebt, und wir hatten Gefahren und Difamierungen zu überwinden, die regelmäßig von Politikern herkamen. Jede Katastrophe, die die Sexualökonomie in ihrer Entwicklung zu bewältigen hatte, wurde von Politikern herbeigeführt: von kommunistischen Politikern, sozialistischen Politikern, psychoanalytischen Organisationspolitikern, ärztlichen Organisationspolitikern, christlichen Regierungspolitikern, faschistischen Staatspolitikern, diktatorischen Polizeipolitikern und anderen Politikern. Die Vertreter der Sexualökonomie haben bewiesen, daß sie bereit sind, zu kooperieren. Die Politiker haben bewiesen, daß sie Feinde sind, nicht aus persönlichen so sehr, wie aus prinzipiellen Motiven ihrer Existenz. Es liegt also an den Politikern, wenn die Vertreter der Sexualökonomie, politischen Psychologie und Orgonbiophysik keinerlei Rücksicht mehr nehmen. Indem wir für die Durchführung unserer sozialen Arbeitsaufgaben sind, sind wir automatisch, ob wir es wollen oder nicht, gegen Politik jeder Art.

Unser sozialer Standpunkt ist in diesem Buche, wie in anderen Schriften, klar und unmißverständlich dargelegt. **Wir wollen, daß die Welt der Parteipolitik diesen Standpunkt kenne**. Niemand soll sich später darauf berufen können, daß er "es nicht gewußt" hätte. Die Erfahrungen dieser letzten furchtbaren zwölf Jahre haben uns gelehrt: Der Politiker benützt gerne die Früchte von anderer Leute ehrlicher Arbeit durch den praktischen Erfolg unserer Bemühungen, um Stimmen einzufangen. Hat er genügend Stimmen eingefangen und derart soziale Macht gewonnen, so wirft er die Sache, die ihm zur Macht verhalf, über Bord, gesinnungslos und skrupellos. Es ist seinem Wesen eigen, daß er, nachdem er sich fremdes Arbeitsgut angeeignet hat, die Arbeitenden durch Diffamierung oder durch Exekutionssquader beseitigt. Es bedarf nicht langer Überlegung, daß ein Lenin, ein Engels etc. 1930 in Rußland nicht überlebt hätten, und ebensowenig hätte ein amerikanischer Freud überlebt, wenn ein amerikanischer Hitler mit seinen Entdeckungen die Macht erobert hätte. Diese Dinge sind heute Banalitäten.

Wir kennen die Politker Europas, Amerikas oder Asiens von 1960 oder 1984 nicht. Unsere Haltung ist vom Erlebnis des Politikantentums zwischen 1914 und 1944 bestimmt. Es ist das Prinzip jeder Art Politik, Naturwissenschaften zu gefährden, wenn die Versprechungen der Politiker **praktisch** durchgeführt werden. Es ist nicht dieser oder jener Arbeitende, den der Machthaber auszuschalten bestrebt ist, sondern das **Regierungsprinzip der Arbeit**. Sie wollen Arbeit ausbeuten, aber sie wollen ihr nicht das Recht der sozialen Lenkung überlassen.

Diese Feststellungen sind nicht persönlich gerichtet, da wir ja die Politiker der kommenden Jahrzehnte nicht kennen. Ich stehe aber nicht an, vor ihnen zu warnen. Offene Feindschaft ist besser als hinterhältige Freundschaft.

Wir sind gegen irrationale Überfälle durch Politikanten heute besser gerüstet als vor Jahren. Auch die Zeit ist **mit** uns, und nicht mehr gegen uns. Zwar schlugen die Überfälle der emotionellen Pest auf die Sexualökonomie gewöhnlich wie ein Bumerang zurück, aber sie kosteten viel Arbeitsmühe und Geld; sie gefährdeten immer wieder unser Leben. Es ist daher unerläßlich, das irrationale Wesen der Politik unausgesetzt zu entlarven, so daß es wohl definiert und gedruckt vorliegt, wenn ein emotionell Pestkranker sich wieder einmal durch Tatsachen provoziert fühlen sollte. Freilich, gegen Schüsse aus dem Hinterhalt kann man sich nicht wehren. Vielleicht genügt es den Politikern, von Mord abzusehen, wenn wir ihnen versichern, daß wir mit ihnen nicht in Macht konkurrieren wollen; daß wir ihnen das Gebiet der Volksverführung völlig überlassen und uns auf unsere Arbeit am verunglückten Menschen beschränken. Erschießungen würden übrigens nichts nützen. Sie würden nur Märtyrer schaffen; das Forschen nach Wahrheit und Glück, Helfen, Streben würde nur tausendfach wiederkommen. Ich hoffe, das ist klar genug gesagt.

KAPITEL 1

AUF IRRWEGEN

Von psychologischen Anschauungen über soziologische Prozesse war nach dem ersten Weltkriege 1918–1927 keine Rede. Die Sozial-Ökonomen waren entweder streng marxistisch ökonomisch orientiert oder sie vertraten, im Kampf gegen die marxistische Werttheorie, eine Art ökonomischen Psychologismus wie etwa den von **Max Weber** und ähnlichen Schulen. **Marx** hatte im 19. Jahrhundert die soziologischen und ideologischen Prozesse der Gesellschaft auf die Entwicklung der wirtschaftlich-technischen Produktivkräfte zurückgeführt. Seine Vorgänger sowohl wie seine zeitgenössischen und nachgenössischen Gegner suchten zwar korrekterweise nach den psychologischen Triebkräften, die der menschlichen Wirtschaft zugrunde liegen. Aber die Freudsche naturwissenschaftliche Fassung der Tiefenpsychologie war wesentlich individualistisch orientiert; sie war sozial nur wenig, und wenn, so in falscher Richtung, vorgedrungen (vgl. meine soziologische Kritik der psychoanalytischen Soziologieversuche in *Der Einbruch der sexuellen Zwangsmoral*, 1932). Die nicht-Freudsche Psychologie war aber zu jener Zeit bloß Abteilung der Philosophie oder der sogenannten ethischen Wissenschaften. Sie konnte nicht den Anspruch erheben, naturwissenschaftlich genannt zu werden. Sie wußte nichts von unbewußtem Triebleben des menschlichen Organismus und haftete an den Erscheinungen der Oberfläche, wo sie nicht ethisch entartete. Aus diesen historischen Entwicklungsgründen bedeuteten die "psychologischen" Richtungen in der Wirtschaftskunde und Soziologie Irrwege; sie vermochten weder zum wirtschaftlichen Kern der Soziologie, noch zum biologischen [bioenergetischen] Kern der Menschenstruktur vorzudringen. Es versteht sich von selbst, daß demzufolge von einer Beziehung des biologischen Sexualprozesses zum sozialökonomischen Prozeß keine Spur vorhanden sein konnte. Die Gesinnungsethik, die eine naturwissenschaftliche Fassung des menschlichen Freiheitsstrebens ersetzte, fand ihren Ausdruck auch in marxistischen Kreisen; man spürte schon damals die Lücke in der Ökonomielehre von Marx, ohne sie füllen zu können. Es ging um die Frage nach der Rolle des **Menschen** im sozialen Prozeß, seinem "Wesen" oder seiner "Natur". Hier ist als typischer Vertreter etwa der belgische Sozialist **Henryk de Man** zu nennen, der dem Marxschen "materialistischen Interessensozialismus" seinen "ethischen Gesinnungssozialismus" gegenüberstellte. Die psychologische Lücke in der Marxschen Soziologie war also scharf zu spüren (menschliche Charakterstruktur), aber niemand wußte anzugeben, was an Verständnis des Gesellschaftsprozesses fehlte. Es war jedem klar, daß neben dem vom Menschen unabhängigen sozialökonomischen Prozessen, irgendwie der **Mensch selbst** mit seinem Denken und Fühlen bestimmend eingriff. Ethische Anschauungen und Forderungen griffen nun dort ein, wo konkretes Wissen fehlte. Der Begriff der "Klassen" war, streng genommen, soziologisch, und nicht psychologisch, obgleich jede "Klasse" ihre eigenen "Interessen", "Wünsche", "Nöte" etc. hatte.

Die biopsychologische Lücke in der Sozialwissenschaft war, wie es sich später herausstellte, durch den Mangel einer naturwissenschaftlich wohlbegründeten **Sexual**theorie gegeben. Eine Sexual**soziologie** konnte sich aber erst allmählich aus der **naturwissenschaftlichen** Sexual**theorie** entwickeln. Von dieser Einsicht war man nicht nur gedanklich weit entfernt. Wer immer auf die Idee gekommen wäre, daß es die naturwissenschaftliche Sexualsoziologie ist, die in der Sexualökonomie fehlte, hätte nur in eine gähnende Leere geblickt. Es gab nichts in der Literatur wie in der Erfahrung, das den Anspruch hätte erheben können, diejenige Sexualsoziologie zu bilden, die genau in die von der Marxschen Sozialökonomie offen gelassenen Lücke des sozialen Verständnisses gepaßt hätte. Zwar lagen zahlreiche und gründliche Untersuchungen über die "Geschichte der Familie" vor, aber man hatte irrtümlicherweise die Familie, die nur die **Form** ist, in der sich das menschliche Sexualleben abspielt, für den biologischen Sexualprozeß des Menschen selbst hingenommen. Das Familienproblem selbst ist nun voll von irrational emotionellen Elementen und führte wiederum in die Ethik, statt in die Naturwissenschaft. So kam es, daß weder das "Familienproblem", noch das "Fortpflanzungsproblem" (in seiner Form von "Eugenik" oder"Bevölkerungspolitik") den Anschluß an die Sozialökonomie fand . Wir wissen heute, nach dem Erlebnis des Faschismus, daß es **die uralte mystische und unwissenschaftliche Fassung der Eugenik und der Bevölkerungspolitik war**, die die Grundlage für die Entwicklung der Hitlerschen Lebensraum- und Rassetherorie abgab. Wir verstehen nun, daß die Hitlersche Rassetheorie sich genau innerhalb der Lücke der Soziologie entwickelte, die die rein wirtschaftliche Sozialökonomie nicht zu füllen vermochte. Diesen Tatbestand habe ich in meiner *Massenpsychologie des Faschismus* und in meinem Buche

Die sexuelle Revolution ausführlich zu begründen versucht. Meine Deutung der Lücke ist heute wohl allgemein, soweit sie bekannt ist, akzeptiert: **Es ging nicht um die Familienform oder um das Fortpflanzungsproblem, sondern gerade um das, was Familie und Fortpflanzung von jeher zu verdecken hatten; es ging um den biologischen Lustprozeß des Menschentiers und um die sozialen Institutionen, in denen dieser Lustprozeß stattzufinden hatte.** Der biosexuelle Prozeß lag aber damals, um die Zeit des ersten Weltkrieges und noch viele Jahre nachher, völlig im Dunkeln. Die Sexuologie jener Zeit, repräsentiert durch große Namen wie **Bloch, August Forel, Havelock Ellis, Krafft-Ebing, Hirschfeld** und andere, befaßte sich (und konnte sich nur befassen) mit der gegebenen **biopathischen** Sexualität, also den Perversionen, und mit der Fortpflanzung des biologisch entarteten Menschentiers. Die **orgastische Potenz**, das Kernstück der späteren sexualökonomischen Soziologie, wurde erst zwischen 1920 und 1927 entdeckt und beschrieben. Ich hätte ebensowenig wie ein anderer zur biopsychischen Lücke in der Soziologie zu sagen gewußt. Nur eines war mir im Beginne meines Studiums der Marxschen und nicht-Marxschen Soziologie klar geworden: Der Mangel an konkreter Einsicht in die Tiefenstruktur des Menschen ist im konservativen Lager durch ethische Forderungen ersetzt und verdeckt. Und in der Marxschen Soziologie entwickelte sich aus der Lücke eine "**ökonomistische**", d. h. mechanistisch-starre Anschauung vom Gesellschaftsprozeß, die, wie ich erst viel später lernte, schon von Lenin zur Zeit der Vorbereitungen der russischen Revolution scharf bekämpft worden war. Das Grundprinzip des Ökonomismus ist durch die Anschauung gekennzeichnet, daß die toten Maschinen und die Technik allein entscheiden. Der Mensch als Träger und Objekt dieser mechanistischen Soziologie fällt aus der Betrachtung weg. Das wird sich später an konkreten Beispielen klar erweisen. Kurz, alle Bestrebungen, die Gesellschaft zu begreifen und neu einzurichten, operierten ohne jede Kenntnis des biosexuellen Kernproblems des Menschentieres. Daß das nicht geht, ist heute bekannt, weil der faschistische Irrationalismus die Frage nach der irrationalen Menschenstruktur aufzwang. Damals lag es völlig außerhalb des Gesichtskreises der Sozialökonomie. Ich geriet in diesen Problemkreis durch eine merkwürdige Verkettung meiner Tätigkeit als Sexualarzt mit eindrucksvollen sozialen Vorfällen.

Als ich von 1925 bis 1927 mein Buch *Die Funktion des Orgasmus* [1] schrieb, versuchte ich bereits, die Frage der Geschlechtlichkeit auf eine

[1] *Diese Arbeit ist nicht zu verwechseln mit Reichs späterer Arbeit, die unter dem gleichen Titel als Band I von Die Entdeckung des Orgons herausgegeben wurde. – Der Hrsg.*

soziopolitische[2] Weise nutzbar zu machen. Dabei kam nichts Gutes heraus. Das ganze Kapitel über "die soziale Bedeutung der genitalen Strebungen" wurde später gestrichen. [3] Unter dem Einfluß der psychoanalytischen Kulturtheorie hatte ich versucht, unbrauchbare Theorien zu verwenden.

Ich produzierte auch meine "Beiträge zum Verständnis von . . . ", harmlose Lappalien, die nur durch ihre Häufung gefährlich wurden. Sie enthielten die übliche Mischung von Halbwahrheiten und völligen Unrichtigkeiten. Zum Beispiel:

Der Krieg brachte eine kollektive Aufhebung unterdrückter, insbesondere grausamer Impulse mit sich, mit der Erlaubnis durch ein idealisiertes Vaterbild, den Kaiser .....

Damit folgte ich Freuds Überlegungen zu Krieg und Tod: der Krieg als ein Ausdruck des Sadismus der Massen! 1805 war es ein Korporal und 1933 wiederum ein Korporal, den die Massen zu ihrem "Kaiser" machten. Heute wissen wir, daß es nicht der "Sadismus der Massen" ist, sondern der Sadismus kleiner Gruppen, deren Beute die biologisch starr, hilflos und autoritätssüchtig gewordenen Massen sind.

Wirtschaftsinteressen führten zu äußeren Einschränkungen, die zu den individuell bedingten (!) genitalen Hemmungen hinzukamen. Das Proletariat ist nicht von solchen ökonomischen Einschränkungen der Genitalität belastet (!), und da der Druck kultureller Forderungen auch geringer als in den besitzenden Klassen ist, treten Neurosen relativ seltener auf. Die Genitalität ist freier, je schlechter die materiellen Lebensbedingungen sind.

Ich war ein naiver und harmloser Akademiker: Es gibt "individuell bedingte" genitale Hemmungen; das Proletariat ist von ökonomischen Einschränkungen der Genitalität unbelastet; es hat weniger kulturelle Bedürfnisse; je schlechter die materiellen Lebensbedingungen, umso freier die Genitalität.

Weder die Marxisten noch die Freudianer kritisierten mich. Sie stimmten überein. In ihrem späteren Kampf gegen mich schrieben die Marxisten "die freie Sexualität des Proletariats" den ärmlichen Lebensbedingungen zu. Die Psychoanalytiker waren zufrieden, weil ich nicht die Schranken der Moralität zwischen Menschen mit und solchen ohne kulturelle Bedürfnisse aufhob. Ein führender ungarischer Analytiker erzählte mir einmal, daß das Proletariat dem Unbewußten entspreche, da

[2] *1952: Die Begriffe "sozial" und "politisch", die ich heute als Gegensätze ansehe, waren zu dieser Zeit in meinem Denken noch eins.*

[3] *Zur gleichen Zeit wurde es von schwedischen Sozialisten begeistert veröffentlicht.*

es ohne Hemmungen des Instinkts sei, während die Bourgeoisie dem Ich und dem Überich entspreche, da sie das Es im Zaune halten müsse. Diese Aussage stand in völligem Einklang mit der psychoanalytischen Kulturtheorie, die behauptete, daß die Gesellschaft psychisch genauso strukturiert sei wie das Individuum. Alles war in bester Ordnung!
Es gab auch abskure Sätze, die ein Stückchen Wahrheit unrichtig zum Ausdruck brachten!

Jeder, der die innere Bereitschaft kennengelernt hat, wirtschaftliche Not als Ausweg aus inneren Konflikten zu akzeptieren und auszuweiten, kann nicht an eine vollständige Lösung sozialer Probleme mit den herkömmlichen Methoden glauben.

Neurose war ein "individueller" psychischer Konflikt. Sie hatte nichts zu tun mit der Gesellschaftsordnung, abgesehen von "ein paar Härten und Ungerechtigkeiten".
Freuds Psychologie begann in sozialistische Kreise durch den Einfluß von Leuten wie den Wiener Rechtsanwalt und Kinderarzt Dr. Karl Friedjung einzudringen. Er erklärte den für öffentliche Hygiene in Wien zuständigen sozialdemokratischen Ärzten, daß das Kind eine Sexualität hat. Der berühmte Freud hatte diese großartige Entdeckung gemacht. Mit diesem Wissen konnte man die "Sublimierung der Triebe" unterstützen. Die Sozialdemokraten standen Freud bei. An seinem siebzigsten Geburtstag ernannten sie ihn zum "Bürger" (Anm.: nicht zum **Ehren**bürger) der Stadt Wien. Vor Freuds Entdeckung hatte man nicht gewußt, wo wo der Teufel Sexualität seinen Wohnort hatte und konnte ihn daher nicht angemessen bekämpfen. Nun wußte man es und freute sich, daß er besser, wissenschaftlicher und erfolgreicher bekämpft werden konnte. Es tauchten Sprüche auf wie "sexuelle Aufklärung auf wissenschaftlicher Basis" und "gesunde Sexualerziehung", sie repräsentierten die Forderung nach Sublimierung der Instinkte und wissenschaftlicher Vorbeugung des "Auslebens". Psychoanalytiker begannen, Bücher über Sexualhygiene zu schreiben. Sie befürworteten die "Erziehung der Instinkte", ein Begriff, den jeder nach seinem Geschmack interpretieren konnte. Federn und Meng, beide Mitglieder sozialistischer Parteien, schrieben: "Unter unseren sozialen und ökonomischen Lebensbedingungen mag sexuelle Abstinenz aus triftigen allgemeinen und persönlichen Gründen notwendig sein. **Für die Mehrheit der Menschen ist Abstinenz nicht gesundheitsschädlich**" *(Das psychoanalytische Volksbuch, 1927, S. 237). "Entsprechend ist die äußerste Vermeidung äußerer Reizungen (!) zur*

Einhaltung wahrer Abstinenz notwendig . . . Sexuelle Erregung kann durch kalte Bäder und Schwimmen abgebaut werden . . . Plötzliche Erektionen, die Masturbation und Schlaflosigkeit bewirken, gehen zurück, wenn man den Atem so lange wie möglich anhält und das öfter wiederholt . . ." (ebda., S. 240) (Kursiv von mir, WR). Als ich in 1929 meine Kritik der bürgerlichen Sexualreform [4] schrieb, vermied ich eine Kritik an diesen ethischen Sozialisten. Ich hatte keine Antwort darauf, und zu kritisieren, ohne es besser machen zu können, ist einfach. Ich schrieb noch immer im Namen der Psychoanalyse.

Weshalb gestatten "die Welt, die Kultur", die Gesellschaft dem jungen Manne nicht die natürliche Befriedigung der Genitalität? Weshalb gibt es solche Massen an seelisch Kranken? Weshalb wird Freud so erbarmungslos bekämpft? Weshalb hörte man als Medizinstudent nicht von den emotionell überwiegenden Vorgängen des Geschlechtslebens? In den analytischen Behandlungen trat die soziale Schranke der normalen Sexualität scharf und klar hervor. **Welchen Sinn hat dieser Unsinn?** Ich wußte keine Antwort, und in der Literatur gab es nur die eine stereotype Auskunft: Kultur erfordert Sittlichkeit, Keuschheit der Mädchen, Askese bis zur Ehe, Abstinenz des Pubertierenden!! Sonst gäbe es Chaos und keine geordnete Arbeit.

Ich begann **Ethnologie** und **Soziologie** zu studieren: **Woher stammt die Sexualverdrängung und -unterdrückung? Welche Funktion erfüllen sie?** [5]

[4] *Die Sexuelle Revolution, Teil I*

[5] *Vgl. hierzu meine Untersuchungen über diese Frage in Sexualität im Kulturkampf und Der Einbruch der sexuellen Zwangsmoral*

KAPITEL 2

EIN PRAKTISCHER KURSUS IN MARXISTISCHER SOZIOLOGIE

Der 15. und 16. Juli 1927 in Wien

Ich hatte erst einige orientierende Schritte im Studium der ethnologischen und soziologischen Literatur (Cunow, Mehring, Kautsky, Engels usw.) unternommen, als mir die Ereignisse unvermutet und "theoretisch unvorbereitet" praktische Soziologie beibrachten.
Schattendorf, ein kleiner Ort im Burgenland, hatte eine sozialdemokratische Zweidrittelmehrheit. Am 30. Januar 1927 rief die SP um 4 Uhr nachmittags eine Versammlung ein. Schon vor Beginn der Versammlung schossen aus dem naheliegenden Frontkämpfergasthof kaisertreu Gesinnte unprovoziert auf die Menge. Einem Kriegsinvaliden, also einem früheren Kriegskameraden, wurde der Schädel zertrümmert. Ein achtjähriges Kind wurde erschossen, ein sechsjähriges Kind schwer, und vier Schutzbündler wurden leicht verletzt. Die Schützen flüchteten ungehindert.
Weshalb reagierte die bedrohte Masse nicht in absolut gerechter Notwehr? Wie konnten die reaktionären Mörder in einer Ortschaft mit zwei Drittel Sozialisten-Majorität flüchten? Die Bevölkerung überließ die Mordaffäre in disziplinierter Weise dem Gerichte! Am nächsten Tage stellten einige Großbetriebe die Arbeit ein. Am 1. Februar 1927 riefen der Parteivorstand der SPÖ und die Gewerkschaftskommission Österreichs zu einem viertelstündigen Proteststreik auf. Er wurde geschlossen durchgeführt. Es wurden keine Massendemonstrationen auf der Straße durchgeführt, obwohl die sozialdemokratische Partei den Apparat hatte, gegen die mörderische Aktion der Monarchisten eindrucksvoll zu demonstrieren. "Man wollte das Bürgertum nicht provozieren und die Arbeiter nicht in Erregung bringen." Das Ende war der Untergang der Sozialdemokratie am 14. Februar 1934 durch dieselben monarchistischen Organisationen, die 1927 zu erproben versuchten, wieviel sie sich leisten konnten.

Am 3. Februar gab es eine parlamentarische Interpellation im Nationalrat. Die Sozialdemokratie fragte die christlich-soziale, habsburgisch gesinnte Regierung sehr höflich, ob sie bereit wäre:
1. "mit aller Energie die an dem Morde in Schattendorf schuldtragenden Personen zur Verantwortung zu ziehen."
2. die Frontkämpferortsgruppen im Burgenland aufzulösen.
Die Debatte endete ohne Beschluß. In der Gerichtsverhandlung, ich glaube in Krems, am 14. Juli 1927, wurden die Mörder, offenbar von kaiserlich reaktionär gesinnten Richtern, freigesprochen.
Am 15. Juli 1927 zehn Uhr vormittags kam zu mir wie gewöhnlich ein Arzt in die Analysestunde. Er erzählte, daß ein Streik der Wiener Arbeiterschaft ausgebrochen wäre. Es hätte bereits einige Tote gegeben; die Polizei werde eben mit Waffen versehen, und die Arbeiter hätten bereits die innere Stadt besetzt. Ich brach die Sitzung ab und ging zum Schottenring, in dessen Nähe ich wohnte. In einer der Querstraßen befand sich die Polizeidirektion. Dort standen Massen von Polizei; sie bekamen Gewehre, die ihnen von Wagen herabgereicht wurden. Auf dem Schottenring marschierten lange Züge von Arbeitern in Arbeitskleidung, geschlossen, manche im Schritt, jedoch ohne Waffen in der Richtung zur Universität. Mir fielen die Ruhe in den Gesichtern und die ernste Entschlossenheit in der Haltung auf. Sie sangen und schrien nicht. Sie gingen stumm. Von der Universität her marschierten Schutzbundkolonnen in entgegengesetzter Richtung zum Donaukai. Zuschauer fragten, wohin sie marschierten. "In die Quartiere", war die Antwort. Niemand verstand es. Hier bereitete sich ein schwerer, bewaffneter Kampf zwischen Polizei und Betriebsarbeitern vor, und die seit Jahren gerade für solche Anlässe organisierte Schutztruppe der Arbeiterschaft ging in die Quartiere zurück? Eine Woche später war die Anschauung allgemein, daß der sozialdemokratische Schutzbund das später erfolgte Blutvergiessen hätte verhindern können, wenn er einen Riegel vor der Polizei gezogen hätte. Wien verfügte unter dem sozialdemokratischen Gemeinderat über etwa 50.000 Schutzbündler, die militärisch geschult waren. Wenn der Kampf **nicht** geführt werden sollte, so mußten die Arbeiter vor der Polizei doch geschützt werden. Was im Sozialdemokratischen Parteivorstand vorging, wußte kein Mensch. Der erste Übersichtsbericht der SPÖ kam erst 24 Stunden später, am 16. Juli.

Ich berichte hier als einfacher Zuschauer von damals. Ich war unter den Zehntausenden von Zuschauern und Zielscheiben der Polizei. Die Wirklichkeit solcher Stunden und Tage des "Klassenkampfes"

sieht anders aus, als sie in den offiziellen Berichten über Bürgerkrieg und Klassenkampf geschildert wird. In den Berichten werden die Kämpfe, Theorien entsprechend, zwischen Kapitalisten und Arbeitern ausgekämpft. Auf der Straße laufen, schreien, schießen und sterben Menschen! Ich sah keine Kapitalisten auf den Straßen, dagegen Tausende und Abertausende von Arbeitern in Uniform und solche ohne Uniform, Frauen, Kinder, Ärzte, Zuschauer. Der unauslöschliche Eindruck blieb: **Hier kämpft Seinesgleichen mit Seinesgleichen**! Die Polizei, die an diesen zwei Tagen 100 Menschen erschoß, war sozialdemokratisch organisiert. Die Arbeiterschaft war sozialdemokratisch organisiert. Der Schutzbund war sozialdemokratisch organisiert. Die Menge war überwiegend sozialdemokratisch organisiert. **Klassenkampf? Innerhalb derselben Klasse?** In einer sozialistisch verwalteten Stadt? Hier, 1927, keimte zum ersten Male diejenige Ahnung von dem Irrationalismus der Politik überhaupt, die 12 Jahre später in der Entdeckung der natürlichen Arbeitsdemokratie ihre Lösung fand. **Es war die biopsychologische Lücke des Marxismus;** im Nazi!!
Ich ging mit der Menge zum Schottentor. Eine bewaffnete Abteilung von Polizisten marschierte zum brennenden Justizgebäude. Die Mannschaften, zum großen Teile sozialdemokratisch organisiert, sahen zu Boden. Die Polizeioffiziere gingen mit forciertem Schritt, als ob sie Peinliches zu verbergen hätten. Überall standen Gruppen von Menschen, jeden Berufs und Alters herum; nicht nur Jugendliche; auch alte Frauen, Angestellte, kurz Menschen, wie sie an einem gewöhnlichen Tage im Zentrum einer Großstadt sich finden. Viele riefen den Polizisten zu: "Schießt nicht! Seid keine Idioten! Auf wen wollt ihr denn schießen?" Eine Gruppe am Wiener Bankverein schrie wütend "Arbeitermörder", "Ihr seid doch selbst Arbeiter!" Die Köpfe der Polizisten sanken noch tiefer. Ihre Gesichter zeigten mehr Desorientierung. Die ersten Toten hatte es bereits gegeben. Die Erregung war ungeheuer. Doch Tausende und Abertausende waren nur unbeteiligte Zuschauer. Ich ging zum Rathauspark. Da knallten Schüsse in der Nähe. Die Menge lief davon gegen den Ring und verbarg sich in den Seitenstraßen. Nach einigen Minuten gingen sie langsam wieder vor, wie neugierige Kinder, bei denen Protest und Keckheit die Angst übertönen. Wenn die Menge läuft, dann fühlt man einen unwiderstehlichen Drang mitzulaufen. "Stehen bleiben", riefen einige. "Wenn ihr davonlauft, schießt die Polizei nur umso mehr." Im Park wurde weiter geschossen. Berittene Polizei ritt in die Menschenhaufen. Ambulanzen mit roten Fahnen kamen

und fuhren mit Verwundeten und Toten davon. Es war keine regelrechte Straßenschlacht mit zwei feindlichen Lagern, sondern Zehntausende Menschen und Gruppen von Polizisten, die in die wehrlose Menge hineinschossen. Nur beim Justizpalais wurde regelrecht gekämpft. Wir sahen bald Flammen aufsteigen. Es hieß, daß einige Polizeiwachen gestürmt waren. Vier Polizisten waren beim Justizpalais erschlagen worden, gegenüber 100 toten Menschen aus der Menge. Zum Justizpalais konnte man nicht durch, auch die Polizei nicht; so dicht war die Menschenmasse.

Einige Polizisten wurden der Uniform entkleidet und mußten in Unterhosen beschämt davonschleichen. Uniformen hingen symbolisch an Masten. Ich staunte über die Milde der Masse. Sie war stark genug, die wenigen Polizisten in Stücke zu reißen. Doch sie war friedlich und humorvoll. Die Polizisten gingen unbehelligt, obgleich in der nächsten Nähe Menschen wie Hasen erschossen wurden, durch die Menge. Das war mir unverständlich. Wie konnte die Menge hier nur zuschauen und nichts, gar nichts unternehmen, um das **Blutvergießen zu verhindern.** "**Sadismus der Masse.**" Daß der Justizpalast brannte, wurde allgemein begrüßt. Dieser "Bude" "geschah es schon recht". Die Gerechtigkeit war ja doch nur für die Fürsten und Reichen. Man schimpfte zwar und betrauerte die Toten; jedoch es gab keine Handlung, die man **zielbewußt** nennen konnte.

Das Justizpalais war von jungen Arbeitern besetzt. Sie hatten die Polizei vertrieben und warfen nun die Akten in einer heiligen Wut auf die Strasse. Dort wurden sie in Brand gesetzt. Vom Schutzbund war nichts zu sehen. Der sozialdemokratische Bürgermeister Wiens, Seitz, führte selbst einen Löschwagen durch die Menge zum Justizpalast, doch er kam nicht durch. Die Menge wich nicht von der Stelle und ließ das Gebäude ruhig brennen. Hier und dort spielte sich das Töten wie automatisch ab. Wenn es einem Polizisten oder einer Gruppe von Polizisten paßte, dann schossen sie blind vor sich hin. Immer wieder fielen Menschen. So ging es stundenlang. Ich rannte nach Hause, um meiner Frau zu berichten. Sie glaubte es nicht. Das wäre einfach nicht möglich. So dachten sicher Hunderttausende in Wien an diesem Tage. Ich bat sie, sich augenscheinlich zu überzeugen und ging mit ihr zur Universität. Wir standen zwischen dem Universitätsgebäude und dem Arkadencafe mit uns eine Menge von etwa 3-400 Menschen. Alle besahen sich den Brand. Alle hielten es für eine gerechte Antwort auf den Freispruch der zwei Heimwehrfaschisten, die einen Arbeiter und einen Jungen grundlos erschossen hatten und nun freigesprochen worden waren. Das war nicht objektive Gerechtigkeit, sondern einfach Paktieren mit Mord. Am Rathaus stand etwa 200 Meter entfernt eine Polizistenkette mit gesenkten Gewehren. Wir sahen, wie sie sich allmählich in Bewegung setzte. Langsamen Schritts kam sie näher. Ganz langsam! Als sie nur mehr etwa fünfzig Schritte von den nichtsahnenden Zuschauern entfernt waren, trat der Kommandant zur Seite und gab Befehl zu schießen. Ich sah noch wie einige Polizisten die Gewehrläufe hochhoben und in die Luft schossen. Doch viele schossen geradeaus in die Menge. Sie stob auseinander. Dutzende lagen am Boden. Es war nicht klar, ob tot, verwundet oder nur zum Schutze. Ich warf mich hinter einen Baum und zog meine Frau nach mir. Die Polizeikette stand nun in der Linie des Schottenrings. Sie schoß nicht mehr. Sie stand einfach da, wie vorher 200 Meter weit weg. Ich hatte wieder das Empfinden: "sinnlose Maschinen", sonst nichts. Stupid, blöde, ohne Sinn und Vernunft, ein Automatismus, der mal losgeht und mal nicht. Und davon wurden wir beherrscht. Das hieß damals "bürgerliche Ordnung". Das regierte und schrieb vor, wen und wann ich lieben durfte, wen und wann nicht. **Maschinelle Menschen**! Der Gedanke kam ganz klar und unwiderleglich. Er hat mich seither nie mehr verlassen. Er war der Keim aller späteren Untersuchungen über den Menschen im Staat. Ein solcher Maschinenbestandteil war ich im Kriege gewesen. Ich hatte genau so blind, auf Befehl, ohne Denken geschossen. "Knechte der Bourgeoisie"? Bezahlte Henker? Falsch!! **Nur Maschinen!**

Einige dieser Maschinenmenschen hatten noch genügend Leben in sich, um sich zu schämen. Sie sahen weg oder schossen in die Luft. Lebendiges Leben schießt nicht blind, ohne zu wissen wohin und weshalb. Dieses Schießen hatte zur Voraussetzung, daß das Leben in den Schiessenden gestorben war. Daran änderte nichts, daß sich die Maschinen spontan bewegten. Die Bewegung war maschinell. Gäbe es diese Maschinen nicht, dann gäbe es keine Kriege. Doch wie arbeiten diese Maschinen? Was lenkt ihr Handeln? Was hatte sie erzeugt? Wie konnte Lebendiges derart degenerieren? Dieses Problem war weder mit der Auskunft "Bestechung", noch mit der "Bourgeoisie" zu lösen. **Das war** ganz klar. Auch die Uniformierung machte es nicht. Doch zweifellos hatte die **"Organisation"** etwas mit dem Maschinell-Werden der Menschen zu tun. Der Psychologe Le Bon hatte solche Massenmechanismen studiert. Freud hatte auf Grund der Le Bonschen Behauptungen seine *Massenpsychologie und Ichanalyse* begründet. An Hand der hierarchischen

Organisationen des Heeres, der Kirche und politischer Organisationen versuchte er nachzuweisen, daß der Mensch in Reih und Glied seine individuelle Struktur ablegt unnd sich mit dem Führer oder der Idee identifiziert. Er höre auf, er selbst zu sein, er ginge, um die Identifizierung durchzuführen, auf kindliche Stufen zurück. Mehr, darin käme die uralte Urhordensituation wieder zur Geltung: Die Söhne unterwerfen sich dem starken, allmächtigen Vater und identifizieren sich mit ihm durch Schuldgefühle im Sinne von Kultur und Zivilisation. Ich fügte leise hinzu: " ... und Ruhe und Ordnung." [SB: Man betrachte sich die Ruhe und Ordnung, die mitten im 20. Jahrhundert durch eine Kultur und Zivilisation hervorgebracht wurde!]

Freuds Behauptungen stimmten. Die hörige Identifizierung mit dem Führer konnte man direkt sehen. Den Verlust des individuellen Ichs ebenso. Die Wirkung einer abstrakten Idee desgleichen. Doch, doch ... Es befriedigte nicht. Es verewigte diese Tatsache und verankerte sie in einer biologischen Gesetzmäßigkeit. Die Familie war doch eine biologische Institution, und damit war **alles** biologisch, was aus der Familienkonstellation folgte! Also gibt es keine Möglichkeit der Änderung. Also werden Polizisten in alle Ewigkeit derart auf kindhaft einen Brand bestaunende Menschen schießen. Also werden diese Menschen ewig Paläste anstecken und sich wie Hasen abschießen lassen und "humorvoll reagieren". Und dabei spricht man vom Fortschritt der Kulturentwicklung!! Ist das die Kultur? Kultur erfordert, hieß es, Triebverzicht! Diese Menge verzichtete also, obgleich sie zahlenmäßig weit überlegen war, darauf,die paar Polizisten zu lynchen, aus "Triebverzicht!!!" Um kulturfähig zu sein. Um den destruktiven Todestrieb nicht auszuleben!!!. Um die Triebe zu sublimieren! Um die Kultur zu sichern!! Doch ... doch ... Die Polizisten waren die "Vertreter der Zivilisation" und schossen blind in harmlose Menschenmassen! Wo blieb die Triebsublimierung des Polizisten? Und die "objektiven" Richter hatten doch unbezweifelbare Menschenmörder glatt freigesprochen! War das Kultursicherung? Das konnte unmöglich wahr sein! Da lag ein ganz großer Schwindel verborgen! Da heuchelte Freud! Doch Freud war ein ehrlicher, gerader Mann! Weshalb heuchelte er? Wußte er es? Sicher nicht. Doch weshalb dann die festen, so sicheren Behauptungen über die kulturelle Moral und die Notwendigekit der Triebverdrängung? Ich fühlte in mir einen ehrlichen und wahren Drang, mich auf die Polizisten zu stürzen und zu schlagen, einfach blind loszuschlagen, wie sie blind geschossen hatten. Mich hielt der Gedanke zurück, daß ich allein dastehn würde. Daß meine Handlung - und dieser

Gedanke war am sonderbarsten - selbst auf die **kurz vorher beschossenen Menschen lächerlich wirken würde.** Dieses Empfinden war am stärksten: **Es würde von dieser mißhandelten Masse selbst nicht verstanden werden!** Sonst täte sie es ja **spontan**!! Sie bedürfte dazu meiner vorbildlichen Tat nicht! Ich glaubte, daß ich aus Feigheit so dachte! Ein richtiger Kommunist wäre da sicher den Polizisten an die Gurgel gesprungen. Doch von Kommunisten und sozialdemokratischen Führern war weit und breit nichts zu sehen. Die sozialdemokratischen Führer hatten die Menge am Justizpalais vergebens zu bewegen versucht, den Brand löschen zu lassen. Recht hatte, das fühlte ich unmittelbar, die Menge und nicht deren Führer. Die Richter, die Gerechtigkeit wahren und üben sollten, hatten die Mörder freigesprochen. Die Kommunisten gaben erst am folgenden Tage ein Flugblatt heraus.
Ich traf in der Alserstraße, vor der Universitätsklinik, eine Arbeiterin, die jemand drin liegen hatte. Verzweifelt schrie sie: "Wo sind die Kommunisten? Alles zusammenhauen sollen sie. Sie haben meinen Sohn erschossen!" Sie waren nicht vorhanden. Wohl persönlich, der eine oder andere, doch als "Führerin des Proletariats"? Erst am folgenden Tag verteilten die Kommunisten Flugblätter. [SB: Der "Kommunist" erscheint hier als jemand, der Unrecht durch dessen bloße Bekanntmachung wiedergutmacht. Auf diese Weise hängt er sich an die Sehnsucht der Menschen nach Gerechtigkeit und macht diese so zu leichtgläubigen Helfershelfern der roten Faschisten.]
Ich hatte von den vielen illegalen Sitzungen gelernt, daß die Partei in solchen Stunden "als Führerin den Kampf lenken", "Zusammenfassen", "zu bestmöglichen Erfolgen führen müßte". In den isolierten Sitzungen in abgesperrten Räumen träumten sie von den Massenaufständen, die sie zum Siege der Revolution führen wollten. Nun war der Aufstand gegen eine soziale Gemeinheit spontan ausgebrochen. Das Flugblatt kam einen Tag zu spät. So kam, im Juli 1931 beim deutschen Bankkrach, als alles auf die Kommunisten wartete, das Plakat in Berlin acht Tage zu spät, als jede "Stimmung" vorbei war. So kam Rußland Spanien um einige Monate zu spät zu Hilfe. Aber: "Wir haben es nicht verstanden, die Massen zu mobilisieren ...", "wir waren noch zu schwach" etc. etc. Wenn man aber "noch zu schwach ist", "noch nicht verstanden hat, die Massen zu mobilisieren", dann ist es ein Verbrechen, sich zum einzigen Führer des Proletariats zu ernennen, in solchen Katastrophen kopflos nichts zum Schutz der Menge zu unternehmen, und nachher unausgesetzt zum Aufstand zu hetzen, je nach Gelegenheit, für und gegen den Streik zu

sein, für und gegen die bürgerliche Demokratie, für einen Bund mit Hitler und gegen einen Bund mit Hitler, für einen Krieg gegen Deutschland und gegen den Krieg gegen Deutschland, für die Geburtenregelung und gegen die Geburtenregelung, für die Abschaffung der Warenwirtschaft und für das Ölgeschäft mit Italien im Abbessynischen Krieg, kurz ohne Denken und ohne Richtung.

Das alles wußte ich damals nicht. Ich wartete auf die Kommunisten. Hatten sie nicht die russische Revolution zustande gebracht? Sie würden schon alles tun. Sie berieten nur noch. Ich ließ mich am gleichen Tage durch den kommunistischen Arzt in die Medizinergruppe der Arbeiterhilfe, einer der Kommunistischen Partei Österreichs angeschlossenen Organisation, eintragen.

[1952: Die Arbeiterhilfe setzte sich hauptsächlich aus Leuten zusammen, die keine Parteimitglieder waren, aber offen mit der russischen Revolution sympathisierten. Sie und die Rote Hilfe waren dem Roten Kreuz ähnliche Organisationen. Jedenfalls gab es in den frühen dreißiger Jahren viele Fälle, in denen sie für politische Zwecke benutzt wurden, ohne die Zustimmung oder sogar ohne das Wissen ihrer Mitglieder, die unpolitisch waren. Mein späterer Konflikt mit der Führung der KPD wegen der von mir aufgebauten Sexpol-Organisation lief im Grunde nach dem gleichen Muster ab. Ich betonte immer, daß die Mentalhygienekliniken sozial orientiert, aber überpolitisch sein müßten. Aber die KPD-Führung, die im Dienste Moskaus stand, war bereits tief in die Machtpolitik verstrickt und bereit, mit den ursprünglichen Zielsetzungen, mit denen diese Organisationen gegründet worden waren, Mißbrauch zu treiben. Es ist heute genau dasselbe – überall. In diesem Konflikt, der um 1930 begann, opponierte ich energisch gegen die kommunistischen Politiker, die offensichtlich begonnen hatten, all die Tendenzen zu entwickeln und zu organisieren, die sie wenige Jahre später (1934/35) in den vollentwickelten Faschismus führten.

Das Wissen um den scharfen Widerspruch zwischen dem realen (sozialen) und dem machtpolitischen Herangehen an menschliche Probleme fehlte von da an nie mehr wieder bei meiner soziologischen Arbeit. Das reale Herangehen besteht darauf, daß soziale Organisationen einschließlich der wirtschaftlichen von den Bedürfnissen der Bevölkerung bestimmt werden. In diesem Sinne hatte ich die marxistische Wirtschaftstheorie interpretiert. Auf jeden Fall wurde in unseren ersten Zusammenstößen klar, daß die Parteiideologen eine völlig andere Interpretation der marxistischen Wirtschaftstheorie hatten. Für sie mußte jede Handlung und

alles Denken auf die "Produktivkraft" ausgerichtet sein, d.h. auf nichts weiter als Maschinen. Es ist offensichtlich, daß der industriell-mechanistische Standpunkt und mein funktionaler niemals übereinstimmen konnten, daß sie zu gegensätzlichen, sich gegenseitig ausschließenden Richtungen der gesellschaftlichen Entwicklung hinführten. Heute stellen diese zwei Auffassungen zwei feindliche Lager dar. 1927 hatte ich wenig Kenntnis von all diesem. Ich sollte bald auf schwierige Weise die scharfe Unterscheidung zwischen einer auf den Bedürfnissen der Menschen und einer auf Maschinen basierenden Gesellschaft kennenlernen. Die Armut in Rußland und die auffällige Tendenz zur Armut im sozialistischen England sind deutlicher Ausdruck der völligen Mißachtung der meschlichen Bedürfnisse als der Basis des sozialen Gebildes.
Wenn wir dieser ökonomistischen Interpretation des Marxismus die Vermischung von Staat und Gesellschaft sowie eine Fehlinterpretation des Verhältnisses von Individuum und Gesellschaft (die mit dem Staat gleichgesetzt wurde) hinzufügen, beginnen wir die Qualen zu verstehen, in die die Leute unabsichtlich und unwissentlich hineinschlitterten. Wir können auch die Bedeutung von klarem Denken und korrekter Handhabung wissenschaftlicher Ideen zum Wohle der menschlichen Gemeinschaft einschätzen. Ich schlage dem Leser vor, alle Ereignisse, die auf den folgenden Seiten an uns vorüberziehen, im Lichte dieser scharfen Unterscheidung in der Einstellung zum Menschen zu sehen.]

Ich wollte nicht schimpfen. Nicht kritisieren, sondern mithelfen so gut ich konnte. Als ich von Schutzbündlern hörte, daß Otto Bauer[6] den Vertretern der Gas- und Elektrizitätsarbeiter erklärt hatte: "Macht was ihr wollt" und fortging, fühlte ich scharf die Ungeheuerlichkeit. Doch ich trat aus der SPÖ nicht aus. Ich entschloß mich, als Arzt sozial zu arbeiten, wo ich konnte. Ich betone: Ich war unpolitisch, ein einfacher wissenschaftlicher Arbeiter, ein Arzt mit florierender Privatpraxis und wohlhabenden amerikanischen Schülern, der der "Bourgeoisie als Klasse" angehörte.

Der Justizpalast brannte bis auf die Fundamente nieder. Jeder denkende Mensch verstand den Grund des Feuers. [SB: Es war eine echte Massenstimmung, ein echtes Verlangen nach Gerechtigkeit. Zwanzig Jahre später sollten Verräter und gutgetarnte Spione, indem sie solche Gefühle zur Zerstörung der Gerechtigkeit überall mißbrauchten, den roten Faschisten das Vorrücken ermöglichen. Aber warum?]

Die innere Stadt wurde allmählich geräumt. Etwa tausend schwer Verwundete lagen in den überfüllten Spitälern. Mehrere hundert Tote hatte

[6] *Führer der Sozialistischen Partei Österreichs. – Der Hrsg.*

der Kampf gekostet, weil der Schutzbund nach Hause gegangen war. Keiner ahnte, daß 1934 umgekehrt der Schutzbund verbluten und die 1927 um den Schutz betrogene Masse wegbleiben würde.
In den Vororten, besonders in Ottakring und Hernals, wurde noch am 15. Juli gekämpft. Ich ging am Abend dieses ersten Tages mit einer Frau durch die menschenleeren Straßen. Das Kämpfen hatte aufgehört. Wir trafen viele Menschen, die sehr erregt waren, weinende Frauen, Männer, die ratlos fragten, was man tun könnte, um weiteres Blutvergießen zu verhindern. Von den einzigen Führern des Proletariats war noch immer keine Spur vorhanden. Wir beschlossen, zu Freunden zu gehen. Sie wohnten nicht weit ab. Der Vater unserer Freundin war sozialdemokratisch organisiert, und ein Bruder war sogar sozialdemokratischer Funktionär. Wir kamen hin und erstarrten. Der Tisch im Speisezimmer war mit Blumen geschmückt. Es war gedeckt; Gäste wurden erwartet. Ich war ohne Rock und Krawatte. Die blutigen Ereignisse schienen in diese Stube nicht vorgedrungen zu sein. Ich kam mir mit meiner Erregung in dieser kühl reservierten Atmosphäre plötzlich lächerlich vor, irgendwie deplaciert. Ich wollte weggehen, doch ich wurde aufgefordert zu bleiben. Dann kamen die Gäste. Man begann nach echter Wiener Art ein sehr intelligentes Gespräch über die Vorfälle. Ich merkte, keiner hatte eine Ahnung, was wirklich geschehen war. Man sprach über das Blutvergießen wie sonst über Goethe. Wir verabschiedeten uns und gingen. Wir waren höflich geblieben bis zum Schluß. Ich hätte am liebsten zumindest den Tisch umgeschmissen. Doch ich war wohlerzogen genug, mich anständig zu benehmen. Ich war leitender Assistent der Poliklinik und der Vorgesetzte dieser sozialdemokratischen Kollegin.
Der 16. Juli verging mit Kämpfen in der nördlichen Vorstadt Ottakring. Doch es kämpften nur mehr vereinzelte Gruppen. Die Menschenmasse blieb weg. Es gab noch einige Tote und Verwundete. Die Polizei fuhr mit speziellen Überfallswagen durch die Straßen, die geladenen Karabiner nach außen gerichtet. Oder sie ritten selbstbewußt und brutal durch die Seitengassen. Es war furchtbar. Am dritten Tage frühmorgens verkehrte die Straßenbahn wieder. Auch die Zeitungen erschienen wieder. Das Alltagsbild einer Großstadt erstand wieder, als ob nichts geschehen wäre. Doch von nun an geschah sehr viel. An diesem Tage zeugte die österreichische Sozialdemokratie die Kräfte ihres Untergangs 1934. Das ahnte niemand. Es wurde nur viel debattiert und über die Taktik und Strategie des proletarischen Klassenkamptes gestritten. Obwohl das unwahr war, beschuldigten die Sozialdemokraten die Kom-

munisten, daß sie das Feuer geschürt hätten, das zu löschen Seitz bemüht gewesen war. Der Streit nahm bis zum gemeinsamen Untergang 1933 und 1934 kein Ende. Der Staatsapparat unter dem Katholischen Priester Seipel und reiche Bürger verschiedener Art verurteilten den "Aufstand". Keiner sagte oder schrieb ein Wort der Erklärung oder Beruhigung, daß solches für immer verhindert werden würde. Die Parteipolitiker, christlich hier, sozialistisch dort, kommunistisch an dritter Stelle, beschuldigten einander, drohten, verhandelten, machten politisches Geschäft, aber es fand sich niemand, der der Sache auf den Grund gegangen wäre. Der Sache auf den Grund gehen, hätte bedeutet, herauszufinden und auszusprechen, daß alle Politik irrational und eine gesellschaftliche Krankheit ist, also die politischen Parteien aufzulösen. Sich darüber zu beklagen, an das menschliche Gewissen der Politiker zu appellieren, war dumm. Diese Haltung gehörte doch zu ihrer sozialen Mißfunktion. Man kann sie nur entweder anerkennen oder radikal außer Funktion setzen. Aber darüber klagen?

Die Sozialdemokraten wollten mit dem Aufstand nichts gemein haben, obgleich ihre Organisation am Blutbad beteiligt war. Rückblickend von ihrer organisatorischen und zum Teil personellen Vernichtung durch die Royalisten im Februar 1934 zeichnen sich scharf einige Probleme ab, die der Juli-Aufstand aufgeworfen hatte. Ich kannte damals keinen Menschen, der eines dieser Probleme gesehen hätte oder zu begreifen fähig gewesen wäre. Es heute zu sehen, ist viel einfacher. Die soziale Geschichte hatte mittlerweile grausame Lehren erteilt. Nachher gescheit sein ist billig. Man macht Geschichte nur, wenn man Prozesse und Probleme rechtzeitig sieht, die der Allgemeinheit verborgen sind. Gesellschaftliche Katastrophen vollziehen sich ja gerade auf Grund der Unbewußtheit und Unbewältigtheit dessen, was man gern verhindern möchte. Bis heute erschöpfte sich die Tätigkeit der Weltverbesserer meist nur in der Feststellung, daß gekommen ist, was eben kommen mußte. Doch es kommt, in Ergänzung eines Wortes von Marx, nicht nur darauf an, die Welt zu interpretieren, verändern muß man sie! Unsere Politiker sind Interpreten und Registratoren oder Strassenräuber geblieben. Gründliche Veränderung der Welt erfordert Ehrlichkeit, Mut, Wissenschaftlichkeit, Voraussicht, Eigenschaften, die kein Politiker besitzt.

Die eigentlichen Probleme des Juliaufstandes waren also:

Weshalb war die Masse der mißhandelten Menschen so hilflos?[7]

[7] *SB: Warum kam in vierzig Jahren sozialen Elends kein einziger starker, tiefgründiger Gedanke aus der Millionenmasse der Arbeiter? Warum keine Handlung, kein Schritt auf friedliches Leben hin?*

Weshalb schossen "reaktionäre" Söhne von Arbeitern und Bauern auf Arbeiter und Bauern?
Kämpften auf der Straße wirklich die Kapitalisten und die Arbeiterklasse miteinander? Oder kämpften Unterdrückte gegen Unterdrückte?
Schwankte der Mittelstand wirklich nur zwischen den beiden Klassen hin und her? Weshalb trat er kraft seiner elenden ökonomischen Situation nicht spontan und selbstverständlich auf die Seite der Industriearbeiterschaft?
Solche Fragen damals schon zu stellen war unmöglich. Dazu bedurfte es der kompletten Enthüllung des Irrationalismus der Politik überhaupt in den folgenden 15 Jahren. Dagegen gab es folgende Tatbestände in der Arbeiterbewegung:
Die Österreichische Sozialdemokratie war **stark**. Sie zählte bei den Wahlen am 24. April 1927 mit drei gewonnen Mandaten 71, gegen 85 Mandate des christlich-sozialen Parteiblocks. Wir halten fest, daß diese 85 christlich-sozialen und deutschnationalen Mandate nicht von Kapitalisten gestellt waren, sondern von vielen Tausenden arbeitender Menschen. Es standen einander also auch im Parlament nicht Kapitalisten und Arbeiterklasse gegenüber, sondern Vertreter sozialistisch gesinnter und christlich-kaiserlich-deutschnational gesinnter arbeitender Menschenmassen gegenüber. Ich weiß, ich bin jetzt nachträglich klug.
Die Stimmenzahl der Sozialdemokraten war gestiegen. Macht und Mut dagegen waren gefallen. Die SPÖ verfügte 1926 im Sechsmillionen-Österreich über 1.536.000 Stimmen gegenüber 1.312.000 Stimmen 1923. Und in Wien, das 1,8 Millionen Einwohner zählte, verfügte sie über 694.000 Stimmen 1926 gegenüber 571.000 Stimmen 1923. Als der Linzer Parteitag erklärte, daß man bei Erreichung der Mehrzahl sich an der Übernahme der Macht nicht verhindern lassen würde, gab es viele in der Partei, die den Tag der Erreichung der 51 % für den schlimmsten Katastrohentag hielten. Denn nun mußte man die Macht übernehmen. Doch was damit anfangen?
[Es gab **keinerlei Brücke** zwischen dem, was die Sozialisten versprachen (Frieden, Brüderlichkeit, "Brot und Freiheit", eine sozialistische Regierung usw. usw.) und der wahren, tiefverwurzelten Charakterstruktur der Menschen, die täglich ihr eigenes Elend, von dem sie nichts wußten und nichts hören wollten, reproduzierten.]
Ich behaupte, im Gegensatz zu vielen Politikern, daß es nicht persönliche Feigheit oder böser Wille waren, die **Otto Bauer** seine gefährliche

Zauderpolitik machen ließen. Ich behaupte vielmehr, daß es die komplette Unsicherheit war, was man nach der Machtergreifung mit den Massen anfangen sollte, die Otto Bauer immer wieder zaudern und zögern ließ. Man fürchtete ihre Hilflosigkeit mehr als ihre Hörigkeit. Weder die Hilflosigkeit noch die konservative Hörigkeit der Menschenmassen waren bekannt oder zugegeben. Ich weiß nicht, ob sich Otto Bauer jemals diese Frage klar vorgelegt hat. Sie aufzuwerfen galt als Ketzerei gegen die sozialistische Gesinnung, bis der Siegeszug des Faschismus sie aufzwang. Die vielen hochpolitischen und prinzipiell demokratischen Argumente und Gegenargumente verhüllten das Zentralproblem: **Ist die Masse der Arbeitenden imstande, eine freiheitliche Gesellschaft aufzubauen? Sie ist, wie die russische Revolution gezeigt hatte, sicher imstande, den alten, autoritären Gesellschaftsapparat zu zerstören.** [8] Man hatte allgemein Angst vor dem Durchbruch der Massenherrschaft. Das wurde von wenigen offen zugegeben, von vielen aber mit politischen Schlagworten verdeckt. Keinem war die abgründige Tiefe der schweren Probleme der Struktur der Massen bekannt. Von theoretischen und praktisch-organisatiorischen Maßnahmen zur Bewältigung des Problems der Massenstruktur war man unendlich weit entfernt. Die Freiheitsfähigkeit der Masse war als selbstverständlich angenommen. Daran durfte niemand zweifeln, wenn man nicht als reaktionär verurteilt werden wollte. Wie sich noch später zeigte, bestand eine Angst vor dem Grundelement der konservativen Natur der Massen. [9]

1927 gab es keine Grundlagen, die es ermöglicht hätten, die konservative Haltung der demokratischen Führungen und der Menschenmassen aller Lager sachlich zu beurteilen. Das wurde erst möglich, nachdem der Zusammenbruch der österreichischen und deutschen demokratischen Bewegungen aller Arten die Frage nach der Freiheitsfähigkeit der Menschenmassen aufgedrängt hat. Die reaktionäre Politik hat es dazu nächst bedeutend leichter. Sie stellt sich nicht die Aufgabe, grundsätzlich gesellschaftliche Probleme zu lösen. Ihr Wesen ist bestimmt durch Nationalismus. Was sie positiv leistet, erfolgt auf der Grundlage kompletter Mißachtung und Verneinung der Lebensbedürfnisse der arbeitenden Menschenmassen. Die freiheitlichen Bewegungen dagegen, seien sie nun sozialdemokratisch, kommunistisch, liberal etc., haben es un-

[8] *SB: Bis heute haben die Sozialisten und Kommunisten nicht zu beweisen vermocht, daß sie eine neue, freie Gesellschaft aufbauen können. Sie waren nicht einmal in der Lage, diese trockene Tatsache als einen ersten Schritt zur Besserung festzustellen.*

[9] *SB: Das ist heute weitgehend, 1952, noch so.*

geheuer schwer. Die Zahl der zu lösenden Fragen und Aufgaben ist unabsehbar. Die Sozialisten und Kommunisten kannten zwar die Gesetze der kapitalistischen Wirtschaft. Man kannte die Umrisse einer "sozialistischen Gesellschaft", wie sie sich in den Köpfen der Pioniere des Sozialismus gebildet hatten. Die Demokraten anderer Richtungen glaubten an die Möglichkeit friedlicher und allmählicher Reform, ohne die Tätigkeit der politischen Reaktion in Rechnung zu stellen. Jede Lücke im konkreten Wissen der Sozialisten bedeutet einen Vorteil für den Reaktionär. Die zögernde und halbherzige Liberalität des demokratischen bürgerlichen Lagers gegenüber freiheitlichen Bestrebungen, ihre oft weniger zögernde Liberalität der Reaktion gegenüber, bereitet die kommende Katastrophe vor.[10] Für alle demokratischen Organisationen wäre neben der Bewältigung der Tagesaufgaben und der Beherrschung der internationalen Prozesse der Gesellschaft, die Kenntnis der Freiheitsangst und -unfähigkeit der Menschenmassen am wichtigsten gewesen. Ich kämpfte sieben Jahre (1927 - 1934) lang innerhalb der Arbeiterbewegung und liberalen Organisationen um die Beurteilung des Massenmenschen im gesellschaftlichen Prozeß und um die korrekte Handhabung seiner subjektiven Anschauungen und Handlungen. Es ging um **die Rolle des biopsychischen Geschehens in der Entwicklung der Gesellschaft, um die Erfassung des lebendigen Lebens jenseits** seiner wirtschaftlichen Basis. Es gab kein Wissen, das praktisch brauchbar gewesen wäre. Daher fühlte jeder eine Lücke, die niemand auszufüllen vermochte. Alle Parteien brachten Argumente gegen die freiheitlichen Bestrebungen vor. Alle hatten irgendwo recht: die Konservativen darin, daß sie **konkrete** Aufbaupläne forderten und das soziale Chaos fürchteten; die Sozialdemokraten darin, daß die, von den Kommunisten geforderte, Revolution nicht zu machen war; die Kommunisten darin, daß die Politik der Sozialdemokraten "Verrat" an der Sache der Freiheit, Stärkung der Position der politischen Reaktion bedeutete und schließlich den Untergang herbeiführen würde. Doch die Christlich-Sozialen konnten keine einzige gegebene Wahlversprechung einlösen, die Sozialdemokraten führten die Massen in den Abgrund, und die Kommunisten hatten nur — was sehr leicht ist — prinzipiell, jedoch nicht praktisch recht. Mehr: 1927 waren sie eine Art mahnenden Gewissens. Zehn Jahre später vertraten sie genau das in Spanien und in Frankreich, was sie 1927 in Deutschland und Österreich den Sozialdemokraten vorwarfen. Und zwischen 1936 und 1942 geriesie in den Pakt mit Hitler und weiter in komplette Konfusion und Verrat ihrer Anschauungen. Den Krieg gegen Hitler führten sie als

[10] *Das gleiche Phänomen zeigte sich im 2. Weltkrieg 1939—44 in der Haltung der englischen und amerikanischen Demokratien.*

autoritär organiserte Nation in Rußland, nicht als Vertreter einer Lösung der Widersprüche des Weltchaos.
Die Grundlage aller Fehler, die **alle** Parteien begingen, **aller** Katastrophen, die **alle** politischen Parteien herbeiführten, sie mochten es noch so gut und ehrlich meinen, war die **ideologische Konfusion der arbeitenden Bevölkerung,** ihre Ausschaltung aus der praktischen Lenkung des Arbeitsprozesses, die damals unerkannte Freiheitsunfähigkeit der Masse und infolgedessen die **Angst aller Parteien vor ihr. Man dachte nicht vom Standpunkt des Lebens und Leidens der Masse, sondern vom Standpunkt einer "Ideologie", die man "im Interesse der Masse" vertrat** und ihr einzuhämmern versuchte. Die bizarren, ja lächerlichen Debatten im Parlament nach dem Juliaufstand 1927 sind nur von hier aus zu beurteilen und zu begreifen. Ich will nur einige Beispiele bringen. (Eine systematische Geschichte dieser Ereignissse ist hier nicht beabsichtigt.)
Die Taktik der bürgerlich-demokratischen Regierungen war überall die gleiche: Sie war hart und unerbittlich gegen die sozialistischen Parteien. Sie nützten die schweren Lücken der sozialistischen Weltanschauung, die sich als politische Schwäche, oder als Prinzipienlosigkeit, oder als Schuldgefühle der Sozialistenführer äußerten, weidlich aus. Sie ließen keine Gelegenheit vorübergehen, die geeignet war, um die Unsicherheit der Sozialisten zu steigern, an ihr bürgerliches Staatsgewissen zu appellieren. Der katholische Prälat und christlich-soziale Bundeskanzler **Seipel,** ein kluger, harter, psychologisch fähiger Mann, hatte die Schwäche der Sozialisten sofort erfaßt. Er rechtfertigte den Freispruch der Mörder im Schattendorfer Urteil. Die Geschworenen hätten nach der vorangegangenen Pressekampagne der Sozialisten gar nicht anders handeln können. Sie mußten ja denken, daß es sich "um eine politische Sache" handle, und nicht um einen privaten Akt. Diese Haltung war raffiniert. Die Sozialdemokraten hatten nämlich die Erschießung der Versammlungsteilnehmer als eine persönliche Handlung von Mördern hingestellt und an das menschliche Gewissen der Regierung appelliert. Diese Regierung hatte aber gar nicht menschliche Gewissensfragen, sondern wirtschaftliche Interessen der Großindustrie, der Hauseigentümerschaft und der Kirche zu vertreten, was sie gar nicht leugnete. Den Sozialdemokraten war peinlich, daß die Aufständischen den **politischen** Charakter der Sache korrekt erfaßt hatten. Das Erste also, was sie taten, war, sich vom Aufstand abzugrenzen. **Otto Bauer** sagte in seiner Antwortrede in der Nationalversammlung am 26. Juli 1927, angesichts der Toten hätte

jeder zunächst die moralische Pflicht, sein eigenes Gewissen zu erforschen. "Ich will also kein Wort der Anklage sprechen, ehe ich vor der ganzen Öffentlichkeit bekannt habe, wo nach unserer Gewissensprüfung ein Verschulden auf unserer Seite vorliegt." Bauer sagte weiter, in naiver Enthüllung der Angst der Sozialdemokratie vor der eigenen Menschenmasse, daß die Partei selbst eine Demonstration hätte veranstalten können "unter allen möglichen Sicherungen, daß die Ordnung nicht gestört wird". Man hätte der Demonstration dadurch "eine politische Spitze geben" können, die sie gerechtfertigt hätte. Bauer betrauerte die Haltung der Christlich-Sozialen: "Schießen, das ist jetzt populär, auf Staatsbürger schießen, das erweckt jetzt das Gefühl der Dankbarkeit". Bauer versuchte die Regierungsparteimitglieder zu rühren. Er verstünde, wenn Wachleute in der Notwehr schießen. Die Mehrzahl der Toten sei jedoch gefallen, weil nun die unmenschliche Methode des Säuberns der Straße eingesetzt hätte.

Warum ließ Bauer, damals ein mächtiger Mann mit Millionen hinter sich, nicht die Straßen sofort abriegeln? Heer und Polizei waren noch stark sozialdemokratisch. Sie hätten nicht geschossen, wenn die Bruderorganisation, der Schutzbund, nicht eingezogen worden wäre. Bauer stand gar nicht vor der Frage der Machtergreifung, sondern nur vor der Aufgabe, gestützt auf seine **reale** Macht, das **real Erreichbare** zu erzielen, nämlich das Blutbad zu verhindern. Er hätte nicht im Parlament betteln müssen, wenn er seine Macht in Wien rational zur Sicherung des Friedens gebraucht hätte. In seiner Unsicherheit der Masse und der christlichsozialen Regierung gegenüber, wollte er Bürgerkrieg um jeden Preis **vermeiden.** Nicht so die Christlich-Sozialen: Den Bürgerkrieg hatte es gegeben; Bauer hatte ihn weder 1927 noch 1934 verhindern können. Er hatte ihn nur verloren.

Die Masse geht dorthin, wo sie Kraft, Mut und Entschlossenheit sieht. Dort fühlt sie sich sicher. Jede klare, kräftige Handlung steigert das Vertrauen der Masse, und das steigert wieder die Kraft und den Mut ihrer Organisation. Es ist besser, einen Bürgerkrieg mit der Masse zu führen, als ihn von der Polizei gegen sich führen zu lassen. [Man berücksichtigte Lincoln's Entscheidungen im amerikanischen Bürgerkrieg.]

Bauer forderte von der Regierung eine Erklärung zugunsten der verhafteten Sozialisten und opferte dafür den Generalstreik. Doch "die Regierung hat keine Erklärung gegeben, wir haben das Opfer gebracht. Ich bekenne mich dazu, ich habe meinen Freunden dazu geraten, es zu bringen, und ich bin stolz darauf. Der Beginn dieser Bewegung war etwas, was jedem Menschen mit Gewissen zu denken geben mußte, aber ihr Ende, ihr Ausgang war ein Triumph der Organisation und der Disziplin." Nur bis 1934!! Bauer appellierte an die Vernunft der christlichsozialistischen Regierung, an ihre staatsmännische Einsicht! "Haltet mich, sonst muß ich gegen meinen Willen schießen!" so handelte Bauer. Und er mußte schließlich schießen, 1934, nach einer längst verlorenen Schlacht. Bauer konnte wirklich nicht anders handeln. [SB: Beschwichtigung ist immer ein Ausdruck dessen, daß man nicht weiß, was man tun soll.] Er hätte bestimmt tapfer durchgehalten, wenn er das Ganze der Frage gesehen hätte. Er hat später bewiesen, daß er persönlich nicht feige war.

Diese Forderung ist richtig, doch nicht immer durchzuführen. 1927 gab es keinen Menschen, der imstande gewesen wäre zu sagen, wie Otto Bauer es richtig hätte machen müssen. Die meisten wußten oder fühlten, daß er falsch handelte, manche sogar, daß er die Katastrophe vorbereitete. Doch, hätten diese Kritiker es an seiner Stelle besser gemacht? Ich behaupte, nein! Keiner wäre dazu imstande gewesen. Es gibt Phasen in der gesellschaftlichen Entwicklung von Bewegungen, in denen sie den Forderungen des vorwärtsdrängenden Lebenswillens der Menschen entsprechen. Es gibt Phasen, in denen sie nur zum Teil entsprechen, in denen man schon Fehler wahrzunehmen vermag, ohne noch in der Lage zu sein, sie zu vermeiden. Man kann schon erklären, welche Fehler zu den bösen Folgen hinführten. Man kann noch nicht sagen, wie man den Gang der Entwicklung in positiver Weise umbiegen könnte. In solchen Phasen müßte man als verantwortlicher Führer] Man sagt, tausend Köpfe sehen und wissen mehr als einer. Leider sehen und wissen sie oft auch viel weniger als einer allein.] imstande sein:

1. zu sehen, daß man Fehler macht, 2. zu suchen, welche bösen Folgen sie haben könnten, 3. die Bewegung auf beides aufmerksam zu machen, 4. alle Kräfte in der Bewegung in Gang zu setzen, die gemeinsam den Umschwung herbeiführen könnten.

Was ich soeben aufzählte, ist nur eine unerläßliche Voraussetzung zur Vermeidung einer drohenden Katastrophe. Sie vermeidet sie noch nicht selbst. Sie schafft erst den Boden für weitere Möglichkeiten. Wenn dann die Ereignisse Erfolge vermitteln oder Niederlagen bereiten, schärft sich erst der Blick und Fassungskraft für die Notwendigkeiten. Erst im Laufe des Kampfes um das Neue ergeben sich auch seine wichtigsten Waffen. Am Beginne wirkt nur eine Sehnsucht nach Freiheit, an sich kraftlos, und eine Theorie über das Ziel, an sich ebenfalls kraftlos. Sie gewinnen erst Gewalt über Menschen und damit über die Wirklichkeit, wenn sie mit der Entwicklung vorwärts im Einklang, aber nur insoweit, wenn sie reale Fragen des menschlichen Daseins wirklich schrittweise lösen, wenn sie sich selbst ständig an der Wirklichkeit korrigieren.

Kein Mensch und keine Bewegung kann alle durch sie aufgeworfenen Fragen auf einmal überschauen, genau beherrschen und erfolgreich bewältigen. Überdies handelt und denkt auch der Gegner des Fortschritts. Er tut es umso raffinierter, je größer die Masse der Freiheitssehnsüchtigen wird. Es kann vorkommen, daß eine Katastrophe die Bewegung trifft. Das geschah den russischen Sozialisten 1905, als der Kampf niedergeschlagen wurde. Doch eine derartige Niederlage, so tragisch sie ist, liegt im Grunde doch in der Richtung des Erfolges, sofern vorher keine allzugroßen Fehler begangen wurden. Nicht alles gleich verstehen und lösen können ist noch kein Fehler. Aber ein sträflicher Fehler ist es, es nicht zu wissen. Die Initiative, die Lücken im Wissen auszufüllen, zu behindern, ja zu strafen. Den Folgen einer derartig verrotteten Handlungsweise einer Bewegung entgeht keine Organsiation ungestraft, früher oder später. Ist man auf die Folgen der Lückenhaftigkeit des Wissens, anders ausgedrückt auf mögliche Erfolge des Gegners gefasst, dann ist eine Niederlage nicht unbedingt auch der Untergang. Die deutsche und österreichische Arbeiterbewegung führte den Untergang dadurch herbei, daß sie die Lücken in ihrem Wissen nicht wahrnehmen wollte. Daß sie eitel auf erzielte Erfolge war. Pioniere der Arbeit kalt stellte. Den Gegner unterschätzte. Die eigne Masse geistig und physisch entmachtete. Doch auch diese Fehler und Selbstvernichtungsaktionen waren nicht Ausdruck bösen Willens oder von Feigheit, sondern hatten einen tiefen Grund. Die Lücke, die auszufüllen war, forderte Erkenntnisse und Handlungen, die dem ganzen Aufbausystem des Sozialismus bis 1934 und der gesamten bisher organisatorisch gefassten Ideologie widersprachen. Die gesamte Vorstellung vom Sozialismus war, sofern die Umwandlung des Menschen in Frage kam, unrichtig, oft grundsätzlich falsch und sehr oft antisozialistisch. Dies darzulegen und zu beweisen, wird bei knappstem Wortgebrauch hunderte Seiten füllen. Allzuviel ist aufzuräumen.

Wenn eine Bewegung mit einem bestimmten Ziel, einer umrissenen Ideologie sich selbst in ihrem Wesen widerspricht, dann wird sie vom Gegner zerschlagen. Dann zerschlägt sie sich selbst, weil sie ihr eigenes Ziel nicht will. Dann wird das eigentliche Ziel von anderen gesellschaftlichen Kräften aufgegriffen. Dann droht die Gesamtgesellschaft zugrundezugehen, wenn das Ziel umfassend die Unklarheit groß und der Wille aller zum gleichen Ziel unbesiegbar ist. Diese Situation begann mit dem Sieg des deutschen Faschismus 1933. In diesem Jahr wollten - so grotesk das klingt - 35 Millionen den deutschen Sozialismus und zum Siege kam der reaktionäre, eingeschränkte, doch mutige und listige Hitler. Die Barbarei. Der Krieg als Lebensinhalt. Die Streicherei. Und in diesem Schrekken lebte der sozialistische Wille einer 70 Millionen Bevölkerung. Dies zu begreifen, rechtzeitig zu erfassen und zu verhindern war niemand imstande.

Die Arbeiterbewegung brach zusammen, weil sie das Problem nicht begriff, das die faschistische Bewegung ans Tageslicht gezerrt hatte. Ein Jahrtausende altes Problem. Das eigentliche Problem der menschlichen Gesellschaft. Insofern, aber nur insofern, war der deutsche Faschismus **fortschrittlich**. Das Problem, das er aufwarf, wird nicht er, sondern die kämpferische Wissenschaft lösen. Das steht fest! Es war das Problem der Rolle der handelnden Menschen im technischen Entwicklungsprozeß der Gesellschaft. Ein unverstandenes, ja mißhandeltes Problem. Die Lebensarbeit mehrerer säkulärer Genies,die Opfer von Millionen Menschen, all die Leiden einer Jahrtausende alten menschlichen Geschichte gehörten dazu, um es zu fassen, zu formulieren und die ersten kindhaften Ansätze zu seiner Lösung zu erringen.

Ich muß, um die Darlegung dieses Problems einzuleiten, zu Otto Bauer und seiner Mißhandlung durch seine Gegner 1927 zurückkehren.

Bauer hatte also vor dem Gegner eine Gewissensbeichte abgelegt. Dann appellierte er an die Einsicht der Regierung, an ihre "Staatsräson". Sie müßte versuchen, "diese aufgeregten Massen durch eine Gebärde zu beruhigen, die zeigt, so geht es nicht weiter, sie will nicht, daß ihr noch tiefer dem wilden Haß verfallt." Welche Angst vor der Empörung der Masse! Bauer fühlte, das ist sicher, die Kompliziertheit der Struktur des Menschen. Er glaubte an ihre biologische, d.h. unveränderliche Natur. Hatte doch sogar der größte Psychologe des Jahrhunderts, **Freud**, wissenschaftlich bewiesen, daß es biologische destruktive Triebe im Menschen gibt. Sie loszulassen, mußte ins Chaos führen. Doch die christlichsozialen Gegner theoretisierten nicht über Destruktionstriebe, rückgewendete ebensowenig wie nach außen gewendete. Sie dachten nicht daran, sich das Problem auf den Hals zu laden, wie man "den bösen Menschen gut machen" könnte. Bestien sperrt man ein, war ihr Grundsatz. Man macht kurzen Prozeß mit ihnen, legt sie an die Kette. Hitler war die äußerste Konsequenz davon. [SB: Die Sozialisten und Kommunisten haben auch hier keine Antwort und nichts anderes anzubieten außer wiederum brutale Gewalt gegen die Menschen wie im rotfaschistischen Rußland.]

Nach **Bauer** sprach **Kunschak**, der Führer der Christlich–Sozialen Regierungspartei: Die Untersuchung lehnte er ab; sein Interesse wäre es nicht, ob und welche Polizeiorgane ihr Recht überschritten hätten, er wollte nur wissen, wer an dem Unglück schuldtragend sei. "Die Christlich–Sozialen werden dem Kanzler den Dank aussprechen."

Der christlich–soziale Vizekanzler **Hartleb** erklärte, daß er für die Polizeimaßnahmen jede Verantwortung übernehme. **Gürtler**, von den Christlich–Sozialen antwortete **Bauer**: "...Wir hätten Ihnen diesen moralischen Erfolg (der Beruhigung und Ablenkung der Massen) gern gegönnt. Aber an der Tatsache, daß sie nicht mehr in der Lage waren, diesen moralischen Erfolg zu erzielen, können wir nicht einfach vorübergehen...**Eine Revolution ist für Sie genau so ein Unglück wie für uns.**" (Wie wahr!) Und das mußte sich Otto Bauer, der Initiator des revolutionären Linzer Programms sagen lassen, ohne darauf antworten zu können. **Gürtler** hatte nämlich recht. Für Bauer und seine Partei wäre eine Massenrevolution ein großes Unglück gewesen. Er hätte damit nichts anzufangen gewußt. Hätten es die Massen gewußt? Oder die Kommunisten? Warten wir die Antwort ab.

Der Christsoziale **Aigner** erkannte an, daß Bauers Ergriffenheit "eine innere und ehrliche gewesen" wäre. Aber "während seinerRede hatte ich den Eindruck, hier steht der verantwortliche Mann jener Partei, die Jahre hindurch in einer hemmungslosen Agitation in Rede und Presse diese unglücklichen Opfer vor die Gewehre der staatlichen Exekutivgewalt geführt hatte." Und **Grailer**: "Erwarten Sie in Zukunft, daß, wenn Sie zum Schlage ausholen, der schwere Schlag **Sie** treffen wird!"

Wie schauderhaft recht doch diese Reaktionäre am Ende behielten! Wie konnten sie derart recht behalten, wo sie doch weder ihren eigenen noch den gegnerischen Menschenmassen das Geringste zu bieten hatten? Was hatte die Kommunistische Partei Österreichs, die sich aufgrund ihrer Überzeugungen für die eigentliche "Führerin der Arbeiterschaft" hielt, zu all dem zu sagen? [SB: Was hätten irgendwelche "Freiheits"politiker anzubieten gehabt? Wilhelm Reich war zu dieser Zeit tief in diese Probleme verstrickt, aber er wußte noch lange nicht, daß kein Politiker überhaupt etwas anzubieten hatte und daß die Ereignisse von 1927 nur ein kleines Glied in der Kette der Massenmorde waren, die in den folgenden Jahrzehnten geschahen.]

Die Massen der Handarbeiter gehörten nichtkommunistischen, christlichen und sozialdemokratischen Arbeiterorganisationen an. Die Kommunisten forderten bei jeder sich bietenden Gelegenheit die Bewaffnung, die Auflösung der feindlichen Organisationen, den Generalstreik etc. Standen die Arbeiter wirklich im Kampf, dann kamen die Kommunistem zu spät (Spanien Juli 1936), hatten keinen Kontakt mit der Massenbewegung und keine "Führung" (Februar 1934 in Österreich) oder sie bremsten die Massenbewegung (1933 Deutschland). Immer aber erhoben sie den Anspruch der Führung auf Grund ihrer "Überzeugung".
Daraus folgte die Frage: Weshalb hat die kommunistische Bewegung, angenommen, daß ihr Programm richtig ist, keinen Kontakt mit der Massenbewegung? Ihre Beantwortung findet sich in keiner der Polemiken, die geschrieben sind. Sie findet sich in der Feststellung, daß **die Massen eine andere Vorstellung vom Sozialismus haben, als die Kommunisten** nach 1918. Daß ihr Wollen widerspruchsvoll ist. Daß schließlich die Kommunisten zwar die Prinzipien der sozialistischen Wirtschaft einmal theoretisch kannten [was sie später aufgaben], doch keine Ahnung vom wirklichen Leben der Masse hatten.
Jahrelang hatten die Kommunisten dazu aufgefordert, was am 15. Juli spontan geschah. Am Abend des 14. Juli hatten sie eine Betriebsräteversammlung ihrer Vertreter, etwa 80 Menschen, einberufen, "die wohl die Parole ausgab, den Versuch zu unternehmen, die Arbeiter aus den Betrieben zu führen, aber vom Gelingen des Versuchs nicht überzeugt war. Wenn es nicht gelingen sollte, die Arbeiter zum Verlassen der Betriebe zu veranlassen, sollte eine ruhige Demonstration stattfinden". ("Wien ist rot – vom Blut der Arbeiter", Brief an die Inprekkor[11] 19.7. 1927.)
Sie "analysierten" die Ursachen der spontanen Bewegung wohl mit allen letzten Finessen ihrer "marxistisch-leninistischen", einzig führerhaften Methode. Sie kamen in einer anonymen Broschüre der Vereinigung internationaler Verlagsanstalten Berlin 1927 zu folgenden Schlüssen: Die Ursache des Juliaufstandes lag:
1. in der sozialdemokratischen Taktik des Ausweichens und Zuredens gegenüber der Bourgeoisie. (Das heißt: die sozialdemokratischen Arbeiter gingen am 15. Juli 1927 aus Wut über ihre zögernden Führer los, denen sie noch volle sieben Jahre volle Gefolgschaft bis 1934 leisteten.)
2. in der austromarxistischen Gewohnheit, "alle Kompromisse mit radikalen Reden und Gesten zu begleiten". Also wohlverstanden: Die Arbeiter gingen auf die Straße, weil die Sozialdemokraten so radikal gere-

[11] *Internationale Presse Korrespondenz – Der Hrsg.*

det hatten. Dasselbe behaupteten die christlich-sozialen Regierungsleute.
3. in der "schlechten wirtschaftlichen Lage der Arbeiterschaft". 1927 war in Österreich wirtschaftliche Hochkonjunktur. Zwei Tote hatten die Arbeiterschaft mobilisiert. 1932 war tiefste Krise und Not. Es gab fortlaufend Tote überall. Kein einziger Arbeiter ging auf die Straße. Es ist doch komplizierter, als die einzigen Führer des Proletariats in Thesen festlegten.
4. "Der Hauptgrund für diesen plötzlichen Ausbruch ... ist das Fehlen einer revolutionären Massenpartei, **einer von den Massen anerkannten** revolutionären Führung". Man lese diesen Satz mehrere Male ganz aufmerksam: Der Hauptgrund für Aufstand war das Fehlen einer revolutionären Massenpartei. Wenn es aber eine revolutionäre Massenpartei gegeben hätte, dann hätte es keinen Aufstand gegeben. In Deutschland gab es 1930 - 1933 eine revolutionäre Massenpartei als Hitler zur Macht stieg. Dort gab es keinen plötzlichen Aufstand. Der Satz scheint also richtig zu sein, ist aber nichts als konfuser Unsinn, Ausdruck der kompletten sachlichen und theoretischen Verlorenheit der Erben Lenins. Wo waren die Kader, die von Sowjetrußland ausgebildet waren in der "Strategie und Taktik des Klassenkampfes?" Und weshalb wollten die Massen, die den Aufstand machten, diese Führung nicht anerkennen, weder damals noch heute, nirgendwo? [SB: Warum mußten die roten Faschisten sogar nach dem 2. Weltkrieg ihre Macht nur durch Mord und Diebstahl erlangen?] Wozu dann die Aufrufe zum Generalstreik? Die Proklamation der Arbeiterräte wie beim Heimwehraufmarsch in Pottendorf? Wozu dann die Coueistischen Proklamationen und Aufrufe zum Generalstreik?
Ich habe nicht die Absicht, hier eine Geschichte der kommunistischen Bewegungen zu geben. Es sollte nur angedeutet werden, welches Niveau die Politik hatte, in welcher Ideologie der Kampf um die Anerkennung der Massenpsychologie hineingestellt war.
Ende Juli hatte ich eine Besprechung mit **Freud** am Semmering. Es machte mir großen Eindruck, daß **Freud** dem Aufstand völlig verständnislos gegenüberstand und das Ereignis als eine Katastrophe, ähnlich einer Sturmflut, betrachtete. Ich möchte betonen, daß es außer dem spontanen Wutausbruch der Massen über das ungerechte Schattendorfer Urteil weder in den politischen Parteien, noch in intellektuellen Kreisen eine Meinung gab, die Licht auf das Ereignis geworfen hätte. Die Arbeitermassen hatten schon vor dem 15. Juli, noch unklar, Anlaß gegeben,

den Aufstand in einen verständlichen, positiven Zusammenhang zu bringen. Sie beantworteten das Schattendorfer Urteil mit Inbrandsetzung des Justizpalais in Wien und bezahlten dafür mit Tausenden Toten und Verwundeten. In den weit schlimmeren und gefährlicheren Angriffen der politischen Reaktion auf ihre Bürgerrechte in den folgenden Jahren reagierte sie überhaupt nicht bis zum Ende der Organisation im Februar 1934. [Dies ist ein gutes geschichtliches Beispiel von massenpsychologischem Irrationalismus.]

Meine Gedanken hätten freies Spiel gehabt, wenn ich die Antworten auf die vielen Fragen, die nacheinander mein Gehirn durchströmten, gehabt hätte. Wohl jeder redete über alles nach dem Zufallsprinzip. Als ich diesem Gerede zuhörte, muß zum ersten Mal das Gefühl von der Sinnlosigkeit von Politik Besitz von mir ergriffen haben. Nie hatte ich irgendeine Verbindung der Politik zu dem wirklichen Leben der Menschen feststellen können, aber die klinische Arbeit hatte mich davon überzeugt, daß man eine Sache ganz kennen muß, um sie richtig beurteilen zu können. Deshalb fing ich mit meiner praktischen politisch-sozilogischen Arbeit an.

Kapitel 3

DIE LEBENDIGE PRODUKTIVKRAFT – ARBEITSKRAFT – BEI KARL MARX

Zur Vermeidung möglicher Mißverständnisse ein Wort. Die Gestalten von Kapitalist und Grundeigentümer zeichne ich keineswegs in rosigem Licht. Aber es handelt sich hier um die Personen nur, soweit sie die Personifikation ökonomischer Kategorien sind, Träger von bestimmten Klassenverhältnissen und Interessen. Weniger als jeder andere kann mein Standpunkt, der die Entwicklung der ökonomischen Gesellschaftsformation als einen naturgeschichtlichen Prozeß auffaßt, den einzelnen verantwortlich machen für Verhältnisse, deren Geschöpf er sozial bleibt, sosehr er sich auch subjektiv über sie erheben mag.

Karl Marx, Das Kapital, Vorwort zu der ersten Ausgabe von 1867

Vorbemerkung

Dieser Artikel wurde 1936 abgefaßt, als die soziologischen Illusionen in der Sowjetunion den Charakter von Verfassungsstatuten annahmen ("Einführung der Sowjetdemokratie"). Der Artikel wurde damals nicht publiziert. Seine Publikation 1944 hat zweifache Begründung:

I. Wissenschaftliches, das ist **wahrhaftes** Denken, tut heutzutage dieser verelendeten menschlichen Gesellschaft mehr not als zu irgendeiner anderen Zeit. Bewaffnete Auseinandersetzungen werden keinen Deut an dieser Misere ändern. Ist der deutsche Faschismus militärisch geschlagen, so lebt doch die faschistische menschliche Struktur in Deutschland, Rußland, Amerika und überall weiter; sie wird unterirdisch fortwuchern, sich neue politische Organisationsformen suchen und unweigerlich zu einer neuen Katastrophe führen, wenn sich die verantwortlichen Kreise in aller Welt nicht rasch und energisch entschließen werden, die Wahrheit zu schützen und zu äußern, wie heute nur die politische Lüge geschützt und geäußert wird. Dies kann mit Sicherheit vorausgesagt werden.

Es ist vom Standpunkt der wissenschaftlichen, also der einzig möglichen Weltanschauung durchaus gestattet zu erklären: **Karl Marx** hat lebenswichtige Tatsachen entdeckt, die große soziale Konsequenzen haben, aber die Durchführung dieser Konsequenzen ist nicht möglich, weil Wissen und Technik nicht ausreichen, die menschliche emotionelle Struktur entsprechend rasch zu verändern. Eine solche Haltung wäre einwandfrei und enthielte eine Hoffnung für die Zukunft. Man kann Karl Marx begrüßen oder verdammen. Dies ist eine Geschmacksangelegenheit. Man kann jedoch nicht, unter keinen Umständen, wenn man Anspruch auf Anständigkeit erhebt, sich auf Marx berufen und die von ihm gefundenen wissenschaftlichen Tatsachen politischen Manövern zuliebe verbiegen. Man kann nicht gefundene Wahrheiten verdrehen, ohne sich früher oder später zum Mitschuldigen des Faschismus, des Meisters der Lüge, zu machen. Wenn schon die Veränderung der menschlichen Verhältnisse entsprechend wissenschaftlichen, wahrhaften Behauptungen unmöglich ist, so darf doch unter keinen Umständen die Misere des Alltags dazu verführen, die einzige Hoffnung des Menschen, die Wahrheit, noch dazu zu zerschlagen.

[Die emotionale Pest berührte die Werttheorie von Marx in folgender Weise: In ihrem Versuch, die Gefühle der Massen aufzurütteln und sie zu gewinnen, vergaßen die Parteipolitiker die sachliche Erklärung des Wertes der Arbeitskraft. Sie verknüpften den realen Begriff des "Mehrwerts" mit Gefühlen von Abneigung, Haß, Neid und dem Bestreben, den Mehrwert selbst in die Tasche zu stecken. So verloren sich die fruchtbaren und vielversprechenden Erkenntnisse von Marx in einem Haufen irrationaler Gefühle, die nicht nur zu keinem praktischen Ergebnis führten, sondern die gesamte Arbeiterbewegung ruinierten.

Sicherlich kann die emotionale Pest Massen gewinnen, Nationen erobern, Völker vernichten, aber sie kann nicht eine einzige konstruktive Maßnahme zur Verbesserung des ökonomischen Elends ergreifen. Sicher kann die emotionale Pest Millionen von Bäumen in Stücke schiessen, verbrennen oder auf andere Weise vernichten. Aber es gibt keine Diktatur über das Wachstum der Bäume, man kann einem Baum nicht vorschreiben, wie schnell und wie weit er wachsen soll. Andererseits kann wissenschaftliche Forschung über die Gesetzmäßigkeiten des Baumwachstums helfen, Baumschäden vorzubeugen und die Bedingungen des Baumwachstums zu verbessern. Wissenschaftliche Erkenntnisse entsprechen der Meisterung der Hindernisse im Weg des sich entwikkelnden Lebens.

Dieses Beispiel zeigt deutlich die biologische Funktion der Naturwissenschaft im Gegensatz zur zerstörerischen Funktion jedes Auftretens der

emotionalen Pest. Das, was politische Gruppen in Europa und Amerika als "Marxismus" bekämpfen, hat nichts mit den ökonomischen Lehren von Marx zu tun. Genauso haben die verschiedenen "marxistischen" Parteien von heute nichts mit der Marxschen Wissenschaft gemein.]
(Vor 10 und mehr Jahren wurde man schwer gezüchtigt, wenn man am Buchstaben von Karl Marx rüttelte, und man wäre verfemt worden, wenn man wissenschaftlich erklärt hätte, daß die marxistische Ökonomie dringend der Ergänzung durch eine wissenschaftliche Massenpsychologie bedürfte.) Vor kurzem wurde in der Sowjetunion der Marxismus "revidiert". Es wurde von offiziellen Staatsökonomen "entdeckt", daß Marx unrecht hätte, wenn er behauptete, daß im Sozialismus kein Mehrwert produziert und akkumuliert werden müßte, daß die Mehrwertproduktion also eine Spezialität des Kapitalismus wäre.
Dies ist die Verdrehung: **In der Marxschen ökonomischen Theorie ist an keiner Stelle die Rede davon, daß im Sozialismus die Mehrwertproduktion aufhörte und nicht mehr existierte.** Diese Korrektur hat keinen Sinn, sie ist vielmehr ein Unsinn, denn das Korrigierte wurde nie behauptet.
Das Grundproblem von Karl Marx war nicht, **ob** Mehrwert im Sozialismus produziert wird oder nicht, sondern das Problem war, was das **Wesen** des Mehrwerts ist, wo er **herkommt** und **wer über ihn verfügt.** Mehrwert wird produziert aufgrund des besonderen **Charakters der lebendigen Arbeitskraft.** Den Kern der Marxschen Wirtschaftslehre bildet der fundamentale Unterschied zwischen der lebendigen und der toten Produktivkraft.
Aus der Feststellung des **Wesens** der lebendigen Arbeitskraft, und somit der **Herkunft** des Mehrwerts, folgt sozial die weitere Frage, wer den Mehrwert **aneignet. Er wird immer von den Besitzern der gesellschaftlichen Produktionsmittel angeeignet:** Im Privatkapitalismus von einzelnen Kapitalisten, im Staatskapitalismus vom Staat, und in der freien Arbeitsdemokratie[12] von der Gesellschaft der Arbeitenden (wie etwa historisch in den primitiven Gesellschaften und vorausgesehen von Karl Marx in der zukünftigen echt demokratischen Gesellschaft).
Man kann zu dieser Feststellung stehen wie man will, man kann sie als willkommen begrüßen oder als unwillkommen hassen, aber man kann sie nicht verdrehen. Die Verschiebung des Problems der Mehrwertpro-

[12] *Arbeitsdemokratie beruht im wesentlichen auf zwei Tatsachen:*
a. *Ein Arbeiter ist jemand, der sozial nützliche Arbeit verrichtet, d.h. nicht nur der Handarbeiter.*
b. *Die soziale Verantwortung liegt bei der Gemeinschaft der Arbeiter, nicht bei privaten Individuen oder einzelnen Staatsfunktionären.*

duktion von **Wesen, Herkunft** und **Aneignung** auf ein "**Ob**", ist eine unerlaubte Verunstaltung eines wissenschaftlichen Fundes. Die folgende Korrektur hat nichts mit irgendwelcher politischen Gesinnung, sondern sie hat einzig mit dem lebenswichtigen Interesse am Schutze wissenschaftlichen Gedankenguts zu tun. Es ist in diesen Zeiten nicht überflüssig zu betonen, daß sich derartige wissenschaftliche Fragen nicht mit Exekutionsquadern, diesen modernsten Mitteln menschlicher Auseinandersetzung, erledigen lassen.

II. Der zweite Anlaß der Publikation dieses Artikels zu diesem Zeitpunkt ist der Zusammenklang der Marxschen Analyse der lebendigen Arbeitskraft im Mehrwert mit der orgonphysikalischen Untersuchung der biologischen Aktivität des Menschentiers. Es ist der Sexualökonomie seit etwa 1928 bekannt, daß die lebendige Arbeitskraft von **Karl Marx** identisch ist mit der "Arbeitsfunktion der biologischen Energie" der Orgonbiophysik. Ich möchte an dieser Stelle und gerade zu **diesem** Zeitpunkt meiner tiefen menschlichen und wissenschaftlichen Genugtuung Ausdruck geben, daß ein Denker und Forscher vom Range eines **Karl Marx** eine spezifische Lebensfunktion zum Kern seiner "trockenen" Wirtschaftslehre erhoben hat. Dafür ist ihm, dem ersten, der diese Leistung vollbrachte, die arbeitende Menschheit Dank schuldig. Daß sie ihn hat schier verhungern lassen; daß sie fortsetzt, ihn zu besudeln; daß sie daran geht, ihm in den Mund zu legen, was er nie behauptet hat; daß sie sich seine praktischen wissenschaftlichen Eroberungen aneignet, ohne ihn zu ehren, ist eine schwere Belastung mehr im bereits riesenhaften Schuldkonto dieser Menschheit. Sie ist nicht Marxens Schuld. Es war meine wissenschaftliche Pflicht richtigzustellen, was eine unvorstellbare soziale Mentalität zu verwischen sucht.

Orgonon, im Juli 1944
Wilhelm Reich

In den Ferien 1927 wohnte ich mit meiner Familie in Lans bei Innsbruck. Dort studierte ich das "Kapital" von Karl Marx. Durch die ersten 100 Seiten, die den Mehrwert ableiten, arbeitete ich mich gründlich durch. Ich verstand, daß Marx für die Wirtschaftskunde dasselbe bedeutete, was **Freud** für die Psychiatrie geworden war. Die Grundanschauung war einfach, selbstverständlich und widersprach allen gewohnten Überlieferungen. Die vormarxsche und nichtmarxsche Ökonomie dagegen, versuchte den Profit aus dem "natürlichen Wert" des toten Materials, aus dem vorhandenen und investierten Kapital abzuleiten. Vor **Marx** hatten die Ökonomen behauptet, daß der Wert der Waren vom Verhältnis des Angebots zur Nachfrage bestimmt werde. **Marx** wies nach, daß dies nur den Preis leicht schwanken läßt. Der Wert einer Ware aber, werde bestimmt durch die **menschliche Arbeitskraft**, die in ihr verausgabt ist. Marx sagt: Ein Baum ist an sich gar nichts "wert", solange nicht menschliche Arbeit "zugesetzt" ist. Erst wenn der Baum **gefällt**, in Stücke **gesägt**, zu Brettern oder Masten **verarbeitet** ist, gewinnt er einen "Wert" für den Menschen. Das gilt für alles, was "Wert" hat. Die Luft hat keinen "Wert", man bekommt sie gratis, weil sie ohne Zusatz menschlicher Arbeit konsumiert werden kann. Auch die Haut am Körper eines Ochsen hat keinen Wert, solange sie nicht von menschlichen Händen zu Schuhen verarbeitet wurde. Marx unterscheidet das **konstante** vom **variablen** Kapital. Das konstante Kapital besteht aus nichtlebendem Rohmaterial und nichtlebenden Manschinen. Sie werfen keinen Profit aus sich heraus ab, ehe menschliche Arbeit, das variable Kapital, sie zu Waren, bzw. Gebrauchswerten umwandelt. Da man Geld gegen Zinsen verborgen kann, erschien der "Wert" des Kapitals dadurch, daß es wieder Geld einbrachte, sei es durch Investition in Betriebe (Industriekapital) oder durch Verleihen (Bankkapital). Nach Marx ist das Geld nur ein Papier, ausgestellt zur Erleichterung des Verkehrs auf Grund einer gesellschaftlichen Übereinkunft. Es hat an sich keinen Wert außer dem der Arbeitskraft, die für Herstellung der Banknoten und Geldmünzen verausgabt war. Den aktuellen Wert erhält es erst durch

das, was es repräsentiert, gegen das es **ausgetauscht** werden kann, gegen eine Ware. Man kauft aber nicht nur tote Waren, sondern auch **lebende** Waren. Der Unternehmer zahlt dem Arbeiter für den Gebrauch der Ware "Arbeitskraft". Die Arbeitskraft kann nun, genauso wie eine beliebige andere Ware, gekauft und verkauft werden. Wenn ich als Schuster ein Paar Schuhe herstelle und verkaufe, so gehören sie nicht mehr mir. Ebensowenig gehört die Arbeitskraft, die ein Dreher an einen Kapitalbesitzer verkauft, noch ihm. So wie der Schuhverkäufer den Gebrauchswert der Schuhe beliebig benützen kann, so kann der Unternehmer mit der gekauften **Ware Arbeitskraft** machen, was er will, sie ausbeuten, wie er will. Das ist gar nicht "schlecht" von ihm, sondern völlig gesetzlich korrekt entsprechend den Gesetzen der Warenwirtschaft.
Marx erklärt den Begriff "Kapitalist" wissenschaftlich. Das ist nicht, wie man gewöhnlich glaubt, ein Mensch, der viel Geld besitzt, sondern ein Mensch, der **aufgrund der Gesetze der Warenwirtschaft** mit seinem Geld die Arbeitskraft anderer kaufen und für sich nutzbar machen kann. Wenn ich als Arzt mein Fach gut beherrsche, viele Heilungen erziele und gute Heilmethoden ausfindig mache, so kommen zu mir viele Kranke. Sie bezahlen mir meine Arbeitszeit und mit dieser den Wert meiner Arbeitskraft. Um meine Arbeit zu leisten, muß ich meine Arbeitskraft selbst immer wieder herstellen, das heißt ich muß essen, wohnen, mich kleiden, etc. Das macht einen Teil des Wertes meiner Arbeitskraft aus. Doch damit allein könnte ich noch nicht meine spezielle Arbeit leisten. Dazu gehört noch eine bestimmte Ausbildung, die Arbeit und Geld kostete. Dazu gehört fortlaufender Arbeitsaufwand für Fortbildung. Dazu gehören Instrumente etc., an denen wieder andere ihre Arbeitskraft verausgabt haben. Ich bezahlte für sie mit Teilen meiner Arbeitskraft. Alle Arbeitskraft also, nicht nur meine eigene, die durch meine Arbeit an Kranken verausgabt wird, muß der Kranke bezahlen, mit einem konventionellen Wertersatz, mit "Geld", womit ich wieder die Ergebnisse der Arbeitskraft anderer, Wohnung, Essen, Kleidung, Film, etc., also Gebrauchswerte kaufen kann. Solange ich selbst arbeite, bin ich, soviel ich auch an Geld erarbeiten mag, kein Kapitalist. Würde ich aber, sagen wir, vier Ärzte anstellen, ihnen je 200 Kronen an festem Lohn zahlen, dafür ihre 8-stündige Arbeit ausnützen und für mich meine Patienten behandeln lassen, dann wäre ich Kapitalist. Dann würde ich **fremde** Arbeitskraft "ausbeuten", mir die Werte fremder Arbeitskraft in Geldform aneignen. Ich selbst könnte mit achtstündiger Arbeit acht Kranke behandeln und damit achthundert Kronen in 25 Arbeitstagen

verdienen. Vier Ärzte könnten jedoch das Vierfache davon erarbeiten, 3.200 Kronen. Ich müßte den vier Ärzten zusammen achthundert Kronen an Lohn zahlen, würde aber die von ihnen erarbeiteten 3.200 Kronen einstecken. Ich hätte somit 2.400 Kronen verdient, **ohne selbst gearbeitet zu haben**, durch Ausbeutung fremder Arbeitskraft. Nach dem Recht der Warenwirtschaft wäre ich gar kein Schwindler, sondern würde vollkommen gesetzlich handeln. Niemand könnte mich anklagen oder mir etwas Böses vorwerfen.

Das große Verdienst von **Karl Marx** liegt darin, daß er das Geheimnis der **Ware** lebendige Arbeitskraft enthüllte, ihren **zwiespältigen** Charakter, den Unterschied zwischen dem Tauschwert und dem Gebrauchswert der "Ware Arbeitskraft".

Ein Paar Schuhe sind für den, der sie erzeugt, kein Gebrauchsgegenstand, kein Gebrauchswert, sondern ein Tauschwert. Hat jemand ein Paar Schuhe, die er selbst nicht brauchen will, erzeugt, so kann er sie gegen Erbsen, Fleisch oder Geld eintauschen. Er bekommt an Wertersatz für das Paar Schuhe ungefähr den Wert der Arbeitskraft wieder, die zu ihrer Herstellung notwendig war. Die Arbeitskraft wird, wie gesagt, in Arbeitszeit, **durchschnittlicher** Arbeitszeit, gemessen. Der Käufer dagegen kauft die Schuhe nicht als Tauschwert, sondern als Gebrauchswert. Er braucht sie zur Befriedigung eines Bedürfnisses, in diesem Falle, um die Fußsohlen beim Gehen zu schützen. Er ist berechtigt, den **ganzen** Tauschwert der Schuhe, den er in Form von Geld oder Fleisch für sie bezahlt hat, in der Form des Verbrauchens der Schuhe wiederzubekommen. **Der Tauschwert und der Gebrauchswert einer toten Ware sind identisch.** Doch nur bei toten Waren, in denen sich menschliche Arbeitskraft vergegenständlicht. Dagegen verhält sich die einzige lebendige Ware, die "Ware Arbeitskraft", anders, gerade weil sie **lebende** Kraft ist. **Bei ihr sind Tauschwert und Gebrauchswert nicht identisch. Bei ihr ist der Gebrauchswert weit höher als der Tauschwert.**

Der Arbeiter jeder Art, der Mensch, der den Gebrauchswert schafft, verkauft seine Ware Arbeitskraft dem Unternehmer genau so wie der Schuster das Paar Schuhe, genau nach den gleichen Gesetzen der Warenwirtschaft. Der Arbeiter aber muß seine Ware Arbeitskraft selbst wieder "erzeugen", indem er ißt, sich kleidet und wohnt; dafür muß er, sagen wir, drei Stunden täglich arbeiten, wenn man den Wert der Nahrung, der Wohnung und der Kleidung wieder in der durchschnittlichen Arbeitszeit mißt, die zur Reproduktion der Arbeitskraft notwendig ist. Diese drei Stunden bilden, nach Gesetz der Warenwirtschaft den

Tauschwert seiner Arbeitskraft. Der Kapitalist betrügt also den Arbeiter nicht, wenn er ihm den Tauschwert seiner Ware Arbeitskraft, den Wert von drei Stunden täglicher Arbeitszeit, bezahlt. Er betrügt ihn nicht nach dem Gesetz der Warenwirtschaft, in der menschliche Arbeitskraft eine käufliche und verkäufliche Ware wie andere Waren ist. Doch der Käufer der Ware Arbeitskraft, etwa der Besitzer einer Fabrik, gebraucht die Ware Arbeitskraft des Arbeiters nicht drei Stunden täglich, also im Wert ihrer Reproduktion, gemessen in der Arbeitszeit, sondern acht oder zehn Stunden lang. Das heißt,der Arbeiter **verausgabt den Gebrauchswert** seiner Arbeitskraft, der weit höher ist (8 Stunden Arbeitszeit) als der bezahlte Tauschwert (3 Stunden Arbeitszeit). **Aus der Differenz zwischen dem niedrigen Tauschwert (3 Stunden Arbeitszeit) und dem weit höheren Gebrauchswert (8 Stunden Arbeitszeit) der Ware Arbeitskraft entsteht der Profit der Warenwirtschaft.** Kauft ein vermögender Käufer von Arbeitskraft tausend oder zehntausend Arbeitern ihre Arbeitskraft als Gebrauchswert ab, so gebraucht er ihren Gebrauchswert um das entsprechende Vielfache ihres Tauschwertes. Denn tausend oder zehntausend Arbeiter verwandeln nun totes Material, totes Kapital, in Waren, indem sie ihre Arbeitskraft tausend-oder zehntausendfach zusetzen.

Ihre Arbeit ist kollektiv, doch die Aneignung des Warenwertes ist individuell ("kapitalistisch"). Erarbeitet ein Schuster in einer Schuhwerkstatt zwei Paar Schuhe täglich, so bekommt er den Tauschwert von zwei Paar Schuhen. Erzeugt er mit besseren Maschinen statt zwei zehn Paar Schuhe täglich, so kann er den Tauschwert von zehn Paar Schuhen einnehmen. Arbeitet er aber als Arbeiter in einer Schuhfabrik, die fortlaufend ihre Maschinen verbessert, so bekommt er, trotz der Mehrproduktion an Gebrauchswerten nicht mehr Lohn an Tauschwert seiner Arbeitskraft. Denn dieser beträgt immer noch nur drei Stunden Arbeitszeit. Der Verbrauch seiner Arbeitskraft durch den Kapitalisten ist ungefähr der gleiche geblieben, doch die "Ausbeutung" ist gestiegen, denn die Tauschwerte (=Gebrauchswerte), die er nun schafft, sind weit grösser geworden. Doch er verfügt nicht über das Produkt. Er verkauft nach wie vor ganz gesetzlich seine Ware Arbeitskraft zum Marktpreis = 3 Stunden Arbeitszeit. **Jeder, der vom Verkauf seiner Arbeitskraft lebt, ist ein Arbeiter. Jeder, der den Tauschwert der Ware Arbeitskraft kauft und ihren Gebrauchswert ausnützt, ist, kraft der Differenz zwischen dem Tauschwert und dem Gebrauchswert der lebendigen Arbeitskraft, ein Kapitalist im Marxschen Sinne.**

Es ist nach streng Marxschen wissenschaftlichen Prinzipien falsch, den

Kapitalisten für die Ausbeutung der Menschen, die diese Werte schaffen, verantwortlich zu machen. "Schuld" ist nicht der einzelne Kapitalist oder die Kapitalistenklasse, wie der bornierte Sozialist glaubt. Das Wesen der Ausbeutung liegt im Wesen der auf Warenwirtschaft aufgebauten, wirtschaftlich in Klassen gespaltenen Gesellschaft. Sie ermöglicht es erst dem einzelnen Menschen - so oder so - genügend Kapital zu erwerben, das ihn befähigt anderer Menschen Arbeitskraft zu kaufen und die Differenz zwischen Tauschwert und Gebrauchswert der Arbeitskraft einzustecken. Der wirtschaftliche Betrug des Arbeitenden liegt in den kapitalistischen **Produktionsverhältnissen** und nicht in menschlichen Absichten.

Es ist unerläßlich für das Verständnis der natürlichen Arbeitsdemokratie, den folgenden Widerspruch im Denken und in der Propaganda der marxistischen Parteien zu begreifen: Auf der einen Seite waren sie **rein ökonomistisch** orientiert; die charakterliche Struktur der Menschen, wie sie wirklich sind, war völlig ausgeschaltet. Ja, wie es sich später zeigte, wurde die Einbeziehung der charakterlichen Menschenstruktur im Kampf um wahre Demokratie scharf bekämpft. Auf der anderen Seite dagegen operierte die marxistische Propaganda nicht mit den "materiellen" Tatbeständen des menschlichen, biologischen und gesellschaftlichen Seins, sondern im wesentlichen mit sekundären, neurotischen Trieben, wie Haß, Neid, Machtsucht etc. Es ist mir bewußt, daß diese Feststellung von den marxistischen Parteigängern als eine schwere Beleidigung empfunden werden wird. Ich habe nicht die Absicht, irgendjemanden zu beleidigen, sondern bloß die Tatbestände aufzudecken, die die Katastrophe mit herbeiführen halfen.

Den Unterschied in der Haltung der marxistischen Parteipolitiker und der der arbeitsdemokratischen Freiheitsbestrebungen möchte ich an einem einfachen Beispiel aus der ärztlichen Arbeit verdeutlichen.

Wenn ich ein neurotisches Kind vor mir habe, das an Schlaf- und Lernstörungen leidet,so ergibt schon eine oberflächliche Aussprache, daß die Neurose durch eine falsche Erziehung seitens der neurotischen Mutter herbeigeführt wurde. Es wäre nun vollkommen fruchtlos, wenn ich die neurotische Mutter moralisch verurteilen oder den Haß des Kindes gegen die Mutter provozieren würde. Meine Feststellung des schädlichen Einflusses der Mutter in der Erziehung ihres Kindes hat nur **einen** Sinn: **die Neurose des Kindes zu beseitigen.** Ich kann mit der Kenntnis dieser Tatsache helfend eingreifen; ich könnte ohne Kenntnis dieser Tatsache, mit Weckung von Haß im Kinde gegen die Mutter oder mit moralischrevolutionärer Empörung weder dem Kinde noch der Mutter helfen. Die kranke Mutter, die ihr Kind neurotisch machte, ist nicht "schlecht" oder "böse", keine "Unterdrückerin" oder "Ausbeuterin kindlicher Hilflosigkeit". Sie ist **Werkzeug** und zusammen mit ihrem Kinde **Opfer** einer **unglückseligen sexualsozialen Situation in der Gesellschaft**.

Ganz genau dasselbe gilt nun auch für den "ausbeutenden Kapitalisten" und den "ausgebeuteten Lohnarbeiter". Weckung von Haß gegen den Kapitalisten im Lohnarbeiter, Zündung von Neid, Morden, Schimpfen etc. **wird nichts am Warengesetz der privatwirtschaftlichen oder staatskapitalistischen Gesellschaft ändern**. Dieses Gesetz lautete: "Ich, Kapitalbesitzer, zahle dir, Arbeiter, Bauer, Techniker, Wissenschaftler etc. 30 oder 50 Dollar wöchentlich, so daß Du Dich mit Deiner Familie ernähren, kleiden und behausen, mit anderen Worten den Tauschwert dieser Ware Arbeitskraft reproduzieren kannst. Du verkaufst mir Deine Ware Arbeitskraft für 8 Stunden täglich, ungeachtet dessen, wie groß der Tauschwert (gleich Gebrauchswert) der Waren ist, die Du in diesen 8 Stunden erzeugst, auch wenn dieser Tauschwert dreimal oder fünfmal so groß ist, wie der Wert, den Du in einem Tage zum Erhalten Deiner selbst und Deiner Familie erzeugen mußt und verbrauchst." Der Kapitalbesitzer ebenso wie der Lohnarbeiter treten in ihr Verhältnis zu einander nicht als Menschen mit freier Willensbestimmung, die sie nach Belieben verändern können. Sie sind beide Objekte eines bestimmten gesellschaftlichen Verhältnisses, das **unabhängig von ihrem Willen aufgrund historischer Entwicklung** funktioniert und **sie beide** beherrscht.

Das Verständnis des Lesers für die Entwicklung der sexualökonomischen Soziologie und Massenpsychologie, die zur Erfassung der natürlichen Arbeitsdemokratie 1939 hinführte, hängt durchaus davon ab, daß er die Marxsche Analyse der Gesetze der Warenwirtschaft nicht ethisch oder moralisch, nicht wütend oder liebend, sondern sachlich naturwissenschaftlich betrachtet. Es handelt sich zunächst um **Tatsachen** und **Funktionsgesetze** und nicht um Ideale und Bestrebungen. **Reale** Bestrebungen können nur auf **realen** Tatsachenfeststellungen beruhen.

Es ist einer der Hauptgründe des chaotischen Elends, in das die menschliche Gesellschaft immer wieder gerät, daß die Politiker ihre Idealsetzungen und Bestrebungen, sie mögen nun gut oder böse gemeint sein, nicht auf Tatsachen, sondern auf meist irrationalen emotionellen Wertungen aufbauen. Ich bin von jeher, das weiß jeder, der meine Schriften kennt, sehr für Emotionen eingetreten – aber **nur für real begründete**,

fest auf Tatsachen begründete Emotionen und Zielsetzungen und habe immer gegen bodenlose, illusionäre oder irrationale Ideale und Ziele gekämpft.

Die Feststellung des beschriebenen Gesetzes der Warenwirtschaft und des der lebendigen Ware Arbeitskraft eigentümlichen Widerspruchs (**Tauschwert gleich kleiner als Gebrauchswert, im Gegensatz zur toten Ware, wo Tauschwert gleich Gebrauchswert**), ist ein wissenschaftlicher Tatsachenfund, der weder gut noch schlecht, sondern nur **wahr** ist. Er hat nichts mit Ethik oder Moral zu tun. Der Kapitalist, der den Tauschwert der Ware Arbeitskraft eines Arbeiters bezahlt und ihren weit höheren Gebrauchswert verbraucht, handelt nicht aus bösen Absichten. Er kann persönlich ein Schuft oder ein gütiger Mann sein. Meist kennt er nicht einmal den Mechanismus, dem er seinen Reichtum verdankt. Er ist selbst in den Prozeß eingesponnen, und er ist selbst allen Konsequenzen des Warengesetzes unterworfen, etwa der Konkurrenz mit anderen Betrieben und Konzernen, dem Gang der Wirtschaftskrisen etc.

Hier wird der Kapitalist weder bekämpft noch verteidigt. Ich möchte nicht verhehlen, daß ich persönlich den typischen Kapitalistencharakter, der sein ganzes Denken, Handeln und Fühlen auf nichts anderes als auf Geldgewinn einstellt, dem die Geldmacht die natürliche Liebe ersetzt, der ein Künstler im Nehmen und ein Pfuscher im Geben ist, dem Gebefreude unverständlich ist, persönlich nicht mag. Das darf mich aber nicht hindern, die menschlichen Eigenschaften eines bestimmten Kapitalisten von den Gesetzen der Warenwirtschaft zu unterscheiden, deren Funktionär er durch Erbschaft oder durch riesenhafte Anstrengungen geworden ist.

Ich möchte weiter nicht verhehlen, daß ich die Entdeckung dieses Wirtschaftsgesetzes durch **Karl Marx** für eine der größten Taten halte, die je von menschlichem Denken vollbracht wurden. Das Warengesetz wurde zwar von Marx an den letzten 300 Jahren kapitalistischer Maschinenzivilisation entdeckt und exemplifiziert, aber es reicht weit darüber hinaus, in die Urgeschichte der menschlichen Gesellschaft, bis zu dem dunklen Zeitpunkt in der Vergangenheit, wo sie immer mehr aufhörte Gebrauchswerte zu erzeugen und fortschreitend dazu überging Tauschwerte, also "**Waren**" zu produzieren. Mit diesem Prozeß ging einher die Entwicklung von der "Naturalwirtschaft" zur "Geldwirtschaft". Mit ihr ging einher die Wendung von der Sexualbejahung, die die natürliche Selbstregulierung der Sexualenergie garantierte, zur Sexualverneinung und zur emotionalen Pest[13]. Die Entdeckung von Karl

[13] *vgl. Die sexuelle Revolution und Der Einbruch der sexuellen Zwangsmoral.*

Marx hat das Antlitz der gesamten Gesellschaft auf diesem Planeten verändert. Sie hat in Abertausenden von Ökonomen und Soziologen den Sinn für das geweckt, was wir heute als moderne Sozialökonomie vor uns haben. Es gibt unendlich viele Sozialökonomen und Soziologen, die Marx nie gelesen haben oder ihn sogar ablehnen, die aber doch dort, wo sie sachlich arbeiten, von der Marxschen Wirtschaftstheorie und Gesellschaftslehre geprägt und beeinflußt sind. Nicht **Ricardo** und **Smith**, sondern **Karl Marx** war es, der die Gesetzmäßigkeit der modernen technischen Entwicklung ins allgemeine menschliche Bewußtsein gebracht hat. Die vielen liberalen und sozialistischen Organisationen hätten nie Schritt mit dieser Entwicklung gehalten, wären sie nicht bewußt oder unbewußt im Banne der Marxschen Soziologie gestanden. Es gibt, das weiß ich aus Erfahrung, viele verantwortungsvolle Kapitalisten, die **Marx** hochschätzen und ihn besser verstehen als so viele sozialistische Parteipolitiker.
Diese positiven Qualitäten der Marxschen Tat ändern nichts daran, daß Marx begreiflicherweise schwere Auslassungen in seiner Soziologie hat, vor allem Unverständnis für die **biologische Verwurzelung des Menschen, für seine Triebbestimmtheit**. An ihre Stelle wurden unwissenschaftliche Ethiken, bodenlose Freiheitsparolen und formale, bürokratische "Freiheitsorganisationen" gesetzt. Man kann nicht ohne Ziel und Richtung zu verlieren, wissenschaftliche Erkenntnisprinzipien durch Parolen, Ideologien, Illusionen und Thesen ersetzen. Ich weiß nicht, wie vielen Ökonomen in der Sowjetunion bewußt oder bekannt ist, daß nach den strengen Gesichtspunkten der Marxschen Werttheorie dort **noch immer die Warenwirtschaft** mit allen ihren Eigentümlichkeiten, dem Widerspruch von Tauschwert und Gebrauchswert der Ware Arbeitskraft, und damit der Ausbeutung menschlicher Arbeitskraft, herrscht. Es ist gleichgültig, ob der "Staat" oder der "Kapitalist" ausbeutet.[14] Es ist wesentlich, ob derjenige die Gesellschaft bestimmt, der den **Mehrwert** aus der Differenz zwischen Gebrauchs- und Tauschwert schafft oder derjenige, der lediglich den Mehrwert konsumiert, das heißt der Staat oder der Kapitalist. Ich habe im Laufe von 20 Jahren keinen sowjetischen Sozialökonomen diese Tatsache nennen hören. Nach Marxschen Prinzipien herrscht in der Sowjetunion kein Sozialismus, das heißt keine Aufhe-

14 *SB: "Staat" und "Gesellschaft" stellen zwei grundsätzlich verschiedene soziale Dinge dar. Es gibt einen Staat, der über der oder gegen die Gesellschaft steht, wie es am besten durch den faschistischen totalitären Staat veranschaulicht wird. Es gibt eine Gesellschaft ohne einen Staat wie in den demokratischen Urgesellschaften. Es gibt Staatsorgane, die im wesentlichen für soziale Interessen arbeiten und solche, die das nicht tun. Es ist also festzuhalten, daß "Staat" nicht gleich "Gesellschaft" ist.*

bung der Warenwirtschaft, sondern Kapitalismus, genauer **Staatskapitalismus** ohne individuelle Kapitalisten. Man kann nicht ohne Ziel und Richtung zu verlieren, wissenschaftliche Erkenntnisprinzipien durch Parolen, Ideologien, Illusionen und Thesen ersetzen.

Nicht der einzelne Kapitalist oder der Staat, sondern die Funktion der Warenwirtschaft ist verantwortlich. Erst wenn man diesen Standpunkt klar und eindeutig bezieht, kann man die sozialen Wirkungen der Warenwirtschaft auf das Leben der Menschen beurteilen und sich weiter fragen, ob und wie die jahrtausendealte Warenwirtschaft aufgehoben und durch eine Gebrauchswirtschaft ersetzt werden könnte. Die Planwirtschaft, zu der sich die Wirtschaft überall mehr entwickelt, fördert automatisch die Wandlung der Warenwirtschaft in die Gebrauchswirtschaft. Man erzeugt Produkte, die man braucht, nicht Produkte, die man zu Profitzwecken verkaufen kann. Insofern die Sowjetunion Planwirtschaft war, entwickelte sie Gebrauchswirtschaft. Insofern sie Außenhandel betraf, mußte sie an der Warenwirtschaft haften. Diese Tatsachen sind weder gut noch böse, sondern sind Resultate von Vorgängen.

Nicht also die parteipolitische, sondern die Marxsche **gesellschaftswissenschaftliche** Arbeit führt in Richtungen, die die Soziologie und Ökonomie wieder auf die Beine stellt, so daß sie neu zu marschieren im Stande ist.

Ich betone wieder, daß das Grundelement der Marxschen Entdeckung der Werttheorie und damit des Wesens der menschlichen Arbeit überhaupt, **biologischer** oder **biosozialer** Natur ist. Dieser zentrale Umstand entging den Parteipolitikern. Es ist einzig die **lebendige** Arbeitskraft (das "variable Kapital"), die Werte schafft und **nicht** das **tote** Kapital! Man wird fragen, weshalb ich mich hier zur scharfen Vertretung der Marxschen Werttheorie bekenne. Ich tue es nicht aus Gründen politischer Gesinnung oder sozialer Elendslage, sondern einzig deshalb, weil ich neben der Marxschen Soziologie keine kenne, die besser und treffender mit meiner eigenen Entdeckung der Gesetze der biologischen Energie zusammenpaßte. Sowohl die natürliche Organisation der Arbeit als biologisches Faktum (und nicht als moralische oder politische Forderung) wie die Tatsachen der Orgon-Biophysik fordern die Anerkennung der **Tatsächlichkeit** und Eigentümlichkeit der "lebendigen Ware Arbeitskraft". Solche Tatsachen erhalten nun unerhörtes Gewicht und entscheidenden Einfluß, wenn sie von **zwei Seiten her unabhängig voneinander** wissenschaftlich gestützt sind. Ganz gleichgültig, ob solche Tatsachenfeststellungen einem Mystiker, einem Kapitalisten oder sich als Erlöser fühlenden unwissenschaftlichen Sozialisten passen.

Die Produktion der gesellschaftlichen Güter ist **kollektiv**, ihre Aneignung ist individuell im Privatkapitalismus, staatlich (**nicht** gesellschaftlich) im Staatskapitalismus. Der Güterproduzent verfügt nicht über sein Arbeitsprodukt. Er ist **Lohnarbeiter**, das heißt er bekommt den Tauschwert seiner Ware Arbeitskraft gesetzlich bezahlt. Dem Kapital als gesellschaftlicher Macht, repräsentiert in den Privateigentümern der Produktionsmittel, des Bodens und der Häuser oder dem Staatsapparat, steht sozial die Lohnarbeit gegenüber. Dem entsprechen die zwei wirtschaftlichen Klassen: Kapitalisten und Lohnarbeiter. Ihre Interessen sind gegensätzlich. Es liegt im Wesen des Kapitals, sich "rentieren" zu wollen. Rentieren kann es sich nur, wenn es Zinsen abwirft. Und dies kann es nur, wenn es den "**Mehrwert**" aus der Differenz zwischen dem Tauschwert und dem Gebrauchswert der Ware Arbeitskraft gewinnt. Der Arbeiter hat den natürlichen Wunsch, seinen Lohn zu steigern, der Kapitalist den ebenso natürlichen, ihn niedrig zu halten oder zu senken. Zwei "Klassen" stehen einander feindselig gegenüber. Es sind die sozialökonomischen Gesetze der Warenwirtschaft, die dies bedingen und durch spezielle Einrichtungen festhalten.

Die Marxsche Wirtschaftslehre bedeutet zweifellos für die Ökonomie dasselbe wie die Freudsche Theorie des unbewußten Seelenlebens für die Psychologie. Beide setzen eine bestimmte, auf Tatsachen gegründete Anschauung über die Gesetze voraus, die das heutige menschliche Leben lenken. Die funktionale Theorie des Lebendigen kann nicht erfaßt werden, wenn man sich nicht mit ihren Voraussetzungen vertraut macht.

Marxens Lehre zeigte alle Zeichen unbescheidener Grenzenlosigkeit, wie alle großen menschlichen Gedanken. Daß die Grenzenlosigkeit der politischen Engstirnigkeit wich, als Marx selbst nicht mehr seinen Feuerkopf wettern und donnern lassen konnte, ist selbst ein Problem Marxscher Soziologie. Aber selbst vorher schon hatte er die Grenze gegen seine Schüler gezogen als er sagte: "Ich bin kein Marxist!"

Ich bin auch kein Marxist, doch ich glaube ernsthaft, Marx verstanden zu haben, in seinen Größen wie in seinen kleinen Schwächen.

Kehren wir zu seinen großen Haltungen und Forschungen zurück. Er war sehr konsequent und hatte dafür mit Landflüchtigkeit, tiefer Armut und Gehetztheit zu zahlen.

Glaubte man bis **Marx**, daß "der Mensch die Geschichte macht,"der

Führer, das Genie, so blies er dieser Illusion gründlich das Lebenslicht aus. Gewiß macht der Mensch die Geschichte, wer soll es denn sonst tun? Gewiß nicht die Maschine! Doch **er kann seine Geschichte nur unter bestimmten Verhältnissen machen, die ihn beherrschen.** Das Wollen der Menschen und die Erkämpfung ihrer Ziele sind vom jeweiligen Entwicklungsgrad der Gesellschaft und der technischen Beherrschung der Natur abhängig. Fliegen wollten schon Dädalus und Ikarus. Doch sie kamen nicht weiter. Es fehlten einfach die Technik und das Wissen, Benzin zu erzeugen und Motoren zu konstruieren, die sich mit einer Last in die Luft schwingen. Zwar ist die menschliche Phantasie und die menschliche Tätigkeit der Ursprung jeder gesellschaftlichen Regung. Doch sie ist selbst zeitbestimmt und zeitbegrenzt. **Kopernikus** und **Gallilei** konnten den Menschen das Gefühl von der Großartigkeit und Einzigartigkeit ihrer Erde nicht nehmen; sie wurden schwer gestraft, weil ihre Zeit mit der Entdeckung praktisch noch nichts anfangen konnte. Es gab keine Astronomen und Stratosphärenflieger, die ohne die Wahrheit von der um die Sonne kreisenden Erde nicht weiterkommen konnten. Man darf, wenn einem das eigene Leben lieb ist, seiner Zeit nicht **allzu weit** voraus sein. Wir werden sehen, daß wir erst durch Marx begreifen können, weshalb er bei Lebzeiten nicht durchdrang und seine Bewegung 50 Jahre nach seinem Tode eine tödliche Niederlage durch die komplette Idiotie erlitt. Ohne Marx sind weder Marx noch der Marxismus, und daher die extreme Reaktion der Metaphysik, der Faschismus, zu verstehen.

Alle lebenden und wirkenden Menschen sind an der **Verbesserung des Lebens interessiert**. Wäre es so wie die Metaphysiker immer behaupten, daß nämlich der Mensch "aus freiem Willen" seine Geschichte macht, dann hätten wir längst das Paradies. Daß wir es noch lange nicht haben, vielmehr im Gegenteil davon ersticken, beweist die Richtigkeit der wissenschaftlichen Soziologie:Die Menschen haben untereinander, ihnen selbst "unbewußt," Beziehungen und Verhältnisse geschaffen, von denen sie nun beherrscht werden. Sie bauten Maschinen, um mehr und leichter zu produzieren. Sie werden von den Maschinen dezimiert, in den Hunger getrieben, verelendet. Der Mensch entdeckt die Filmtechnik. Schauspieler werden haufenweise brotlos. Der stumme Film weicht dem Tonfilm: Tausende Kinomusiker werden brotlos. Je leichter und rascher man Häuser baut, desto enger müssen die Menschen in ihren Wohnungen zusammenrücken. Je mehr Weizen oder Kaffee geerntet wird, desto mehr wird ins Meer geschüttet, desto weniger haben Millionen zu essen. Eine Widersinnigkeit, die gewiß intensivste wissenschaftliche Erforschung fordert: Die kapitalistische Wirtschaft ist eine Profitwirtschaft. Man erzeugt womöglich nicht Gebrauchsartikel, sondern Waren. Die Wirtschaft dient nicht der Befriedigung von Bedürfnissen, sondern die Bedürfnisse werden nach den Gesetzen der Profitwirtschaft erzeugt, unterdrückt, verschoben. Die Weltwirtschaft fragt nicht, wieviel Chinesen oder Neger barfuß laufen. Aber sie hält jährlich Konferenzen ab, um den Herren- und Damenschuh so oder so ein wenig zu verändern und eine "neue Schuhmode" als unerläßliche Lebensnotwendigkeit zu propagieren. Die Filmindustrie fragt nicht, welche menschlichen, erzieherischen, ärztlichen, technischen Probleme der Masse der Menschen "zur Hebung deren Kultur" dargestellt werden könnten. Sie provoziert perverse und sadistische Gefühle bei den Menschen, um ihre Produkte besser absetzen zu können. Es gab in der Filmproduktion nicht einen einzigen Film, der ein menschliches Problem wirklich löste. Die wenigsten warfen Lebensfragen auf. Die allermeisten provozierten krankhafte Sehnsüchte. Der Film diente nicht dem Menschen, sondern dem Profit.

Die Profitwirtschaft lebt von der Niederringung des Konkurrenten. Die Konkurrenz, freier Privathandel genannt, vernichtet die kleinen Unternehmer und faßt die großen zu immer mächtiger werdenden Konzernen oder Trusts zusammen. "**Das Kapital konzentriert sich** in wenigen Händen." Die Masse der Verarmenden wird immer größer. Die Schuhfabrikkonzerne haben die Schuster ruiniert, die Landwirtschaftsmaschinen den pflügenden Bauer. Der große Kapitalist vernichtet den kleinen, nachdem der kleine den Handwerker zerrieb. Der freie Gewerbestand von dazumal verwandelte sich in ein Heer von angestellten technischen Spezialisten oder überwiegend ungelernten Handarbeitern.

Die Rationalisierung der Wirtschaft schaffte Arbeitslosigkeit, statt Verkürzung der Arbeitszeit. Ging das Geschäft gut, war die Nachfrage groß, dann wurde mehr und immer mehr unkontrolliert produziert.Alle Kapitalisten der Welt tun das gleiche, um mehr zu verdienen, um nicht zurückzubleiben, um Schritt zu halten. Der Bedarf ist erschöpft Die Konjunktur beginnt zu sinken. Die Kapitalisten sitzen mit aufgehäuften Waren da, die sie immer schlechter anbringen können. Es beginnt die **Wirtschaftskrise** und mit ihr ein schrecklicher Zirkel. Die Unternehmer bauen Arbeiter ab. Dadurch sinkt das Kaufvermögen in der Bevölkerung. Banken krachen, weil der Geld- und Warenabsatz versagt. Das vernichtet die kleinen Vermögen und erniedrigt wieder die Kaufkraft. Die

erniedrigte Kaufkraft der Bevölkerung steigert die Absatzstockung. Das erfordert neue Entlassungen und so fort. Die Löhne werden gedrückt, die Arbeitszeit wird womöglich heraufgesetzt **ohne** Lohnausgleich oder herabgesetzt **mit** Lohnausgleich. Weder der Unternehmer noch der Arbeiter begreifen wirklich, was da geschieht. **Das** war die Wirkung von **objektiven** Produktionsverhältnissen um 1930.
Die Gesellschaft ist nicht einfach eine Summe von Menschen, die nebeneinander leben und arbeiten. Das gesellschaftliche Leben wird bestimmt von einem durchschnittlichen Wirken aller Kräfte in den Menschen **und zwischen den Menschen**. Die **gegenseitigen Abhängigkeiten** sind entscheidend. Der "wohlgeordnete rechtliche Staat" ist ein Wunschtraum, aber keine Wirklichkeit. Er ist genauso eine Illusion wie die "Harmonie der vollkommenen Persönlichkeit" in der alten ethischen Psychologie. Da die Menschen ihre eigenen Zwischenbeziehungen zum geringsten Teile kennen, vermögen sie sie auch weder zu beherrschen noch zu verändern. Die zwischenmenschlichen Beziehungen erhalten so den Charakter eines unabwendbaren Schicksals. Als solches sieht der durchschnittliche Mensch seine soziale Lage an. Wer das Netzwerk der sozialen Abhängigkeiten und den Ausbeutungsmechanismus durchschaut, der wird "klassenbewußt". Der kapitalbesitzende Bürger ebenso wie der arbeitskraftbesitzende Lohnarbeiter. Der erste kann dann besser und raffinierter ausbeuten, der zweite besser und erfolgreicher gegen die Ausbeutung kämpfen. So lautete die Theorie der marxistischen Parteien.

Dieser Widerspruch ist innerhalb der kapitalistischen Ordnung nicht lösbar. Entweder verfügt die Gesellschaft der Produzenten über die Produktionsmittel oder der Kapitalbesitzer. Beides zugleich ist undenkbar. Den Willen zur Ausbeutung fremder Arbeitskraft kann man auf keinen Fall mit dem anderen Willen vereinen, sich nicht ausbeuten zu lassen. Jeder Vereinigungsversuch erfolgt auf Kosten der Bewußtheit des Ausbeutungsprozesses. Kapital und Arbeit können "friedlich" miteinander nur dann auskommen, wenn die Ausbeutung für das Bewußtsein der Ausgebeuteten verhüllt wird. Wer dies nicht zuläßt, wer dagegen arbeitet, ist ein "kommunistischer Hetzer". Marx war der bisher größte "kommunistische Hetzer", denn keiner hat wie er die Natur der Wertbildung der Ware Arbeitskraft entwickelt.

Doch Marx selbst stellte nicht die Frage, wie sich die Ausgebeuteten und Unterdrückten selbst zur Enthüllung ihres Ausgebeutet- und Unterdrücktseins stellen würden. Die Marxisten zweifelten nicht daran, daß die Unterdrückten das Bewußtsein und die Botschaft der Befreiung davon freudig akzeptieren würden. Das war rationalistisch völlig korrekt gedacht. Leider ist das Denken und Handeln der Menschen nicht nur rational bestimmt. **Es gibt irrationales, zweckwidriges, verkehrtes Denken und Handeln**. Das hatte Freud nachgewiesen. Daß diese Frage einmal zentral und grell vor der Arbeiterbewegung stehen würde, ahnte damals niemand. Marx und Freud bildeten zwei feindliche Lager, die miteinander um die Anerkennungen ihrer Deutungen des gesellschaftlichen Lebens konkurrierten. Davon ging mein später folgerichtig gescheiterter Versuch aus, die beiden Lehren zu vereinigen.

Die Marxsche Soziologie wies die wirtschaftlichen Prozesse nach, die die **zwischenmenschlichen**, also sozialen Beziehungen bestimmen. Die Freudsche Psychologie dagegen erwies die **unbewußten**, letzten Endes **triebbiologischen** Kräfte, die das Handeln und Denken der Menschen dirigieren. So standen nebeneinander oder richtiger gesagt einander gegenüber eine naturwissenschaftlich **soziologische** und eine naturwissenschaftlich **psychologische** Deutung des menschlichen Seins.

"Vom menschlichen bewußten Willen unabhängige, objektive sozialökonomische Verhältnisse und Prozesse bestimmen Dein Sein und Denken", fand **Karl Marx**.

"Vom menschlichen bewußten Willen unabhängige, seelische Triebkräfte, die letzten Endes in noch unbekannten biologischen Energien wurzeln, bestimmen Dein Sein und Denken, " fand **Siegmund Freud**.

Die sozialökonomsichen Verhältnisse, die Marxschen Produktivkräfte, wirken **außerhalb** der biopsychischen Apparaturen der Menschen, bzw. **zwischen** ihnen: Technische Entwicklung, Arbeitsverhältnisse, Familienverhältnisse, Ideologien, Organisationen etc. Die psychischen Triebkräfte Freuds dagegen wirken **innerhalb** der biopsychischen Apparaturen in ihrer Tiefe. Sie sind dem bewußten Willen der Menschen ebenso entzogen, wie die sozialökonomischen Produktivkräfte von Karl Marx.

Die zwei wissenschaftlichen Deutungen des menschlichen Seins schienen einander zu widersprechen und sich gegenseitig auszuschließen. Dementsprechend lagen die Schulen der Soziologie und der Psychoanalyse in scharfem Hader miteinander. Die Marxschen Sozialökonomen, die das öffentliche Leben in Deutschland und Österreich grundsätzlich beeinflußt hatten, betrachteten die Psychoanalyse, und die Psychoanalytiker betrachteten den Marxismus als unerwünschte und "gefährliche" Konkurrenten in der Deutung des sozialen und individuellen Seins. Beide Schulen trafen sich aber darin, daß sie hinter den oberflächlichen

Erscheinungen der Ideologie, der Wertungen, der Ethiken, der sozialen Forderungen, etc. den **objektiven** Prozeß suchten und beschrieben, der im Hintergrunde dieser Erscheinungen dem Menschen unbewußt wirkte. Beide handelten dabei echt naturwissenschaftlich, ähnlich etwa der Physik, die hinter der Erscheinung der Bewegung das Bewegungs**gesetz** oder hinter dem Funken einer Batterie die Funktionsweise der unsichtbaren elektrischen Energie aufsucht. Beide räumten mit den an der Oberfläche der Erscheinungen haftenden Psychologismen und Ethizismen in der Ökonomie wie in der Psychologie auf.
Es war eine Riesentat menschlicher Geistesarbeit, von leeren, sachlich unbegründeten, wenn auch gut gemeinten Forderungen und moralischen Beurteilungen zum **Wesen** von tatsächlichen Prozessen vorzudringen. Aus solchen Tatsachen, und nicht aus leeren Forderungen allein konnte sich eine wirklichkeitsgerechte, nicht utopische, sondern handfeste Praxis in der Verbesserung des individuellen und sozialen Seins entwickeln.
Die zeitgenössischen Ökonomen, Philosophen und Psychologen hafteten an der metaphysischen Lehre von der "Freien Willensbestimmung" des Menschen. Sie konnten davon nicht abkommen, denn diese Anschauung bedeutet einen illusorischen Trost im Chaos des Naturgeschehens. Wie wir wissen, zogen Illusionen das menschliche Gemüt immer mehr an als handfeste Wirklichkeit. Die Illusion einer freien Willensbestimmung und einer überirdischen Bestimmung des Menschen, einer Vorsehung und einer Schicksalhaftigkeit des Lebens, erfüllt gleichzeitig zwei irrationale Funktionen: Sie hebt den Menschen über seine Hilflosigkeit gegenüber der Natur, seine eigenen Triebe eingeschlossen, hinweg und übertönt sein Ohnmachtsgefühl und seine Angst mit dem Empfinden der Gottähnlichkeit. Diese Funktion kam im Hitlerschen Ausbruch der emotionalen Pest zum höchsten Ausdruck. Es war, wie wir heute wissen, wie wir aber 1928 nicht wußten, eine Leistung des **Irrationalismus in den Menschenmassen** und nicht die Leistung eines Menschen, der in rationaler Arbeit vollkommen versagt hatte.
Die zweite Funktion der Lehre von der freien Willensbestimmung hat einen, wenn auch schließlich irreführenden, rationalen Kern. Sie hat die Funktion, den Menschen dort, wo er sich hilflos,klein und ohnmächtig fühlt, wo ihm Wissen um Vorgänge und Prozesse fehlen, mit dem Mut zu erfüllen, seine Existenz dennoch durchzusetzen.
Der Mensch muß existieren, auf jeden Fall, mit oder ohne Wissen; dazu braucht er die Emotion der Illusionen. Illusionen sind also nicht nur

irrationale Gebilde, sondern sie sind auch kraftsteigernde Haltungen. Die Rede vom Glauben, der Berge versetzt, hat hier ihre Wurzeln. Der Erfolg des Hitlerschen Mystizismus hat klar demonstriert: Auf menschlichen Emotionen beruhende Mystik vermag weit kräftiger sozial zu wirken als naturwissenschaftliches Wissen.

Wir erkennen also die Illusion als berechtigt und notwendig an, aber nur dort, wo der Mensch nicht zu realem Wissen vorgedrungen ist. Wenn wir die Illusion als solche absolut und mechanisch verurteilen, dann geraten wir leicht in die Lage, gegenüber Leistungen, die sich auf Illusionen aufbauen, intolerant und unproduktiv zu werden. Die Leistung in der Sowjetunion hinsichtlich Wirtschaftsaufbau und Behebung gröbster sozialer Ungerechtigkeiten hat sich aus der Illusion ergeben, daß man "den Sozialismus baue." Die Illusion der mechanistischen Naturwissenschaft, im Kampfe gegen Religion und Mystik das "Wesen der Seele" zu entdecken, hat zu großen Leistungen auf dem Gebiete der Physiologie und Kolloidchemie geführt.

Aber die Gefahren und Schädlichkeiten der Illusionen sind weit größer als der reale Nutzen, den sie bringen. Die ihnen entspringenden Leistungen reichen nie an theoretische Leistungen heran, die aus realem Wissen um Prozesse und Tatbestände hervorgingen. Illusionäre Weltanschauungen treten seit Urzeiten immer wieder gegen das rationale Bestreben des Menschen auf, das Gebiet des Ungewußten einzuschränken und die Gebiete des Wissens zu erweitern. Illusionen führen immer und regelmäßig zu reaktionären und rückschrittlichen sozialen Einrichtungen. Das ist durch die Entwicklung der Sowjetunion ebenso bewiesen, wie durch die Bremsung, die der Mechanismus in der Naturwissenschaft auf die Erkenntnis der lebendigen Funktionen ausübt. Wenn ich also hier eine rationale Funktion der Illusion nachgewiesen habe, so bedeutet das nicht, daß der scharfe Kampf um **wissenschaftliche** Erweiterung des Machtbereichs der Menschen nicht stets hochgehalten werden muß. Wenn ich mein Bein nicht zum Gehen benützen kann, so bediene ich mich einer Krücke, um mich zur Not dennoch fortzubewegen. Aber deshalb werde ich doch die Krücke wegwerfen, sobald ich die natürliche Bewegungsfähigkeit in meinem Bein wiedererlange.

Die Metaphysiker und Mystiker aller Art traten nun wegen der emotionellen Befriedigung ihres Selbstgefühls durch die Illusionen immer scharf gegen den Marxismus und den Freudismus auf. Ihre Rufe wie: *Ich bin ja so frei, erhaben, gottähnlich, Herr über mich und die Natur,* änderten nichts an den Abhängigkeiten vom seelischen Irrationalismus auf der einen und von den sozialökonomischen Vorgängen auf der anderen Seite. Diese tragische Abhängigkeit ist ja in der Weltkatastrophe des letzten Jahrzehnts klar und unmißverständlich zum Ausdruck gekommen. Marx und Freud waren nun unerläßliche Voraussetzungen ernster Fortschritte in der Meisterung der zwei genannten Arten menschlicher Abhängigkeit. Sie trafen sich auch darin, daß **Marx** sowohl wie **Freud** ihre Wissenschaften in der Richtung auf noch unentdeckte biologische, bzw. biosoziale Gesetze aufbauten: Bei Marx ruht die gesamte sozialökonomische Konzeption auf dem lebendigen Wesen der menschlichen **Arbeit**. Arbeit ist eine grundsätzliche biologische Tätigkeit, die schon primitiven Lebewesen eigen ist. Der Mensch unterscheidet sich in seinen Arbeitsfunktionen von anderen niederen Tieren nicht durch die Tatsache, daß er arbeitet; das tun alle Lebewesen, sonst könnten sie nicht existieren. Er unterscheidet sich von anderen Tieren dadurch, daß er seine Arbeitsfunktion durch **Erfindung von Werkzeugen** besser zu gestalten versuchte. Wir wissen bereits und zwar durch **Karl Marx**, daß der Mensch in dieser sozialen Differenzierung von anderen Tieren verunglückte, indem er nämlich zum Sklaven der Werkzeuge wurde, die er selbst geschaffen hatte. Es ist nun den allermeisten Marxisten (nach ihren Publikationen zu urteilen) entgangen, daß es **lebendige** Arbeitskraft ist, die durch ihren Unterschied zwischen Gebrauchswert und Tauschwert den sozialen Mechanismus der patriarchalischen Zivilisation seit tausenden Jahren bedingt. In seinen philosophischen Schriften hat Marx immer wieder hervorgehoben, daß die "**Voraussetzung** aller Geschichte" letzten Endes der Mensch mit seiner **biologischen Organisation** ist. Von der konkreten Natur dieser "biologischen Organisation" wußte Marx natürlich nichts, und er konnte davon nichts wissen, denn auch die Biologie wußte nichts davon; und die spezifisch biologische Energie, das kosmische Orgon, wurde erst zwischen 1936 und 1939 entdeckt.

Die beiden objektiven biologischen Grundfunktionen des Lebendigen, "**Arbeit**" und "**Sexualität**" oder "**Lustprozeß**", waren also im Beginne des 20. Jahrhunderts je in einem wissenschaftlichen System, in der Marxschen Soziologie hier, in der Freudschen Psychologie dort, behandelt. Der Sexualprozeß fristete im Marxschen System ein Kümmerdasein unter der irreführenden Rubrik "Entwicklung der Familie". Der Arbeitsprozeß seinerseits führte ein kümmerliches Dasein in der Freudschen Psychologie unter der ebenfalls irreführenden Rubrik "Sublimierung" und "Nahrungstriebe" oder "Ichtriebe". Weit davon entfernt, einander grundsätzlich zu widersprechen, trafen sich die beiden wissenschaftlichen Systeme vielmehr, ihren Begründern völlig unbewußt, im **biologischen Urgrund des Lebendigen**, in der **biologischen Energie aller Lebewesen**, die sich entsprechend unserer energetisch-funktionellen Denkmethode in **Arbeit** auf der einen und **Sexualität** auf der anderen Seite aufspaltet. und betätigt.

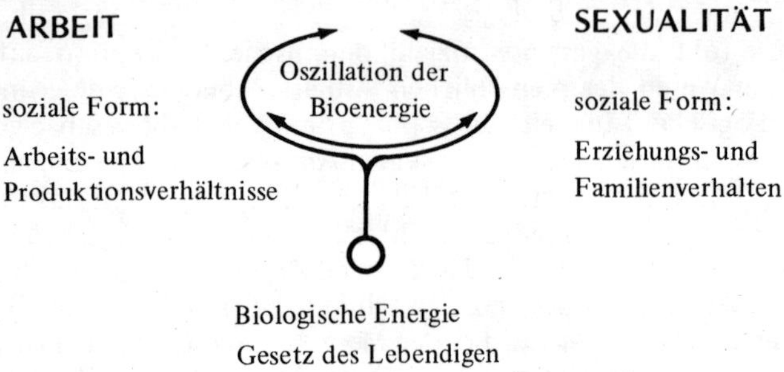

Die Aufarbeitung dieses funktionellen, gleichzeitig identischen und gegensätzlichen Charakters der biologischen Energie war der sexualökonomischen Forschung vorbehalten. Davon hatte ich natürlich zur Zeit der beschriebenen Ergebnisse 1928 bis 1930 keine Ahnung. Meine damaligen Versuche, den Konflikt zwischen den zwei wissenschaftlichen Systemen zu lösen, haben mich mit der Logik der Tatsachenforschung auf den Weg gebracht, der schließlich den Triumph in der Entdeckung des Orgons, der spezifisch biophysikalischen Energie, 1939 einbrachte. Ich glaube nicht, daß es mir jemals geglückt wäre, das Orgon zu entdecken, wenn ich nicht jahrelang in hartem, praktischen Alltag die Psychologie Freuds soziologisch kritisiert, die Lücke in der Marxschen Sozialökonomie nachgewiesen und mit dem Begriff "charakterliche Struktur" gefüllt hätte.

Die Gesetze der biologischen Energie, des Orgons, umfassen die Grundmechnismen der Arbeit sowohl wie der Sexualität und somit die emotionellen Kräfte **innerhalb**, **außerhalb** und **zwischen** den Menschen. Diese Gesetze liegen den rationalen Bestrebungen der Menschen ebenso zugrunde, wie den irrationalen, dem wissenschaftlichen Forschungsdrang als Arbeit am Unbekannten ebenso wie der mystischen Gläubigkeit an die Existenz eines unbekannten Allmächtigen.

Die biologischen Grundmechanismen des Lebendigen bilden nicht einfach eine mechanische Summation von Arbeitsfunktion plus Sexualfunktion . Sie stellen vielmehr ein **drittes**, gleichzeitig **Gemeinsames** und **Verschiedenes**, ebensowohl wie **Grundlegenderes** dar. Die Sexualökonomie und die Orgonbiophysik ist also nicht eine Summation Marxscher und Freudscher Konzeption. Sie sind neue Disziplinen, die sich auf soziologischen wie tiefenpsychologischen Erkenntnissen aufbauen, deren Unvereinbarkeit zur Entdeckung des gemeinsamen Dritten führte.
Dies ist heute klar, es war nicht 1928 klar. Kehren wir zu den Erlebnissen zurück, die die Marksteine in dieser Entwicklung bildeten.
Nach dem 15. Juli, der die Grundmechanismen der Klassengesellschaft so tragisch demonstriert hatte, studierte ich außer Marx vor allem Engels. Größtes Interesse an seinem Buch "Der Ursprung der Familie ..." war für einen Psychoanalytiker selbstverständlich. Der Widerspruch zwischen der marxistischen und der freudistischen Erklärung der Familie klaffte scharf. Beide schienen in entscheidenden Fragen recht zu haben, dennoch konnten nicht beide gleichzeitig richtig sein. Durch Engels wurde ich zu **Bachofen** und **Morgan** geführt. Ich studierte "Das Mutterrecht" und die "Urgesellschaft" sehr genau. Da diese Werke der Freudschen Auffassung sehr widersprachen, mußte ich die wichtigsten ethnologischen Werke vornehmen. Vier Jahre lang befand ich mich in einem Chaos. Dann erhellte sich ein zentrales Rätsel der menschlichen Urgeschichte. Das habe ich in anderem Zusammenhange geschildert. ("Der Einbruch der Sexualmoral", 1. Aufl. 1932, 2. Aufl. 1936)
Die aktuellen Geheimnisse der sozialen Funktion der Sexualunterdrükkung enthüllten sich auf Grund der praktischen Erfahrung, die mir die sexualärztliche Arbeit unter den Wiener Jugendlichen eröffnete. Zwischen 1927 und 1930, als ich nach Berlin übersiedelte, lagen schwere Zweifelsjahre. In dieser Zeit sammelte ich das Material zum "Einbruch der Sexualmoral". 1929 erschien die kleine Schrift "Sexualerregung und Sexualbefriedigung" und "Geschlechtsreife, Enthaltsamkeit, Ehemoral".[15] In diesen drei Jahren formierte sich die soziologische Kritik der Psychoanalyse. Die Arbeit "Dialektischer Materialismus und Psychoanalyse" erschien 1929 in der Zeitschrift der Akademie der Wissenschaft in Moskau "Unter dem Banner des Marxismus" russisch und deutsch 1930 in der Zeitschrift "Imago" in Österreich. 1928 gründete ich mit einigen Wiener sozialistischen Ärzten die "Gesellschaft für Sexualberatung und Sexualforschung", welche die ersten Sexualberatungsstellen Wiens für Arbeiter und Angestellte auf sexualökonomischer Basis einrichtete. In

15 *Teil 1 von Die sexuelle Revolution – Der Hrsg.*

diesen Jahren lernte ich das innere Getriebe der damaligen revolutionären Bewegung kennen. ["Revolutionär" darf nicht mit "kommunistisch" gleichgesetzt werden.] Keine Zeile, die ich später schrieb, wäre ohne diese Erfahrung denkbar. In diesen Jahren bereitete sich, im Zusammenhange mit der Grundlegung der wichtigsten sexualökonomischen Anschauungen, der Abschied von Freud vor. So die "Charakteranalyse" in Form einzelner klinischer Artikel, die Aufhellung des Masochismusproblems, durch die ich seine Todestrieblehre widerlegen konnte, die ich bis dahin ohne Gegentheorie bekämpft hatte. In diese Zeit fallen schließlich einige entscheidende soziale Erlebnisse, die die Grundlage meiner späteren Massenpsychologie des Faschismus wurden. Da sie den entscheidensten Einfluß auf meine sozialpsychologische Arbeit hatten, will ich mit ihrer Schilderung anfangen.
Ich faßte den Beschluß zur Einleitung der soziologischen Arbeit nach einem Gespräch mit **Freud**. Ich schilderte ihm meine Pläne und fragte, was er davon hielte. Es sollten Sexualberatungsstellen errichtet und die Erkenntnisse der Psychoanalyse in Form sozialer Sexualökonomie in breiterem Maßstab angewendet werden. Sie sollten derart in den Dienst der breiten Menschenmasse treten. Freud war sehr einverstanden. Er ahnte ebensowenig wie ich, wohin es führen sollte. Als ich ihm die Notwendigkeit, das Familienproblem energisch in Angriff zu nehmen, darlegte, meinte er: "Hier greifen Sie in ein Wespennest". Zum "russischen Experiment" stand er wohlwollend kritisch. Korrekte soziologische Ansichten begannen bereits, die psychoanalytischen Deutungen der Urgeschichte in Frage zu stellen. Während der psychoanalytische Ethnologe Roheim ganz bedenkenlos und unkritisch hin und her deutete, warnte Malinowski in London. 1926 erschien eine Arbeit von Malinowski über den Ödipuskomplex in der mutterrechtlichen Gesellschaft. Er polemisierte gegen Jones und dieser wieder gegen **Malinowski** in der Frage, ob die Familie eine biologische oder eine historisch-soziologische Institution wäre. Jones behauptete, der biologische Ödipuskomplex wäre "fons et origo", Quelle und Ursprung von allem: Gesellschaft, Recht, Gesetz, Kultur etc. **Malinowski** behauptete, daß der Ödipuskomplex in der mutterrechtlichen Gesellschaft infolge der verschiedenen sozialen Struktur anders aussehe. Freud verhielt sich neutral. Alle spürten, daß diese Fragen keine akademischen Spielereien waren. Sie berührten in bestimmter, jedoch noch wenig faßbarer Weise die große russische Revolution. In einem Gespräch meinte Freud, es wäre denkbar, daß das "Licht von Osten kommen" würde. Das war für einen akademischen Professor

viel. Freud fragte mich, ob ich denn die umfangreiche Arbeit im technischen Seminar, in der Poliklinik, in der Privatpraxis und in der Sexualberatungsstelle auf einmal würde leisten können. Wir waren einig, daß man abwarten müßte, ob es ginge. Einem Versuch der leitenden Funktionäre der psychoanalytischen Vereinigung (insbesondere Paul Federns), diese Gelegenheit zu meiner Enthebung von der Leitung des klinischen Seminars der Poliklinik zu benützen, trat **Freud** entgegen: Man dürfte mir das technische Seminar nicht nehmen, wenn ich es weiter führen wollte (Brief vom 22. November 1928). Ich durchschaute noch lange nicht die Funktion solcher Rücksichten auf meine Überlastung mit Arbeit. Der Widerspruch innerhalb der Psychoanalyse hinsichtlich ihrer sozialen Funktion klaffte breit, lange ehe irgendeiner der Beteiligten es ahnte.

Vom Standpunkt heutiger Einsichten bedeutete der Niedergang der sozialdemokratischen Partei Österreichs nicht etwa nur den Untergang **einer** politischen Partei; dieser Niedergang war vielmehr nur das Symptom eines sozialen Prozesses, der im Aufstieg der nationalsozialistischen Partei Hitlers sich kraß enthüllte und im Verlaufe von weiteren 10 Jahren die Rieseneinsicht brachte, daß Politik überhaupt bodenlos, unwissenschaftlich und irrational ist; daß sich in ihr die biopathische Struktur und das biopathische Denken der Menschen ausdrückt. Die Politik ist ihrem Wesen nach organisierte Befriedigung biopathischer Emotionen der Parteigefolgschaft, formuliert in einem politischen Programm. Es gibt nicht hier gute und dort schlechte Politik. Politik ist immer und überall ihrem Grundwesen nach ein Beweis, daß eine bestimmte soziale Situation in Folge Mangels an konkretem Wissen nicht wissenschaftlich bewältigt zu werden vermag. Haftet man an der Unterscheidung einer guten und einer schlechten Politik, dann kann man nicht an die Frage heran, was denn der Sinn der Politik sei und was hinter der Politik sich verberge. Es bedurfte des Blutvergießens von drei Jahrzehnten (1914–1945), um hinter dem politischen Getöse und Getue den stillen rationalen Prozeß der Arbeit und der natürlichen Arbeitsdemokratie zu entdecken.

1927 bis 1934 steckte ich selbst mitten in diesem Getöse. Da die Wissenschaften keine soziale Orientierung hatten, das soziale Chaos aber in die kleinsten Ritzen des persönlichen Alltagslebens vordrang, war alle Hoffnung auf die "richtige Politik" und nicht in die Naturwissenschaften gesetzt. Die folgenden Schilderungen dienen dem Beweis, daß ich mit Millionen anderen meine Hoffnungen auf politische Tätigkeiten setzte, statt sie in meiner Arbeit am Menschen zu verankern.

Es ist unrichtig, den österreichischen Sozialdemokraten "falsche Politik" vorzuwerfen. Die Sozialdemokraten waren ebenso im Irrationalismus der Politik gefangen, wie die englischen Konservativen, die unter Chamberlain mit dem deutschen Faschismus paktierten, um "den Frieden zu retten". Der politische Reaktionär bekennt sich immer und überall offen, praktisch und eindeutig zum Wesen der Politik überhaupt: zur Lüge, zum Betrug, zum Irrationalismus und zur blutigen Gewalt. Die Politik des Nachgebens (auf englisch "appeasement") ist streng genommen keine "schlechte" und keine "gute" Politik, sondern Eingeständnis sachlicher Unsicherheit dem starken politischen Reaktionär gegenüber, dem die allgemeine irrationale Struktur des Menschen mächtige Stütze ist. Man kann Wahrheiten nicht politisch umsetzen. Politik und Wahrheit widersprechen einander. Versuchen Vertreter von Wahrheiten mit der Politik zu konkurrieren, dann sind sie unweigerlich zum Untergang verurteilt. So geschah es mit der österreichischen Sozialdemokratie zwischen 1927 und 1934, und so geschah es mit den englischen Chamberlains. Die echt demokratische Politik ist und kann im Grunde nichts anderes sein als die radikale erbarmungslose Enthüllung und Aufgebung jeder Art von Politik.

Hier gibt es eine Riesenschwierigkeit: Der Alltag des menschlichen Daseins fordert millionenfach politische Lösungen. Ihrem Wesen nach kann die Naturwissenschaft nur langsam vordringen und Seinsfragen praktisch lösen. Die gähnende Leere füllen die Politik und der Mystizismus mit illusionären Versprechungen von Befriedigungen aus. Das bedeutet: die naturwissenschaftliche Lenkung kann politisch-illusionäre Massenführung nicht von heute auf morgen abtun. Ich weiß keine Antwort zu diesem Dilemma zwischen realistischer und illusionärer Massenführung. Meine Aufgabe ist denn auch nicht, solche Schwierigkeiten des Seins zu verbergen, sondern sie zu enthüllen. Dies bedeutet zunächst den Ansporn, die illusionären Lücken rasch zu füllen zu versuchen. Ich glaube aber, daß die Politik inzwischen durch andere Arten der Massenführung zu ersetzen ist.

Zu diesen entscheidenden Schlüssen führte ein verschlungener Weg voll von Fallen.

KAPITEL 4

SO IST POLITIK

200 KOMMUNISTEN STÜRMEN WIENER NEUSTADT

Nach der tiefen moralischen Niederlage vom 15. Juli ging es mit der mächtigen österreichischen Sozialdemokratie langsam, aber sicher abwärts. Der sozialdemokratische frühere Außenminister Renner sprach einen prophetischen Satz: "Die österreichische Arbeiterklasse ist so stark, daß sie nicht besiegt werden kann. Sie kann nur fallen durch eigene Fehler." Der Wiener Bürgermeister Seitz sagte in seiner Schlußrede am Parteitag nach dem 15. Juli: "Wir sind so sicher, daß die demokratische Entwicklung uns zu unserem Ziele führt, daß wir gar nicht mit Gewalt nachhelfen brauchen." Ich will nun kurz Chronik schreiben.

Am 1.11.1927 nahm der sozialdemokratische Parteitag einstimmig eine "Resolution" an. Die politische Reaktion hätte faschistische Formationen bewaffnet, doch die SPÖ hätte Österreich vor dem Bürgerkrieg bewahrt. Sie hätte seit 1923 betont, daß sie jederzeit zu ernsten Verhandlungen über eine Abrüstung bereit ist. "Das Linzer Programm habe die Kooperation der Klassen in Form einer Koalitionsregierung anerkannt. Eine Koalition sei aber nicht möglich, solange die katholischen und nationalistischen Bürgerlichen die SPÖ nullifizieren wollten. Die Sozialdemokratie wollten den Bürgerkrieg verhindern und mit allen zusammenarbeiten, die dazu bereit wären. Sie würden in einem einzigen Falle zur Gewalt greifen: Wenn die politische Reaktion versuchte, die demokratische Republik zu stürzen oder die Arbeiterklasse die Rechte, die die "Republik ihr verbürgt hätte," zu rauben. Erhöhte Disziplin sei notwendig: "Keine Demonstrationen ohne Beschluß der Gesamtheit. Keine Streiks in lebenswichtigen Betrieben ohne Zustimmung der Gewerkschaftlichen Gesamtorganisation!" Die Republik muß zu einer "wahren Republik des arbeitenden Volkes in Stadt und Land" gemacht werden."

Und das geschah im Verlauf des Nachgebens:

Im August 1927 verabschiedete der christlich-sozial geführte Nationalrat eine Reihe reaktionärer Schulgesetze **ohne Debatte**.

Im August sagten die Leitungen des solzialdemokratischen Schutzbundes und der Arbeitersportvereine den für den 7. August einberufenen und seit Monaten vorbereiteten Ordnertag in Graz ab.

Anfangs August verordnet Seitz selbst die Auflösung der sozialdemokratischen Gemeindeschutzwache, die nach dem Blutbad am 15. Juli organisiert worden war. Ende August ergibt noch die Neuwahl in der Personalvertretung der Wiener Sicherheitswache 5 Christliche und einen Freigewerkschaftler statt wie bisher 5 Freigewerkschaftler und 1christlicher Sozialist.
Im September 1927 beschloß der Nationalrat Herabsetzung der Arbeitslosenunterstützung für ältere Arbeiter. Der Amnestieantrag für die Angeklagten vom 15. Juli wird von der christlichsozialen Regierung abgelehnt.
Im Oktober 1927 bestätigt Otto Bauer auf dem Verbandstag der Metallarbeiter die Schwächung der Sozialdemokratie. Er empfiehlt die "ruhige demokratische Entwicklung". Der Gewerkschaftler **Domes** bekannte sich zur technischen Rationalisierung. **Pitzl**, der die internationale Gewerkschaftseinheit vertrat, wurde ausgeschlossen.
Im selben Monat forderte Dr.Renner die Koalition mit den Christlichen. Die Christlich–Sozialen lehnten die Koalition durch Dr. Schmitz ab.
Am 16. Oktober 1927 ergibt die Neuwahl der Soldatenvertrauensleute 9000 SP–Stimmen mit 118 Mandaten und 6000 christliche und deutsch–nationale Stimmen mit 220 (!) Mandaten. Die SP verlor 2000, die Konservativen gewannen 3000 Stimmen durch apparatgesicherte Schiebungen. Der Heerespersonalausschuß bestand nun aus 2 statt 9 SP- und 7 statt 0 konservativen Vertretern.
Am 21. November 1927 hob der steirische Landtag die Immunität des steirischen Abgeordneten **Wallisch**, eines tapferen, ehrlichen, geraden Menschen auf. Er wurde 1934 von der Dollfussregierung hingerichtet.
Am 11. Dezember erlitten die Sozialdemokraten bei den Gendarmeriewahlen eine schwere Niederlage.
Am 18. Januar 1928 wurden bei der Regierungswahl im Tiroler Landtag die Sozialdemokraten aus der Regierung ausgeschlossen.
Am 20. Februar 1928 siegten die Hausbesitzer im Parlament durch Einbringung einer Vorlage zum Abbau des von der Bevölkerung geliebten Mieterschutzgesetzes. Sie drangen später durch, und die Sozialdemokraten erklärten für einen "Sieg der SP", **daß es nicht noch schlimmer gekommen war.**
Am 3. März 1928 erlitten die Sozialdemokraten bei der Neuwahl der Polizei-Personalvertretung eine komplette Niederlage.
Am 16. März 1928 ergaben die Betriebsrätewahlen im Hochofenwerk Donawitz eine Steigerung der SP–Stimmen von 1991 auf 2404, eine

Senkung der kommunistischen Stimmen von 706 auf 227 und eine Steigerung der Regierungsstimmen von 131 auf 951 (!). Donawitz wurde später eine Hochburg der halbfaschistischen Heimwehr.
Am 18. März schufen die Vertreter der Arbeiterkammern zusammen mit denen der Handels- und Landwirtschaftskammern ein "Wirtschaftkuratorium" zur gemeinschaftlichen Durchführung der Rationalisierung der Betriebsführungen. Diese Rationalisierung führte ein Jahr später zur Vertiefung der Wirtschaftskrise, die in Österreich grauenvolle Wirkungen hatte.
Am 5. bis 10. April 1928 gab es Massenentlassungen im Bergwerk der Alpinen Montangesellschaft in Seegraben. Die Entlassungen sollten den Betrieb von Sozialisten säubern. Die Belegschaft forderte Streik. Die Betriebsrätekonferenz lehnte den Streik unter dem Druck der Parteileitung ab. (Am 14. Februar 1934 streikte kein einziger Großbetrieb, während die sozialdemokratischen Schutzbündler verbluteten.)
Am 11. Mai 1928 kündigte der Christliche Heeresminister Vaugoin die Entlassung aller Wehrangehörigen an, die sich an Maifeiern beteiligten.
Am 12. Mai gab es einen spontanen Proteststreik gegen politischen Terror in den Betrieben der Alpinen Montangesellschaft im Bergwerk Hüttenberg. Die Gewerkschaftsleitung war gegen diesen Streik.
Zwischen dem 16. und 22. Mai brachen viele spontane Teilstreike im steirisch-kärtnerischen Bergbau und in der Hüttenindustrie aus. Die Bewegung war so stark, daß sich die "Gewerkschaftsleitung an dieSpitze stellen" [Sprache der roten Faschisten] mußte. Sie drohte ein wenig, verhandelte einige Tage später, brach den Streik ab, die Arbeiter aber streikten weiter.
Am 3. Juni 1928 begann der Streik der Jutearbeiterinnen einer großen Fabrik in der Nähe Wiens. Sie arbeiteten zehn Stunden täglich bei einem Jammerlohn von 60 Schilling im Monat. Ihr Weg von und zur Fabrik forderte 3 Stunden täglich. Kinder verhungerten buchstäblich. Ich nahm mit anderen Freunden zusammen einige Kinder auf. Der Streik versandete mit einem schlechten Ergebnis, weil weder Kraft noch Mut dahinter waren.
Der Heimwehrgründer **Steidle** kündigte für den 7. Oktober in Wiener Neustadt, einer reinen Industriearbeiterstadt mit sozialdemokratischer Mehrheit, seinen ersten großen Heimwehraufmarsch an. Er hatte in großer Stille, geschützt von der christlichen Regierung, nach dem 15. Juli 1927 in Tirol seine Heimwehr aufzubauen begonnen. Um diese Zeit durften sich Heimwehrler in den Wiener Arbeiterbezirken nicht sehen

lassen. Jeder Heimwehrler wurde verprügelt. Die SPÖ sagte, man sollte sie nicht belästigen. Sie wären nicht gefährlich. Es wären "ja nur Hahnenschwänzler". Nicht beachten wäre die beste Methode, sie nicht groß werden zu lassen. Am 14. Februar 1934 schossen diese Heimwehrler die Arbeiterheime in den Arbeiterbezirken mit Kanonen zusammen.
Ein Jahr voll von Niederlagen hatte die sozialdemokratische Mitgliederschaft derart verbittert,daß sie die Führung nicht mehr leisten konnte, diese große Provokation der politischen Reaktion einfach einzustecken. Es hätte ihre Niederlage nun von seiten der eigenen Leute besiegelt. Sie rief daher zu einem Gegenaufmarsch am gleichen Tage und am gleichen Orte, in Wiener Neustadt, auf. Sie hatten versucht, dem Kampf auszuweichen, schwächte ihre eigene Position dauernd, um dann doch gezwungen zu sein, gegen die ganze Linie, geschwächt vorzugehen – bis zum 14. Februar 1934, als sie besiegt wurden.
Die christlich-soziale Regierung hatte den Sieg so sicher in der Tasche, und war überdies s o bange vor der Konkurrenz mit der Heimwehr, daß sie zur Sicherung Heer, Polizei und Gendarmerie für denselben Tag nach Wiener Neustadt beorderte.
Die Kommunisten hatten am 21. Dezember 1927 ihren Rotfrontkämpfer-Bund nach deutschem Muster gegründet. Dazu war Thälmann, später der Führer der deutschen Kommunisten, nach Österreich gekommen.[16]
Auch die Kommunisten wollten sich die Sache nicht einfach gefallen lassen. Sie "mobilisierten" ihre Arbeiterwehr für den 7. Oktober mit dem ausdrücklichen und wörtlich so gefaßten Auftrag, **den Aufmarsch aller drei feindlichen Gruppen in Wiener Neustadt zu stören.** Also: Mit allem Ernst revolutionärer Courage, das sage ich nicht höhnisch, unternahm eine Organisation von etwa **250 unbewaffneten Menschen den Versuch, bewaffnete und organisierte Truppen von zusammen etwa 40.000 Mann "zu stören", das heißt ihren Aufmarsch zu verhindern: In vollem Ernst, mit tiefer Überzeugung und mit absolutem Siegeswillen!** Das kann ich bezeugen, denn ich war unter diesen 250 Menschen. An diesem Tage lernte ich die **Macht der Ideologie unabhängig von ihrer ökonomischen Basis** kennen und richtig einschätzen. An diesem Tage begann das Verständnis für den Mißbrauch zu keimen, den eine massenpsychologisch hilflose und daher praktisch hoffnungslose Massenarbeiterbewegung mit dem heiligen Ernst der arbeitenden Menschen und ihrem Willen zur Freiheit trieb.
An diesem Tage wurde mir klar, daß der sozial unterdrückte Mensch psychologisch ganz anders geartet ist, als die starre Soziologie der öko-

16 Der Bund der "Rotfrontkämpfer" wurde am 27. April 1928 verboten und bestand als "Arbeiterwehr" fort. Er zählte in ganz Österreich, sage und schreibe 250 Mitglieder, davon etwa 150 in Wien. An Mitgliedern hatte die kommunistische Partei im ganzen Lande etwa 3000 Menschen, überwiegend Arbeitslose.

nomischen Klassengegensätze ihn schildert oder haben möchte; daß die sozial–ökonomische Struktur einer Gesellschaft sich in keiner Weise mit der massenpsychologischen Struktur der verschiedenen Schichten derselben Gesellschaft deckt; daß Menschenmassen genau derselben sozial–ökonomischen Situation in verschiedenen, feindlichen Lagern stehen, die durch irrationale Ideologien ohne jede Beziehung zum praktischen Leben ebenderselben Menschenrasse, zusammengeholt sind; daß die entscheidenden Lebensfragen, die diese verschiedenen feindlichen Menschenrassen ein und derselben sozialen Lage in **eine große Gemeinschaft** verschmelzen, in den politischen Aufmärschen überhaupt nicht zum Ausdruck, geschweige denn zu ihrem Rechte kommen; kurz, daß das wirkliche Leben der arbeitenden Menschenmassen sich auf einer ganz anderen Ebene abspielt als der, wo der Tumult der Politikaster und der Parteipolitik tobt. Der heutige Standpunkt der politischen Psychologie: "Schluß mit **jeder** Politik! Heran an die Aufgabe des praktischen lebendigen Lebens!" wurde an dem Tage geboren, wenngleich weitere 10 Jahre bis zur bewußten Ausrufung des Standpunktes der **Arbeitsdemokratie** vergingen.
Aufregung über den Massenaufmarsch bewaffneter Organisationen in Wiener Neustadt herrschte nur in politischen Kreisen. Sie bildeten eine **verschwindende Minderheit** der arbeiternden Gesamtbevölkerung. Die kommunistische Partei Österreichs gab den "Befehl", daß sich die Arbeiterwehr in kleinen Gruppen und "unauffällig" nach Wiener Neustadt begeben sollte. Es gab drei Ärzte in der Arbeiterwehr. Diese sollten mit Rucksäcken, gefüllt mit Verbandszeug, sich der Kampftruppe anschließen. Ich packte meinen Rucksack mit Verbandszeug voll, nahm von Frau und Kindern Abschied, da fraglich war, ob ich je heimkehren würde, und traf mich mit einer befreundeten Ärztin, die sehr tapfer war.

Es war Sonnabend, Rucksack samt Touristenkleidung würden da nicht auffallen. Alles sollte ja höchst "illegal" vor sich gehen. Wir waren so erfüllt von Wut über die "faschistische Provokation" und den "kommenden Verrat der sozialdemokratischen Schutzbundführung", daß es uns nicht schwer fiel, die Frage zu übertönen, was wir denn eigentlich **tun** sollten. Wir wußten nur, daß "Kommunisten mit gutem Beispiel im Klassenkampf vorangehen müßten", "in Bürgerkriegssituationen sich an die Spitze des Proletariats zu stellen" hätten. Und in Wiener Neustadt gab es an diesem Sonntag tatsächlich etwa 15.000 bewaffnete Kämpfer der Arbeiterklasse, die Schutzbündler. Wir dachten nicht darüber nach,

wie wir es eigentlich bewerkstelligen sollten, "uns an ihre Spitze zu stellen". Es würde schon gehen, wenn wir nur Mut genug beweisen würden. Ich betone: **Wir waren keine Dummköpfe, sondern angesehene Ärzte mit reicher Praxis und vielen einflußreichen Verbindungen und qualifizierte Arbeiter**. Ein Arzt, den ich in psychoanalytischer Behandlung hatte, sollte mit einem anderen Trupp Wiener Neustadt "erobern".
Ich traf die Ärztin am Südbahnhof in der Vorhalle. Wir sahen beide sehr "harmlos" aus. Die Rucksäcke auf dem Rücken "fielen nicht auf". Die große Vorhalle glich einem Kriegslager. Hunderte von Schutzbündlern standen herum und warteten, bis sie daran kamen, von der Polizei nach Waffen durchsucht zu werden. Viele Geheimdektive, "Bullen" genannt, mit den typischen Gesichtern standen herum und beobachteten ebenfalls "unauffällig", die "staatsgefährlichen Elemente". Wir erkannten sie sofort und sie uns. Wir konnten einander gar nicht übersehen, so unauffällig waren wir. Etwa 50 ebenso unauffällige Arbeiterwehrler standen herum, und wir beguckten einander **nicht**. Also wußte jeder Detektiv, daß wir zusammen gehörten. Bundespolizei und Gendarmerie wurden zu Hunderten einwaggoniert. Sie fuhren zuerst ab. Dann die Schutzbündler. Wir revolutionären Führer des Proletariats, bestimmt, am kommenden Tage zumindest die 15.000 Schutzbündler mit uns zu reißen, lösten ganz zufällig Fahrkarten dritter Klasse Personenzug nach Pottendorf, einem kleinen Ort vor Wiener Neustadt. Von dort wollten wir unauffällig nach Wiener Neustadt gelangen. Wir waren noch klug genug, nicht direkt nach Wiener Neustadt zu fahren. Wir hatten gehört, daß Zivilpersonen nicht durchgelassen würden. Guter Mut beseelte uns, als wir mit einigen Dutzend Kampfgenossen im Coupee saßen. Wir sprachen über dies und das. Keiner sagte ein Wort verdächtigen Inhalts. Geheime Detektive saßen herum. Wir kannten sie. Der eine oder der andere wurde solange angeschaut, bis er verschwand, um der Gandarmerie Meldung zu geben. Einige Freunde erzählten uns, daß wir in Pottendorf ganz unauffällig erwartet würden. Als wir anlangten, stand wirklich ein auf Meilen erkennbarer Funktionär, ein Arbeiter, am Bahnsteg, der uns ebenso sofort erkannte wie wir ihn. Leise flüsterte er uns zu, wir sollten ihm zu einer Herberge folgen. Der sozialdemokratische Bürgermeister wäre ebenso empört wie die Kommunisten, er hätte sein Gasthaus zum Übernachten zur Verfügung gestellt. Als wir anlangten, saßen Hunderte von Schutzbündlern herum. Wir tranken Bier und gingen, geführt vom Wirt, ins Übernachtungslokal, einem großen Tanzsaal. Von allen Seiten kamen mit der Zeit kleine Arbeiterwehrtrupps an. Es gab unter ihnen

Arbeiterwehrler, die sich die Bahnfahrt nicht leisten konnten und bereits am Vortag von Wien zu Fuß die 40 Kilometer losgezogen waren. Wir aßen ein wenig und sprachen über die zu erwartenden Ereignisse am nächsten Tag. Was der wohl bringen würde! Keiner von uns wußte, was eigentlich geschehen sollte. Doch wir hatten gelernt, daß in Bürgerkriegszeiten jeder Kommunist zum Führer von Tausenden aufrücke, also würde es sich schon ergeben. Wir versuchten zu schlafen. Wir lagen am Boden, den Kopf auf den Rucksäcken. Wir konnten nicht schlafen. Spät nachts kam ein kleiner Trupp aus Wien. Einer von ihnen, ein junger arbeitsloser Arbeiter, legte sich neben mich. Wir kamen sofort ins Gespräch. Er hatte eine alte Mutter zu Hause und wollte für sie kämpfen. So ginge es nicht weiter. Die Bande müsse zusammengehauen werden. Zusammen mit den Schutzbündlern würde man schon aufräumen. Endlich wäre der Tag der Abrechnung gekommen. Zwei Jahre schon war er arbeitslos und lebte mit der Mutter hungernd von der Arbeitslosenunterstützung. Nur selten gäbe es einen Nebenverdienst. Käme man ihm drauf, würde ihm die Unterstützung entzogen werden. Und nun gingen sie sogar daran, die Unterstützung zu kürzen. Sie hörte ja ohnedies nach einiger Zeit auf und dann beginne der Hunger mit der Notstandshilfe. Nun waren auch seine Schuhe vom langen Marsch kaputt. Doch das bedeute ihm nichts. Morgen würde aufgeräumt werden. Wir waren gute Freunde, aßen zusammen Speck mit Brot. So vergingen einige Stunden. Im Saale schliefen oder sprachen leise etwa hundert Menschen. Man erwartete den grossen Tag. Er kam.
Um etwa 7 Uhr morgens sah einer zum Fenster hinaus. Das Gebäude war von Gendarmerie mit aufgepflanztem Bajonett umstellt. Alle fuhren auf.
Was nun? "Wir hauen sie zusammen!" riefen die einen. "Erst hören, was los ist", sagten andere. Da kam ein Gendarmerieoffizier mit zwei Mann herein in den Saal und sagte in gemütlichem Wienerisch: "Kinder, packt eure Sachen, der Zug nach Wien wartet auf euch." Protestrufe, "wir gehen wohin wir wollen", und ähnliche wurden laut. Der Gendarm sagte, er wüßte gar nichts, Befehl wäre Befehl, er hätte den Auftrag die ganze hier einquartierte Gruppe zum Bahnhof zu befördern. Man beauftragte mich mit den Verhandlungen. Ich sagte dem Offizier, daß wir erst beraten wollten. Er ging, und wir hielten eine kurze Versammlung ab. Die einen waren für Nachgeben, die anderen riefen, daß es feige wäre, sich so einfach verhaften zu lassen. Dann lieber kämpfen. "Womit denn?" rief einer. Wir beschlossen, daß jeder der beiden Stand-

punkte von einem Redner "begründet" und dann darüber abgestimmt werden sollte. So geschah es. Der "Vernüftige" sagte, es hätte gar keinen Sinn, hier etwas zu unternehmen. Wir wären in eine Falle geraten, punktum. Nun müßten wir heim und dann versuchen, doch durchzubrechen. Der andere sagte, sowas gäbe es für Revolutionäre nicht. Es wäre eine Schande für den revolutionären Gedanken! Was würden die Menschen sagen? Einfach lachen würden sie. Und er hatte nicht so unrecht! Keiner von uns ahnte, wie die Abstimmung ausgehen würde. Ich dachte mit Grauen an das bevorstehende Blutbad. Der 15. Juli steckte noch in den Knochen. Und ohne Waffen! Mit bloßen Händen kämpfen! Umzingelt von schwer bewaffneten Gendarmen. Ich fühlte eine Wut aufsteigen über diese Schande, die uns angetan wurde. Ich stimmte nicht ab. Die Mehrheit entschied sich für Nachgeben. Es hatte ja doch keinen Sinn. Es war wirklich eine Schande.
Wir erfuhren später, daß der sozialdemokratische Wirt die Sache mit der Gendarmerie schon am Vorabend verabredet hatte. Er hatte uns in die Falle gelockt.
Einer ging hinunter und gab Bescheid. Wir packten unsere Rucksäcke und gingen in den Hof. Zu viert wurden wir angereiht, die Gendarmen flankierten uns und so zogen wir ab. "Wir müssen wenigstens singen!" hieß es. Wir sangen laut die Internationale. An den Fenstern dieser Arbeitervorstadt zeigten sich verschlafen gleichgültige Gesichter. "Sie führen bloß Kommunisten ab", hörten wir sie fast sagen. Die Kommunisten waren bei der Masse der Arbeiter nicht beliebt. Sie störten die Seelenruhe der friedlichen Entwicklung zum Sozialismus.
Am Bahnhof stand eine Kette leerer Waggons. Wir stiegen ein. Auf jeder Plattform postierten sich zwei Gendarmen mit leeren Gesichtern und aufgepflanztem Bajonett am geladenen Gewehr. Der Zug setzte sich in Bewegung. Nach einigen Minuten hielt er mit einem Ruck. Irgendwer hatte die Handbremse gezogen. Man suchte die Stelle, und fuhr wieder los. Nochmals stand der Zug still. Endlich fuhren wir wieder. Uns war jämmerlich zu Mute. Ein Mann schlug vor, die paar Gendarmen auf den Plattformen zusammenzuhauen. Die meisten rieten ab. Da fiel uns ein, daß in Wien die Polizei sicher auf uns wartete. Und auf die "Liste" zu kommen, bedeutete für viele Erwerbsverlust. Es durfte nicht geschehen. Doch wie verhindern? Da kam einer auf eine fabelhafte Idee: Kurz vor Wien wollten wir, wenn der Zug hielt, einfach aussteigen. Würden die Gendarmen schießen? Ungewiß! Der Zug hielt an der betreffenden Station. Die Parole kam durch: "Alles aussteigen!" Wir nahmen die

Rucksäcke und gingen hinaus. Die Gendarmen fragten baff erstaunt, "ja, wohin geht's denn?" "Nach Wien!" riefen alle. Wir gingen, und die Gendarmen sahen verblüfft nach. Sie wußten nicht, was zu tun. Der Lokomotivführer sah uns zu. Ein Arbeiter hielt eine Art Ansprache. Man hätte uns "unrechtmäßig" verhaftet, wir wollten nach Wiener Neustadt, das wäre die Herrschaft der Bourgoisie! Das war sie ja auch! Doch der solzialdemokratisch organisierte Lokomotivführer sah uns nur gleichgültig an. Die Eisenbahner, 1918 die revolutionärste Truppe der österreichischen Arbeiterschaft, waren uninteressiert, sie dachten nicht daran, zu unterstützen. Wir gingen zu Fuß nach Wien. Der dritte Arzt war mit seinem Trupp tatsächlich in Wien von der Polizei empfangen worden. Wir passierten die Polizeiwachen als harmlose Touristen, die wir ja im Grunde waren.
Nur ganz wenige Arbeiterwehrler waren nach Wiener Neustadt gelangt. Als sie unter den sozialistischen Schutzbündlern Flugblätter zu verteilen versuchten, wurden sie schrecklich verprügelt. In Wiener Neustadt geschah nichts. Mit Feldkanonen und Maschinengewehren hielten 15.000 Arbeiter- und Bauernsöhne in grüner Staatsuniform ebensoviele Arbeiter- und Bauernsöhne in grüner Uniform getrennt von ebensovielen Arbeiter- und Bauernsöhnen in grauer Uniform. Das nannte sich hohe Politik und Klassenkampf, Verteidigung der Heimat und Verteidigung der Arbeiterklasse. So sah es damals keiner. Doch alle müssen irgendwie den großen Unsinn gefühlt haben.
Sonst hätten unmöglich einige Jahre später Dutzende Millionen reichsdeutscher Arbeiter, Bauern und Angestellte der Hitlerschen **Phantasie** einer **"Volksgemeinschaft"** zum Opfer fallen können. Wieviel Opfer hat allein die eine Einsicht gekostet, daß in der lebendigen Wirklichkeit nicht Kapitalisten gegen Arbeiter den "Kampf der Klassen" ausfechten, sondern Unterdrückte gegen Unterdrückte! Die Denkhemmung **aller** zu beseitigen, die solchen Wahnsinn nicht **sofort** erkennen läßt, lohnt allein den Kampf gegen die Unterdrückung, gegen die Denkhemmung in zehnfacher Potenz! Diese Erkenntnis blieb von da an eines der wichtigsten Probleme der Suche nach dem Sinn des Wortes "**Freiheit**".
Es gab noch andere Lehren, die Jahre erforderten, ehe sie heranreiften.

200 unbewaffnete, ehrlich revolutionär gesinnte Menschen gingen 40.000 bewaffnete, nicht revolutionär gesinnte Menschen derselben Gesellschaftsschichte in Uniform stürmen! Das ist Unsinn zur zwanzigfachen Potenz! Wie war er dennoch möglich? Ich sagte schon, daß wir

keine Dummköpfe waren. Wir bildeten uns ein, mehr zu wissen als die Millionen. Wir wußten auch weit mehr, doch lange nicht alles, das zu wissen unerläßlich war, um, statt lächerlich zu werden, der menschlichen Freiheit zum Siege zu verhelfen.Diese 200 Menschen, ich darunter, glaubten nämlich ganz ehrlich, daß wenn sie **subjektiv** im Rechte waren, für Freiheit waren und korrekt dachten, die andern es doch auch "sehr bald erkennen müßten". Mehr, nach den Thesen der Partei wußten "die andern" es sogar schon jetzt; sie waren nur durch Gewalt davon abgehalten, daß wenn die Wirtschaft **objektiv** zusammenkracht, die Löhne **objektiv** gedrückt und die einfachsten Freiheitsbestrebungen **objektiv** unterdrückt werden, dies automatisch und selbstverständlich die Menschen zur Empörung dagegen treiben müßte. Darauf war die gesamte revolutionäre Politik in Deutschland und Österreich bis 1933 aufgebaut. Diese Rechnung war falsch. Und deshalb brach die Arbeiterbewegung zusammen, wo sie sich nicht zurück in die von ihr befehdete Ordnung zurückflüchtete. Jeder, aber auch jeder Kompromiß wurde geschlossen. Jeder, aber auch jeder korrekte Grundsatz der sozialistischen Bewegung wurde geopfert. Alles aus dem **einen** Grunde: **Aus kompletter Unfähigkeit, im Trubel der Alltagsaufgaben den Kopf für die korrekte Erfassung der lebendigen Wirklichkeit freizuhalten.** Diese Wirklichkeit, dieses Leben, das nach Befreiung lechzte, bei allen danach lechzte, lagen auf der Strasse und wurden so lange getreten, bis die Verrottung hereinbrach. Die Träger des Freiheitsgedankens waren selbst unfrei; die soziale Unterdrückung, die sie draußen bekämpften, wirkte in ihnen selbst. Sie hatten Angst vor dem Denken, Angst, den Tatsachen des Lebens ins Auge zu sehen. Ich habe das Recht, dies zu behaupten, Ich war einer der Wenigen, die jahraus, jahrein in voller Aufopferung für die Sache der menschlichen Freiheit auf das lebendige Leben hinwiesen, es faßten, formulierten, den Verantwortlichen begreiflich zu machen versuchten. Doch wir selbst waren auch nicht frei. Auch wir waren an das Alte gebunden. Wir hatten auch noch lange nicht alles verstanden, was wir fühlten. Und mit Gefühlen allein, so unerläßlich sie im Kampfe sind, läßt sich doch keine Welt mit erstarrten Lebensformen umwälzen! Das Leben scheint sich seiner selbst nur sehr schwer bewußt werden zu können. Bewußtsein heißt Rückwendung gegen den eigenen Ursprung, die eigene Struktur, die eigenen Verödungen. Der menschliche Wille, der es unternahm, das Leben nach den Gesetzen der Vernunft zu regeln, war selbst ein Bündel irrationaler Empfindungen. Die psychoanalytische Bewegung, mit Hunderten Fachleuten in der Welt, lehnte die These ab, daß seelische Gesundheit nur bei erfüllter Liebe möglich ist.

Der Marxismus lehnte die Tatsache ab, daß die seelische Funktion der Menschen die eigentliche Dynamik der Geschichte bildet, wenn auch unter historischen und ökonomischen Voraussetzungen. Beide Lehren waren Reflektionen über das Leben zur besseren Bewältigung des Lebensanspruchs. Doch beide sind gleichzeitig zeitgebunden. Die Zeit war **gegen** das Lebendige. **Diese** Welt existierte nur, weil sie das Lebendige verödete. Doch niemand wußte, was das Lebendige war.

Es bedurfte weiterer Katastrophen, des kompletten Triumphs des organisierten politischen Irrationalismus, des Zusammenbruchs des ökonomistischen Rationalismus, der Bedrohung der nationalen Existenz großer menschlicher Verbände durch die emotionelle Pest, um der **Gedankenarbeit** am Problem der Freiheit freie Bahn zu schaffen. Sie erstickte bis etwa 1934 in formal–bürokratischen, maschinellen "Freiheitsapparaten". [SB: Solche Formen der "Befreiung" brachten wohl niemals echte Freiheit. Zwanzig Jahre später drohte ein imperialistisches Rußland unter der Führung eines Sohnes der Arbeiterklasse die Welt unter dem Mantel der Befreiung zu erobern. Statt einer Regierung aus den werktätigen Männern und Frauen aller Berufe, zerstörte eine Minderheit politischer Gauner und Spione und bewaffneter Gangster die letzten Freiheiten – die Freiheit, über die Freiheit zu reden.]

Es ist ein Stück der Tragödie des Menschentiers, daß es in friedlichen Zeiten nicht korrekt denken lernt; daß es gehetzt und vom Tode bedroht sein muß, um seine lebensgefährlichen Fehler im Denken und Handeln einzusehen und das rationale, lebendige Denken in sich und anderen nicht zu ersticken. Es ist ein Triumph des **wissenschaftlichen** Denkens, daß es trotz seiner sozialen Ohnmacht und Einflußlosigkeit im Gewirre des politikanten Alltagstumults auf lange Sicht immer Recht behält; daß es der eigentliche Wegweiser und die einzige Lebenseinstellung ist, die den sozialen Fortschritt **praktisch** gewährleistet.

Dies kann ich aus eigener Erfahrung wie folgt behaupten: In den Jahren der Verworrenheit zwischen 1927 und 1937 waren meine sozialpsychologischen und mentalhygienischen Schriften ein Gemenge von naturwissenschaftlicher Tatsachenfeststellung und politischen Ideen, die ich den politischen Organisationen entlehnt hatte, in deren Rahmen sich meine Facharbeit vollzog.

Ich hätte keine meiner naturwissenschaftlichen Tatsachenfeststellungen in irgend einer der politischen Organisationen vorbringen können, wenn ich sie nicht mit den ideologischen Schlagworten der Parteien vermengt hätte. Doch reale Tatbestände und Prozesse enthüllen sich unweigerlich früher oder später.

1 : Die Vermengung naturwissenschaftlicher Tatbestände mit politischen Phrasen half nichts. Als die Tatsachenfeststellungen sich sozial auszuwirken begannen, schritten die Parteipolitiker scharf ein.

2 : Heute besteht kein einziges der damaligen parteipolitischen Schlagworte zu Recht. Sie sind im sozialen Chaos für immer untergegangen.

3 : Meine naturwissenschaftlichen Tatsachenfeststellungen von 1928 bestehen heute voll zu Recht, sie haben große Bedeutung gewonnen. Dagegen sind sämtliche parteimäßigen Ausdrücke in meinen Schriften von damals falsch und unbrauchbar geworden, so daß sie in sämtlichen massenpsychologischen Schriften gestrichen werden mußten. Das alles geschah nicht, weil ich oder sonst wer es so wollte, sondern einzig, weil Naturwissenschaft dauert und politische Schlagworte irrationale Eintagsfliegen sind.

Leider hat das naturwissenschaftliche Denken, sei es in den physikalischen, sei es in den gesellschaftlichen Gebieten, es noch nicht zuwege gebracht, eine **internationale Organisation** zu schaffen, die den arbeitenden naiven und hilflosen Menschenmassen das blutreiche Irren im politischen Alltagstumult ersparen könnte; eine Organisation, die irrationale Handlungen **rechtzeitig** nicht nur zu erkennen, sondern auch auszuschalten vermöchte. Es ist ein Riesengeheimnis der irrationalen Struktur der Menschen, weshalb die Angst vor dem lebendigen Funktionieren, das das rationale Denken einschließt, so sehr gefürchtet ist.

MASSENPSYCHOLOGIE - VON UNTEN GESEHEN

Liest man Tageszeitungen, Berichterstattungen von Parlamentskomitees, staatliche soziale Berichte, etc. so hat man den Eindruck, als ob das gesellschaftliche Leben des Menschentiers sich ausschließlich in diplomatischen Konferenzen, in Staatsbudget–Beratungen, parlamentarischen Wahlreden, Gesetzesvorlagen abspielte und regulierte. Brechen nun die periodischen sozialen Katastrophen ein, dann schwemmt das soziale Chaos die konkreten Lebensprobleme an die Oberfläche. Dann erkennt man staunend, daß in den Zeitungen, Debatten, Sitzungen, Beschlüssen etc. von diesen sozialen Vorgängen keine Rede ist. "Staatspolitik" und "soziales Leben" der Menschen erscheinen dann mit einem Male wie von verschiedenen Planeten herzukommen, die miteinander überhaupt keine Verbindung haben.

Ich will nun den früher geschilderten parlamentarischen Debatten in Österreich nach dem 15. Juli ein Stück dieser sozialen Wirklichkeit gegenüberstellen, so wie ich sie unten erlebte.[17]

Eine der Grundbehauptungen der sozialen Sexualökonomie lautet: Das Chaos der menschlichen Gesellschaft ist in den massenmäßig wirkenden irrationalen seelischen Mechanismen, in der generellen Biopathie des Menschentieres begründet. Ohne naive Beteiligung an diesen gesellschaftlichen Massenirrationalismen wäre ich im ökonomischen Soziologismus oder in akademischer Deutung des "gesellschaftlichen Unbewußten" stecken geblieben. Der ökonomische Prozeß ist die Grundlage, aber nicht der lebendige Inhalt des gesellschaftlichen Seins, und die Gesellschaft hat weder ein Unbewußtes noch einen Todestrieb oder ein Über-Ich. Die Wirklichkeit sieht so aus:

Die Wiener kommunistische Partei veranstaltete bei besonderen Gelegenheiten **Arbeitslosendemonstrationen**. Mit ungeheurem Aufwand an Mühen wurden sie in der *Roten Fahne* angekündigt und mit Flugblättern an den Arbeitslosenämtern und in den Arbeiterbezirken, so gut man konnte, organisiert. Da ich ein bekannter Wiener Arzt war, wurde meine Mitarbeit als eine moralische Stärkung mit gutem Recht viel in Anspruch genommen. Ich war in den verschiedenen Arbeitslosenkommittees bekannt, sprach in Versammlungen über Probleme der Hygiene und machte fast jede Demonstration mit. Ich hatte nie eine bestimmte politische Funktion. Zwar bot man mir einen Sitz im Direktorium an und nominierte mich zur Wahl als Nationalrat, doch ich lehnte ab. Dazu hatte ich weder Lust noch Zeit. Dagegen erschienen mir die Demonstrationen ungeheuer lehrreich; sozusagen als Schule der Soziologie im praktischen Leben. Nicht um "zu studieren", von oben herab, ging ich hin, sondern weil ich als Arzt daran gewöhnt war, keine Aussagen zu machen und keine Meinung zu bilden, wenn ich nicht "am Krankenbett

[17] *Als ich 1943* **Wendell Willkies** *Buch "One World", einen amerikanischen Bestseller las, wurde mir dieser Widerspruch wieder einmal klar.* **Wendell Willkie** *gehört zweifellos zu den ehrlichsten demokratisch gesinnten Kämpfern um menschliche Freiheit. Seinen Bestrebungen und Anschauungen kann man nur zustimmen. Aber sein Buch leidet darunter, daß es die Probleme der Demokratie "von oben her" schildert: von Gesprächen mit Staatsführern, Heeresführern, von Konferenzen und sozialen Aktionen* **über** *dem Volk. Wendell Willkie* **ging darin fehl**, *daß er neben der offiziellen Seite der Menschen, die er traf, nicht die* **inoffizielle**, *die* **private, klein-alltägliche** *Seite hervorhebt und schildert. Denn das gesellschaftliche Leben spielt sich in Wirklichkeit nicht "oben", sondern "unten" ab.*

Jugendliche in Nöten
Kein Ort, an den sie gehen können, wenn sie sich lieben

Zuschauer bei einer Hochzeit

Man beachte die kalten, grausamen Gesichtsausdrücke des Hinrichtungskommandos und der Umstehenden und das sanfte Gesicht des Opfers selbst" arbeiten konnte. Es war wirklich klinische Arbeit in Sozialpathalogie.

Es sähe in unserer Gesellschaft sehr viel **besser** aus, wenn unsere führenden Sozialökonomen ihre Meinungen nicht am Schreibtisch aus Lehrbüchern, sonder am Krankenbett der Gesellschaft, auf der Straße, in den Slums, bei den Arbeitern und Verwahrlosten bildeten. In der Ethnologie hat man es längst gelernt, eine wissenschaftliche Arbeit höher einzuschätzen, wenn sie aus sogenanntem "fieldwork" sich ergibt, statt aus akademischen Untersuchungen. Offizielle Soziologie dagegen wird aus toter Statistik erdacht. Man möchte daher fordern, daß der Sozialökonom seine Kenntnisse ebenso in sechs Jahren praktischer Arbeit als "Sozialarbeiter" erwirbt wie der Arzt die seinen in sechs Jahren harter Arbeit in Laboratiorium und Klinik. Meinen praktischen Kursus in Sozialökonomie und Massenpsychologie sahen viele "schlauen", "besseren" Leute als "Verrücktheit" an.

Ich marschierte also in den Reihen der Arbeitslosen und hatte ein furchtbar schlechtes Gewissen wegen meiner 6-Zimmerwohnung und den zwei Hausangestellten. So lernte ich das schlechte soziale Gewissen der gutgestellten Intellektuellen kennen. Mein Schuldgefühl gegenüber diesen grausam mißhandelten Opfern einer grausamen Unordnung trug ich durch regelmäßige und gelegentliche hohe Geldbeitragsleistungen ab. Diese Menschen hatten einfach das Recht zu fordern. Man muß die damaligen Wiener Arbeitslosen gekannt haben, um dies zu begreifen; man muß sie erlebt haben mit ihren, trotz riesenhaftem Elend, wunderbaren menschlichen Eigenschaften, ihren kindlichen Hoffnungen, ihren urwüchsigen Brutalitäten, ihrem Humor im Elend, ihrer körperlichen Verwahrlosung, ihrer Geduld und Ungeduld, und vor allem ihrer **solidarischen Anständigkeit**. Daran ändert nichts, daß sie alle Züge einer materiellen Elendslage aufwiesen. Diebstahl, Saufereien und Prügeleien, sexuelle Roheiten kamen häufig vor. Doch im Verhältnis zum Elend, in dem sie lebten, waren sie viel anständiger, moralischer, hilfsbereiter, ehrlicher und wissender als die eitlen, fettgefressenen, hochnasigen und nichtsnutzigen Prasser und Phrasendrescher, die keine Spur von Menschlichkeit bezeugen konnten und sexuell – nur in einer weniger ehrlichen Weise – weit kranker waren. Irgendeiner dieser reaktionären Parasiten sollte es einem jahrelang Arbeitslosen nachahmen, mit 80 Schilling (etwa 20 Dollar) im Monat eine ganze Familie zu erhalten, dabei **nicht regelmäßig** zu stehlen oder einzubrechen, niemals, buchstäblich niemals mit seinem Mädchen allein sein zu können; kein Geld für die Bedürfnisse des Geschlechtlichen zu besitzen; jahrelang, trotz körperlicher Intaktheit abstinent oder onanistisch leben zu müssen; auf bürokratischen Arbeitsämtern wegen 5 Schilling stundenlang in der Kälte ohne Mantel herumzustehen; sich von jeder Uniform in den Rücken stoßen zu lassen und noch "danke schön" dazu sagen zu müssen. Die schönen Autos mit den wohlgekleideten Frauen und den feisten Gesichtern darin ruhig an sich vorüberfahren zu lassen, die Fensterscheiben **nicht** auf der Stelle, mag kommen was will, einzuschlagen; selbst von Kartoffeln und trokkenem Brot zu leben und in erleuchtete Lebensmittelläden hineinzuschauen, ohne sich das Notwendige zu rauben, einfach zu nehmen, mag kommen was will. Das Erlebnis der Selbsterhaltung der Armen gehört zu meinen tiefsten ärztlichen Erfahrungen. Später verstand ich, daß charakterliche Panzerung dies möglich machte. Ich verstand daher die Organisierung der "unbezahlten Einkäufe" in den vollen Läden, als die Hungerwinter 1929/1930 mit dem Riesenelend über diese Menschen hereinbrachen. In Wien gab es hunderttausend Arbeitslose, die buchstäblich hungerten. In Österreich stieg die Zahl 1930 auf fast 400.000 – in einer 6-Millionen Gesellschaft. In den Demonstrationen sah man kaum je einen Mantel. Viele hatten nur Schuhe mit Löchern, keine Handschuhe und keine Wollwesten. Mit Wintermantel und Handschuhen bei der Demonstration zu erscheinen, wäre daher lächerlich und provokant gewesen. Ich ging daher immer in Lederjacke und Sporthosen mit.

Im Beginne erwartete ich, daß die Arbeitslosen ihre Forderungen kräftig zum Ausdruck bringen und die Menschen auf der Straße stehen blieben und zu irgend einer sozialen Tat erregt werden würden. Dies war ja die Absicht solcher Demonstrationen. Die erste Demonstration hatte einen kläglichen Verlauf. Die zweite oder dritte würde es doch bringen. Sie brachten es nicht.

Es ist schwer alle Gründe der Sinnlosigkeit solcher Demonstrationen von Armen korrekt zu fassen. Auf der Straße marschierten ja nicht die "ökonomischen Faktoren" der Staatspolitiker, sondern hungernde Menschen in zerrissenen Kleidern; nicht die rebellierenden "Produktivkräfte" der Sozialökonomen demonstrierten, sondern 3-4000 Arbeitslose in einer Zwei-Millionen-Stadt. Ihre "Eroberung" hing vom **Eindruck** dieser Demonstrationen ab, und davon schließlich – gesehen vom Standpunkt der Marxisten – auch der "eiserne Gang der Geschichte" der Dialektiker. Ich will diesen Eindruck, so gut ich kann, darzustellen versuchen, so wie die Arbeitslosen selbst es empfanden und äußerten.

Die Demonstrationen waren polizeilich angemeldet und genehmigt. Man

versammelte sich auf vorgeschriebenen Plätzen. Es gab auch "illegale Demonstrationen". Die Partei der Arbeitslosen rief dann zu einer "machtvollen Kundgebung gegen die Faschisten und Sozialfaschisten um drei Uhr nachmittags vor dem Rathaus", zum Beispiel, auf. Die Polizei war schon um halb drei Uhr da und schickte jeden "illegalen" Demonstranten einzeln nach Hause. War das Dummheit? Nein, sondern Überladenheit mit der Theorie vom "notwendigen Untergang des Kapitalismus", dem "eisernen Gang der Geschichte" und dem subjektiven Empfinden, "der Führer des Proletariats" zu sein. [SB: Dieses Empfinden war illusionär und ein Ersatz für eine Leere, die zu einem blutigen Imperialismus führte, der schlimmer war als der von Peter dem Großen.]
Die "legalen" Demonstrationen verliefen immer nach dem selben Schema. Man marschierte entlang der Lastenstraße bis zur Wollzeile, wartete dort, bis alle Züge anmarschiert waren, ging dann über den Ring zur Votivkirche und löste dort die Züge auf. Man rief gelegentlich "Nieder mit dem Kapitalismus!" oder "Freiheit und Brot!". Die Menschen gewöhnten sich daran und sahen bald kaum mehr hin. Jeder hatte seine eigenen Sorgen. Vor Tumulten hatten alle Angst, auch die **Demonstranten**. Draufgänger wurden von den eigenen Leuten beruhigt.

Diese Menschen waren von der Gesellschaft mißhandelt und ausgeschaltet. Sie erhoben den Anspruch auf Führung der Gesellschaft. Doch bei der Demonstration "gegen Hunger und System" fühlten sie sich als **Ausgestoßene**, die sie ja waren. Die Menschen, die vorbeikamen, waren gleichgültig oder hatten Mitleid. Manche wandten sich schuldbewußt ab. Andere stärkten in geheimen Sitzungen die Sicherungen gegen eine mögliche Herrschaft seitens dieser Armen. Beschäftigte Arbeiter nahmen an diesen Demonstrationen nicht teil. Diejenigen, die noch nicht arbeitslos waren, fürchteten, mit den bereits Arbeitslosen in einen Topf geworfen zu werden. Das zeigte sich bei den 1.–Mai–Demonstrationen. Die Werkarbeiter marschierten zu Hunderttausenden über den Ring. Die Arbeitslosen begrüßten die "Kameraden der Sozialdemokratie mit einem dreimal kräftigen Rotfront". Die Sozialdemoraten sahen nicht mal hin. Es war tragisch. Die sozialdemokratischen Parlamentarier standen an den Fenstern und sahen der Demonstration zu. Die Arbeitslosen riefen "Nieder mit den Sozialfaschisten", "Seitz, nieder!" oder "Nieder mit Otto Bauer!" oder "Heraus mit der Arbeitslosenversicherung!". Sie schüttelten die Fäuste drohend. Sie sangen die Internationale oder den "Roten Wedding"[18]. Ich spürte ihre Wut und konnte sie mitempfin-

18 Wedding, ein Berliner Arbeiterbezirk – Der Hrsg.

den. Die parlamentarischen Zertretereien und Schwindeleien dieser Zeit waren zu provokant. Zwischen den Vertretern des demokratischen Sozialismus und den Arbeitslosen waren Polizeiriegel gezogen. Bei der Universität standen bei jeder Demonstration der Armen Hunderte faschistische Studenten, die provokant nationalistische Lieder sangen. Sie waren besser gekleidet, sangen besser, waren nicht derart blau gefroren. Sie hatten auch die Universität, die Quelle der Macht des Wissens, besetzt. Sie war bei den Arbeitern als die Hochburg der politischen Reaktion angesehen. Die Studenten verhöhnten die Arbeitslosen. Keine Spur der lustigen demokratischen Studenten von 1848 und deren revolutionärem Geist! Bei einer solchen Demonstration durchbrachen die Demonstranten die Polizeikette, als die Nationalisten provozierten und stürmten die Rampe. Die Polizeikette hielt nicht. Einige Studenten wurden fest verprügelt. Doch der Zug marschierte im Ganzen ruhig weiter. Die Polizei schlug wie irrsinnig mit den Gummiknüppeln auf die Demonstranten los. Viele rannten davon. Das ermutigte die Polizei.
Ein kleines Erlebnis verschaffte mir eine wichtige Einsicht. Ich war in einen Knäul einander prügelnder Menschen geraten. Ein baumlanger Polizist hieb auf den Vertreter der Arbeitslosen los. Dieser fiel ohnmächtig um und mußte davongetragen werden. Der Polizist ging auf mich los. Ich blieb stehen, und da ich nichts besseres tun konnte, sah ich ihm fest in die Augen. Das Menschentier in Uniform **wurde verlegen und tat nichts.** Die Wirkung der Identifizierung mit dem Staat durch die Uniform versagte plötzlich. Ich war bei vielen Prügeleien anwesend, wurde aber selbst nie verprügelt. Gewalttäter fühlen sich nur dem Schwachen gegenüber stark und brutal. Beim geringsten Mutbeweis ohne Provokation werden sie Menschen und bezeugen Sympathie. Der **Mensch** und der **Büttel**, beide leben in ihnen, je nachdem!
Daran lernte ich begreifen, daß man die Polizeigewalt stärkt, sie mit einer mystischen Macht in den Augen der Armen und Hilflosen ausstattet, wenn man nur Haß gegen sie einbläut. Der Starke wird zwar gehaßt, aber **auch gefürchtet und beneidet und nachgeahmt!!** Diese Furcht und dieser Neid der Besitzlosen bilden ein Stück der Macht der politischen Reaktion. Den reaktionären Autokraten durch Enthüllung seiner illusionären Macht zu entwaffnen, ist eine der Hauptaufgaben des rationalen Freiheitskampfes. Das setzt voraus, daß man als Freiheitskämpfer selbst den Anspruch auf Gewalt und Macht in sich erstickt und daß man keinen Haß gegen Individuen oder Schichten, sondern einzig gegen die Zustände entwickelt, des gesellschaftlichen Elends wegen.

Auf dieser und der folgenden Seite finden sich Fotos, die Reich bei Demonstrationen österreichischer Arbeiter machte

Ich pflegte nach diesen Erfahrungen bei den Demonstrationen in den sozialhygienischen Versammlungen eindringlichst das Bild vom Polizeikommandanten als Menschen, Vater und Gatten zu Hause oder als Tier auf dem Closett zu schildern. Damit versuchte ich der Autoritätsangst und dem irrationalen Haß der hilflosen Masse entgegenzuarbeiten. Sie wurde durch die unrichtige Propagandatechnik der Kommunisten nur gesteigert. Indem sie den Polizeipräsidenten oder Regierungschef als brutalen, allmächtigen, hassenswerten Teufel schilderten, pflanzten sie gleichzeitig Angst, Minderwertigkeitsgefühle und Schwäche in die Menschen. Eines der Geheimnisse des nationalsozialistischen Erfolgs in Deutschland war, daß sie den Haß gegen den politischen Gegner nicht aus seiner Überlegenheit und Stärke, sondern aus seinen Schwächen und Dummheiten ableitete und in die Gefolgschaft pflanzten. Von dummen und korrupten Schwächlingen sich regieren zu lassen, verletzte den menschlichen Stolz, das natürliche Selbstgefühl. Zusammen mit dem Empfinden der "nationalen Größe" mußte dieses Selbstgefühl eine unüberwindliche Macht werden. Dagegen konnte die Berufung auf die Not und Armut allein kein Selbstgefühl, keine Kraft auslösen. Man schämt sich der Armut. Man fühlt sich in einem ärmlichen Kleid unsicherer als in einem anständigen. Und die Uniform gibt Selbstbewußtsein. Dem mußte entgegengearbeitet werden. Keiner wußte wodurch. Man fühlte nur die Armseligkeit der realen Kraft im Vergleich zu den gesetzten hohen Zielen der sozialen Revolution, ohne etwas tun zu können. Deshalb überschrien sich Kommunisten und Sozialisten, entwickelten **falsches** Kraftbewußtsein, **falschen** Heroismus, **vernichtenden** Asketismus. Sie lockten keine Katze hinter dem Ofen hervor.

Die Bewältigung realer Aufgaben, seien sie nun klein oder groß, ist weit radikaler und überzeugender, als revoluzzerische Schimpferein, die an den Minderwertigkeitsgefühlen der gesellschaftlich Verwahrlosten anknüpfen und bei den besser gestellten Brüdern nur Verachtung, Haß und Brutalität erzeugten.

Es ist nicht notwendig, in praktischer sozialer Arbeit auch nur einen einzigen wissenschaftlichen Grundsatz preiszugeben. Im Gegenteil, es liegt im Wesen jeder praktischen Arbeit, daß sie **grundsätzlich** ist; nur Ideologien und politische Schlagworte können beides sein, grundsätzlich und nicht grundsätzlich. Es war in den geschilderten massenhygienischen Versammlungen jedem klar, welche sozialen Umstände menschlich gesundheitlich und welche gesellschaftlich krank sind. Daraus ging ohne viel radikales Gerede von selbst hervor, welche geändert

werden müßten.
Einige Jahre später in Deutschland hatte sich diese Art sozialer Arbeit soweit entwickelt, daß Polizisten, Staatsbeamte und andere "Hüter der Ordnung" haufenweise in unsere Beratungsstellen kamen und den Arbeitslosen, die sie vorher als nichtsnutzige "Staatsrebellen" betrachteten, halfen so gut sie konnten. Dabei war die Tatsache nicht verschwiegen, daß es priviligierte und rechtlose Klassen in der Gesellschaft gibt; daß Ungerechtigkeit und sozialer Mord ihr Unwesen treiben. Der Akzent lag aber immer wieder auf der Notwendigkeit, die sozialpathologischen **Zustände** und nicht Vertreter von solchen Zuständen zu hassen.
Der Gang der Arbeit zwang mich und meine Mitarbeiter einfach dazu, die menschlichen **Gemeinsamkeiten** gegen die trennenden offiziellen Posen auszuspielen. Aus diesen Grundsätzen entwickelte sich nicht nur ein Massenzustrom von Menschen aller Kreise in die von mir geleitete Organisation ohne Präsidenten, Vizepräsidenten, Sekretäre und Ehrenpräsidenten, sondern auch einer der wesentlichsten Grundsätze dessen, was später "Arbeitsdemokratie" genannt wurde: "Hilf dir selbst und erkämpfe dir die Möglichkeit, dir selbst helfen zu können. Bettle nicht um Freiheit und Brot, laß sie dir nicht von ökonomischen Unterdrükkern oder politischen Piraten schenken. Erringe sie in zielbewußter, rationaler Arbeit, an dir selbst, an der leblosen Natur und an deinen Mitmenschen. Und vor allem, schiebe nicht die Verantwortung auf andere, sondern lerne es, Verantwortung selbst zu tragen."
Die systematische Ablenkung des Hasses der unterdrückten Menschen von den Vertretern desolater Zustände auf diese Zustände selbst erwies sich als eine rational wirkende Maßnahme:
Der Haß der Armen und der Neurotiker aller Kreise verlor seinen ziellosen, irrationalen Charakter. Er verwandelte sich in Denkoperationen und realistische Unternehmungen. Dies erweckte wieder Sympathien bei vielen, die vorher unbeteiligt oder verachtend feindselig waren. An die Stelle von sinnlosem Brüllen, bei vollkommenem Mangel an Verantwortung, trat zielbewußte verantwortungsbewußte Zusammenarbeit. Die Jugendlichen etwa machten keine Eingaben an parlamentarische Hygienekommissionen, sondern sie halfen einander und richteten das Allernotwendigste selbst in rationaler Weise ein. Hatten sie praktischen Erfolg, dann kamen zahlreiche Hygieniker von selbst nach. Es klingt unglaublich, aber es ist wahr, daß gegen solche Selbsthilfe in Not, in Deutschland nicht der Staatsapparat, sondern die "Freiheitsparteien",

denen die Jugendlichen angehörten, eingriffen. Das waren tolle Lehren: Die Freiheitsparteien lebten selbst von der Hilflosigkeit der Gefolgschaft.
Es kam oft vor, daß sogar Polizeioffiziere, die vorher als mörderische Henker mit Recht oder Unrecht angesehen und tätlich angegriffen wurden, sich der Sache der gesellschaftlich Ausgestoßenen zuwandten. In vielen sozialhygienischen Versammlungen saßen Polizeioffiziere, die den Auftrag hatten, die Versammlung aufzulösen, sobald die "Staatsgewalt" durch Reden angegriffen werden würde. Das war die übliche Praxis in parteipolitischen Versammlungen. Doch ihre strengen, feindlichen Gesichter wurden milder, und sie verrieten lebhaftes Interesse, wenn ich die Frage der Unterdrückung durch Gesetz und Staatsgewalt garnicht berührte, sondern die Aufgaben schilderte, die die Arbeitslosen, die Betriebsarbeiter, die Jugendlichen, die Frauen etc. **selbst** zu leisten hätten. (Es war durchaus möglich, zum Beispiel Kinderkliniken für arme Kinder selbst zu organisieren, Sexualberatungsstellen zu gründen, in Fragen des Wohnungselends diese und jene praktische Maßnahme selbst zu ergreifen.) Dann trat der **Mensch** im "Hüter der Ordnung" hervor. Und gar, wenn ich auf das Elend des Ehe-, Familién- und Kinderlebens zu sprechen kam, dann verlor sich jedes Empfinden, daß "Hüter von Klasseninteressen" dasaßen. Dann zeigte es sich jedem sichtbar und eindrucksvoll: Diese Offiziere und Polizisten waren selbst Angestellte, wenn auch solche in Uniform. Sie hatten selbst Kinder, Frauen, Eheschwierigkeiten, Erziehungs- und Wohnungssorgen. Die Klassengrenzen sahen also praktisch psychologisch anders aus, als sie in den rein ökonomistischen Parteiprogrammen dargestellt waren.
[Erst viel später, in Amerika, bekam ich eine Ahnung davon, daß Polizei auch offiziell demokratisch gesinnt sein kann. Ich übersehe hier natürlich nicht die emotionale Pest, die auch in Amerika herrscht.]
Die überwiegende Rolle der irrationalen, den bewußten Zielen widersprechenden Mechanismen in der Masse, erlebte ich nach der Gründung der Sexualberatungsstellen. Von dort aus bildete sich ein Kreis von Arbeitern, die eine kurze Zeit lang einige Bedeutung für die Bewegung hatten. Ich fühlte, daß Demonstrieren und Nieder oder Hoch Rufen allein nichts ausrichten könnten. Es bedurfte konstruktiver Arbeit, die ein Beispiel geben würde. Die Arbeiterbewegung kann keinen Anspruch auf Führung der Gesellschaft erheben, wenn sie nicht überall und von Anbeginn Schritt um Schritt die Probleme aufgreift und zu lösen versucht,

die die Zersplitterung der bürgerlichen Gesellschaft aufwirft.
Mit meiner Tätigkeit nach dem Umbruch im Juli 1927 war ich nicht zufrieden. Verschiedene Organisationen – Arbeiterhilfe, Freidenker, Hochschulgruppen und Betriebsgruppen – forderten mich zu Vorträgen an. Ich sprach hier und dort über die Psychoanalyse, den Ödipuskomplex, den Kastrationskomplex etc. Doch ich merkte bald, daß die Zuhörer mit diesen Dingen weder für ihr Alltagsleben noch für die soziale Veränderung etwas anfangen konnten. Sie hatten ja auch kein Bedürfnis, irgendeine Theorie zu lernen. Sie brauchten Erkenntnisse und Wissen, das ihnen weiterhelfen konnte in dieser auftreibenden Tätigkeit. Ich kannte bereits einige theoretische Verbindungen der Psychoanalyse zum Marxismus, doch das war nichts von Bedeutung. Besser ging es damit bei den sozialistischen Studenten, besonders den Medizinern. Ich hielt meinen ersten Vortrag vor einer Gruppe sozialistischer Studenten über das Thema "Die Sexualnot der Massen im Kapitalismus". Es gab viel Erfolg. Da ich bereits wußte, daß die psychoanalytische Theorie, so wie sie formuliert war, für Vorträge in tätigen sozialistischen Gruppen nicht geeignet war, verschob ich die Themen auf die Probleme des sexuellen Massenlebens. Dabei leisteten mir die im Ambulatorium gemachten Erfahrungen große Dienste. Die Psychologie der Verdrängung und des Unbewußten interessierten nicht. Dagegen zeigte es sich, daß die Sexualstörungen, die Kindererziehung und die Familienfrage **brannten**. Ich sah sehr bald, daß das Thema "Ödipuskomplex" als Thema "Familie" anwendbar war. Schon im ersten Vortrag stand ich, als Fragen gestellt wurden, vor der Aufgabe, zu erklären, weshalb eigentlich die Familie so konsequent das Geschlechtsleben der Kinder unterdrückte. Also die gleiche Frage, zu der ich von meiner ärztlichen Arbeit her gelangt war. Keiner wußte noch eine Antwort. Die revolutionären Sozialisten lehnten die Familie als einen Unterdrückungsapparat ab. Doch sie dachten die Unterdrükkung nach dem damaligen Schema nur wirtschaftlich. Der ökonomisch stärkere Vater macht Frau und Kinder botmäßig. Daher forderten sie die "Aufhebung der Familie". Mehr wurde dazu nicht gesagt. [Sie waren nicht in der Lage, ein einziges Problem des Familienlebens zu lösen.]
Die sozialistische Theorie hatte die soziologische Herkunft der Familie bestätigt und erwartete von der Umwälzung der Eigentumsverhältnisse die spontane Lösung dieser Frage. Ich kam von der Psychoanalyse, wo das Thema "Familie" kein Problem bildete, dagegen die

Gefühlsbeziehungen in der einmal vorhandenen Familie das Zentralgebiet bildeten. Die Brücke mußte erst gebaut werden.
In einer zweiten großen Studentenversammlung (1928) sprach ich über "Beziehungen der Psychoanalyse zum Marxismus". Ich versuchte die soziologische Rolle des Ödipuskomplexes herauszuarbeiten. Die Kommunisten hatten eigens einen "roten Professor" aus Moskau dazu eingeladen. Dieser erklärte in der Diskussion strikte wie in einer Parteiresolution, ein Ödipuskomplex sei unmarxistisch, ein Blödsinn, so etwas gäbe es einfach nicht. Wörtlich so!! Ich hatte die meisten Studenten auf meiner Seite, doch die Autorität Moskaus war riesengroß. (Seitdem haben die Kommunisten nicht mehr aufgehört, meine Ansichten zu bekämpfen, offenbar in der Furcht vor der Konkurrenz zwischen der Wirtschaftstheorie von Marx und der Psychologie.) Und ich hatte keine befriedigende Antwort. Wo ist die Familienfunktion einzuordnen und wie?
Meine ärztliche und wissenschaftliche Arbeit erfuhr durch meine politische Tätigkeit keinerlei Unterbrechung. Doch sehr bald begann ich den scharfen Gegensatz von Wissenschaft und Politik zu spüren. Einen Gegensatz, der damals vorhanden und in solchen Zeiten nicht zu vermeiden war und den ich später mit den Begriffen der wissenschaftlichen Politik und der politischen Wissenschaft aufzulösen versuchte. Ich muß den Weg schildern, der mich für mein Arbeitsgebiet zur Auflösung des scharfen Widerspruchs führte. Ich hatte damals, im Jahre 1928, keine Idee, daß ich einmal den sozialen Irrationalismus in der Parteipolitik erkennen würde. Ich war noch weit entfernt von der Feststellung der scharfen Unterscheidung, die ich später zwischen Sozialem und Politischem machte.

[SB: Die Sexpol von 1927–37 ist tot. Zusammen mit allen anderen menschlichen Bemühungen, die auf politischem Denken beruhten, hatte sie keine Zukunft. Sie starb mit den alten Lebensformen im 2. Weltkrieg. Sie war gutgemeint, aber falsch durchgeführt, wie es allen Hoffnungen in den 20er Jahren erging. Keiner wußte das damals. Jetzt haben wir aus diesem Fehler folgendes gelernt:
Keine politische Regelung menschlicher Probleme wird jemals etwas zustande bringen.
Der Politiker steht und muß stehen gegen jede positive menschliche Bemühung, da er seine Existenz ungelösten Problemen verdankt.
Der Politiker wird versuchen, die unbefriedigten sexuellen Bedürfnisse

der Menschen in der Zukunft auszubeuten, wie er schon andere Bedürfnisse in der Vergangenheit ausgebeutet hat.
Die Gesellschaft muß menschlichen Bedürfnissen entsprechend neugestaltet werden, beginnend bei den Bedürfnissen der Kleinkinder.]

Als angesehener Arzt und Wissenschaftler an Arbeitslosendemonstrationen aktiv mitzumachen, Flugblätter über Sozialhygiene in den Arbeitervierteln zu verteilen, sich in Schlägereien mit der Polizeit zu begeben, galt als verrückt. Die Intellektuellen konnten nicht verstehen, warum ich meine gesellschaftliche Stellung durch solche Sachen riskierte. Sie schreiben als Soziologen über Probleme der Gesellschaft. Doch sie benehmen sich wie ein Arzt, der weise Bücher über den Typhus schreibt, ohne je eine Spur davon gesehen zu haben. Daher blieben die meisten Lehrbücher der Soziologie bisher ohne Einfluß auf die Entwicklung der Gesellschaft vorwärts. Das gleiche gilt für die Sexualwissenschaft und Sexualreform. Die Sexuologen jener Zeit schrieben ihre Bücher nach den Erfahrungen der Privatpraxis. Doch die Sexual- und Neurosenprobleme sehen in der Masse anders aus, bieten grundsätzlich andere Probleme als die in der Privatpraxis, besonders der psychoanalytischen. Die Jahre um den 15. Juli kennzeichneten sich für die psychoanalytische Bewegung durch den Strom von Amerikanern, die nach Wien zum Studium kamen. Der Wiener Patient oder Schüler konnte 5-10, nur in Ausnahmefällen 20 Schilling pro Stunde zahlen. Von den Amerikanern verlangte man mindestens 5 Dollar (35 Schilling) pro Stunde. Viele zahlten 10, 15 und mehr Dollar. Sie brauchten einem deshalb nicht leid zu tun. Entweder hatten sie viel Geld oder sie lernten Psychoanalyse, um das Geld tausendfach wieder hereinzubekommen. Doch die Amerikanersucht verdarb das Gemüt gründlich.
1928 kam zu mir aus New York ein junger Arzt zur Ausbildung. Er ist heute angesehener Psychiater und Psychoanalytiker. Eines Tages sah er mich in einem Arbeitslosendemonstrationszug, demselben, der zu den Schlägereien bei der Universität führte. Am nächsten Tage kam er zu mir mit einer roten Kravatte. Das fiel mir auf, doch er ahnte nichts. Als ich ihn darauf hinwies, fiel ihm ein, daß er mich am Vortage gesehen hatte. Er war nicht Sozialist. Es hatte ihn nicht besonders betroffen, im Gegenteil, ich konnte ihm nachweisen, daß er eine Bewunderung nicht ganz hatte unterdrücken können.
Ich bangte ständig um meine Praxis. Jede Aktion konnte mich vernichten. Doch merkwürdigerweise stiegen beide Tätigkeiten. Meine ärztliche

ebensowohl wie meine politische. Ich verstand es nicht, denn es war deutlich zu sehen, wie in meiner Berufsgruppe die Furcht vor dem Verlust der ärztlichen Praxis jede ernsthafte Beschäftigung mit sozialen Problemen verhindern konnte.

Unter den Arbeitern einer Zelle im XX. Bezirk, wo ich arbeitete, befreundete ich mich mit einem jungen, verheirateten Arbeiter. Er hieß Zadniker und war ein prächtiger Mensch. Durch ihn lernte ich die so völlig verschiedene Art des bewußten Arbeiters kennen und schätzen. Gerade dadurch verfiel ich niemals der Proletenschwärmerei mancher hyperradikaler Intellektueller, die [als Lakaien des roten Imperialismus] rasch zur Arbeiterbewegung stoßen und ebenso rasch wieder verschwinden. Zadniker war einfach, gerade, ohne Höflichkeit, aber auch ohne Hinterlist. Wenn er etwas sagte, meinte er es. Wenn er böse war, zeigte er es offen, um bald darauf wieder gut Freund zu sein. Er hatte seine große natürliche Würde, die nicht im geringsten aufgetragen war. Er drückte fest die Hand. Über sexuelle Probleme der Menschen, nicht nur der Arbeiter konnte er ruhig, sachlich, ohne Spur von Zynismus sprechen. Er hatte nie etwas von Freud gelesen, doch daß die Kinder zu den Eltern sexuelle Wünsche haben und Haß daraus entwickeln, war ihm selbstverständlich. Es gab keine Frage meiner späteren Sexualökonomie, die er nicht automatisch, ohne Gelehrsamkeit, selbstverständlich "vom Bauche her" gewußt hätte. Er hatte Schwierigkeiten mit seiner hysterischen Frau. Er sprach vernünftig und klar. Verstand die sexuelle Ätiologie der Neurosen. Und er wußte, daß man nicht neurotisch ist, wenn man sexuell befriedigt lebt. Von ihm erfuhr ich außerordentlich wichtige Details über das Leben im Proletariat. Die argen und die großartigen, den Schmutz und Dreck und die Schönheit im Verhalten dieser Menschen. Immer öfter brachte er mich in Berührung mit Kreisen bescheidener Werktätiger, die mich davon überzeugten, daß das Verständnis sexualökonomischer Abläufe und Gesetzmäßigkeiten **allgemein** und **spontan** in den stillen, schwer arbeitenden, auf dem Boden der Wirklichkeit stehenden Schichten der Gesellschaft vorhanden ist.

Er wunderte sich, daß ich als aus dem Bürgertum kommender Intellektueller derart Bescheid wußte. Da erzählte ich ihm von Freud und meinen Erfahrungen in der psychoanalytischen Polyklinik. Er verstand alles sofort und unmittelbar. Er verstand, was Jahrzehnte Diskussion und Tausende Artikel den Psychiatern und Kulturträgern nicht beibringen konnten, mit einer achtungswürdigen menschlichen Selbstverständ-

lichkeit.
Ich hatte in den verschiedenen Arbeiterorganisationen mich nutzbar zu machen versucht. Ich hielt Vorträge über den Ödipuskomplex, den Kastrationskomplex und kam von da spontan zur Familienfrage. Er sagte mir: "Du, das mit dem Ödipuskomplex scheint so richtig, wenn du es erörterst, doch was sollen wir damit in unserem Kampfe für ein besseres Leben anfangen? Wir können doch nicht alle analysieren, um sie gesund zu machen! Die Gesellschaft und die Verhältnisse müssen wir erst verändern. Wir müssen erst etwas zu sagen haben, ehe wir gehört werden und mit dem Leiden Schluß machen können. Wir Arbeiter lernen gerne, wenn auch viele faul sind und zermürbt. Doch ihr Intellektuellen müßt es lernen, euch einfacher auszudrücken. Die wissenschaftlichen Fragen so darzustellen, daß jeder es verstehen kann. Und heute sind nur solche Fragen wichtig, die jeder verstehen kann." Er sprach mir aus dem Herzen. Ich hatte selbst bei meinen ersten tastenden Versuchen mit der Psychologie in der Arbeiterbewegung gesehen, daß mit den psychoanalytischen Begriffen wenig zu machen war. Man verstand das Thema, doch es war praktisch unbrauchbar. Theorien wie die, daß die Familie eine biologische Institution wäre, daß die Kultur sich auf Sexualverdrängung aufbaute, daß die Gesundheit durch Triebverurteilung und Sublimierung allein zu erreichen wäre, klangen in diesen Kreisen lächerlich. Wirklich vollkommen lächerlich. Durch Zadniker lernte ich andere persönlich kennen. Ich kam mir einfach dumm vor, wenn ich einem kräftigen Dreher oder einem Bauarbeiter erzählen sollte, er müßte seine Sexualität sublimieren, um kulturfähig zu werden. Wenn er gesund war, umarmte er sein Mädchen mit Liebe und ohne Kompliziertheiten. Wenn er krank war, benahm er sich wie ein gewöhnlicher Bürger in diesem Falle getan haben würde. Die Arbeit beruht auf hoher Sublimierung prägenitaler Regungen? Ich lernte den Steinklopfer beobachten. Jahraus jahrein zerklopft er große Steine zu kleinen und fügt sie im Straßenbau zusammen. War das eine Triebsublimierung? Welcher Art? Analer? Sadistischer? Lächerlich. Sehr bald sah ich den mechanischen Charakter dieser Arbeit, die nichts mit Erhabenheit und Erhöhung des Ichs zu tun hat. Eher schien mir Problem, wie der Handarbeiter oder der Buchhalter diese Arbeit ohne psychischen Gewinn so lange durchhalten konnten. Ich hätte es nicht gekonnt. Oder nur, wenn ich mich völlig ertötet, mich zu einer Maschine gemacht hätte. Doch da schloß sich mit einem Male eine Lücke: **Der charakterliche Panzer ermöglicht es dem Arbeiter, die psychische Not**

dieser Art Arbeit zu ertragen. Ich verstand rasch mehr: Die Freudsche Sublimierungstheorie paßte für forschende Wissenschaftler oder Ingenieure, sie paßte schlecht für den durchschnittlichen Arzt oder Techniker und gar nicht zu der Arbeit der Millionen.
Zadniker erzählte mir, daß es bei den Arbeitslosen besonders schlimm aussehe. Sie gingen regelmäßig früher oder später seelisch zugrunde. Zadniker hatte nicht die mir entgegengehaltene Theorie der Komintern, daß nicht die Sexualverdrängung, sondern einzig der Hunger Neurosen machte. Zadniker sagte, daß der Arbeitslose Monate und Jahre nichts täte. Das zermürbe. Ich dachte hinzu, weil die biologische Energie zuerst ohne Tätigkeit nervös macht und dann allmählich verödet. Zadniker erzählte, daß es für einen Arbeitslosen praktisch unmöglich wäre, sich körperlich in Ordnung zu halten. Das zerstöre die Familie, die Beziehung zur Frau, verlumpe. Wird eine Arbeiterfamilie für längere Zeit dem Hunger ausgesetzt, dann brechen alle bewußten Haßquellen auf, die in besserer ökonomischer Lage von konventionellen Haltungen überdeckt sind. Doch Zadniker verriet mir auch das tiefste Geheimnis der Funktion der Familie und Ehe. Er war ein politisch bewußter, klarer Arbeiter. Seine Frau hing an ihm und auch er an ihr. Er litt unter ihr. Sie war sexuell gestört und er gesund. Er ging zu anderen gesünderen Mädchen. Sie war daher eifersüchtig. Ohne ihm das ersetzen zu können. Sie versuchte ihn von Versammlungen fernzuhalten. Dort konnte er leicht andere Frauen kennenlernen. Dies war der Grund und kein anderer. Er wußte es und sprach es einfach aus. Und die Männer sagte er, die Kommunisten inbegriffen, nehmen das Maul voll mit "proletarischem Klassenbewußtsein" und der "Genossenkameradschaft zwischen Mann und Frau", doch sie hielten ihre Frauen am Herd. Sie fürchteten ebenfalls, die Frau könnte auch andere Männer kennenlernen. Er erzählte noch viel mehr und ich lernte viel, sehr viel sehen, was in keinem Lehrbuch der Politik oder Wissenschaft geschrieben steht. Ich begann den Unwert der akademischen Wissenschaft schmerzhaft zu spüren. Vieles, das mir wertvoll gewesen war, stürzte ein. Wissenschaftler dieser Art sein, bedeutete nur eine Ausrede. Wie sollte ich Wissenschaftler bleiben, also auf lange Sicht vornehm arbeiten und gleichzeitig es verlernen, diese Wirklichkeit zu übersehen. Wirklichkeiten, die totzuschweigen eine der Hauptfunktionen mancher Wissenschaftler zu sein schien.
Die Ereignisse überstürzten sich damls in Österreich dermaßen, daß die Lebensfremdheit der akademischen Wissenschaft mir unerträglich schien. Die kommunistische Partei schien mit ihren Voraussagen recht zu ha-

ben. Der sowjetische Wirtschaftsforscher Varga kündigte eine neue große Krise der kapitalistischen Wirtschaft an. Mit ihr mußte die Weltrevolution kommen. Und mit der Weltrevolution die Vernunft ins menschliche Leben. Ich stürzte mich noch mehr in die Politik [die für mich soziale Arbeit war]. Irgendein Instinkt hielt mich ab, die übliche Laufbahn des politischen Funktionärs einer Arbeiterpartei einzuschlagen. Ich hätte dann auf meinem, anderen als sinnlos erscheinenden Beruf verzichten und mich ganz der Parteiarbeit widmen sollen. Doch ich hing mit Leib und Seele an meiner wissenschaftlichen Arbeit. Die Ansätze zur produktiven Kritik der bürgerlichen Psychologie spürte man. Ich begann die Öde der gesellschaftlichen Vergnügungen und Gespräche zu spüren. Das Nur-Tanzen und Über-Goethe-Sprechen hatte ich längst hinter mir. Ich wurde zwar oft zu Abenden bei Kollegen eingeladen, doch ich lud immer seltener ein. Es schien mir eine Farce. Und ich verlor die Fähigkeit zu oberflächlichem gesellschaftlichem Ton. Doch mein Freud Zadniker hatte mir eine Idee eingeflößt, die nicht mehr locker ließ. Ich war Psychiater und Sexuologe. Als Politiker könnte ich weit weniger ausrichten als ein Arzt. Deshalb verschrieb ich mich ganz der medizinischen und erzieherischen Hilfe, die ich Jugendlichen und den Arbeiterfrauen geben konnte. Im Januar 1929 erschienen die ersten Notizen in den linken Zeitungen über die "Sozialistische Gesellschaft für Sexualberatung und Sexualforschung", die einige Sexualberatungsstellen für Arbeiter und Angestellte eröffnete. Ich hatte einige Monate vorbereitet, mit großen persönlichen Opfern. Mit einigen jungen psychoanalytischen Kollegen, die meine Schüler waren, und drei Frauenärzten gründete ich den Verein mit dem etwas hochtrabenden Namen. Damals pflegten sich die Organisationen stark mit Stempeln und Briefpapier auszustatten. Es war nicht besonders.

Wir verschickten eine Ankündigung, sexualwissenschaftliche Fachleute hätten sich zusammengetan, um in den einzelnen Bezirken Wiens Ratsuchenden unentgeltlich Auskunft in Schwierigkeiten des Geschlechtslebens, der Kindererziehung und der geistigen Hygiene allgemein zu erteilen. Der Aufklärung über die Hygiene des Geschlechtslebens, der Belehrung über die Ursachen und die mögliche Überwindung von Schwierigkeiten sollten Vorträge dienen. Die Gesellschaft stellte sich auf den Standpunkt, daß die sexuelle Not im wesentlichen sozial verursacht sei. Sie wurzelt in der bürgerlichen Gesellschaftsordnung. Sie könne nicht behoben, jedoch gemildert werden. indem einzelnen geholfen wird. Darüber hinaus sollte dem Proletariat in breiteren Kreisen das Wissen über das Geschlechtsleben vermittelt werden. Außerdem sollte durch soziale Arbeit und Forschung am einzelnen das Wissen bereichert werden. Ich reservierte mir die wissenschaftliche Leitung des ganzen. Im ganzen wurden sofort sechs Beratungsstellen eröffnet, die je von einem Arzt geleitet wurden. Drei geburtshilflich geschulte Ärzte standen für Durchführung von unglückseligen Schwangerschaften zur Verfügung. Auch ein Rechtsanwalt war dabei.

[Das Neuartige an unseren Beratungsstellen (Sexualhygienekliniken) war, daß wir Neurosen, Sexualstörungen und Alltagskonflikte im Zusammenhang angingen. Auch war es neu, die Neurosen durch **Vorbeugung** statt Behandlung zu bekämpfen. Das war primär möglich durch der Behandlung von Kindern und Jugendlichen. An dieser Stelle **möchte ich das Erstlingsrecht und die volle Verantwortung für die Einführung der sexualökonomischen Betrachtungsweise der Sexualität von Kindern und Jugendlichen und der natürlichen Geschlechtlichkeit erklären.** Zwar war diesem zentralen Bereich der Geisteshygiene keine Aufmerksamkeit geschenkt worden, und die Art der Beachtung, die später den Neurosen in Deutschland, Skandinavien und Amerika geschenkt wurde, umging das Problem der Geschlechtlichkeit von Kindern und Jugendlichen mit moralisierenden Vorstellungen. Es ist hier nicht nur eine Sache meines Anspruchs aufs Erstlingsrecht, es ist das Eintreten für ein soziales Problem, das genauso verboten wie grundlegend ist, einem Problem, das zum Ursprung der emotionalen Pest führte.]

Die Beratungsstellen waren sofort derart überlaufen, daß über den Charakter unserer Tätigkeit unmittelbar jeder Zweifel behoben war. Ich hatte in meiner Beratungsstunde immer etwa zehn Menschen warten, so daß ich eine zweite einschob. Ähnlich ging es den anderen. Als die Vorträge einsetzen, wurde es noch schlimmer. Jeder Fall erforderte bei einigermaßen sorgfältiger Behandlung etwa eine halbe Stunde. Zuerst kamen überwiegend durch Ungeschicklichkeit oder Unwissenheit schwanger gewordene Mädchen und Frauen. Wir schickten sie zu den städtischen Kliniken für Geburtenkontrolle, wir selbst aber klärten sie auf über Verhütung und den physiologischen Ablauf des Geschlechtsverkehrs. Ich sah unter ihnen keinen einzigen Fall, bei dem die Vertretung der durchzuführenden Geburt nicht unmenschlich, unärztlich, gemein und feige gewesen wäre. Keine, buchstäblich keine dieser Frauen und Mädchen **durften** einem Kinde das Leben schenken. Im Vergleich zu dieser Wirklichkeit erschienen mir sehr bald die Schwätzereien über die verschiedenen medizinischen, eugenischen Indikationen für Abtreibung (soziale gab es überhaupt nicht) bei der Abtreibung als eine komplette Verrücktheit, als eine Schande derer, die darüber diskutierten, ob man neben der eugenischen auch eine medizinische Beurteilung zulassen dürfte, und wie weit die medizinische möglich und erlaubt wäre. Kein achtbarer Arzt oder irgendwer hätte für sich auch nur ein Quentchen dessen zugelassen, was er für "das Volk" "zur Sicherung der Moral" und "zur Hebung der Bevölkerungszahl" forderte. Ich habe diese Fragen in *Die sexuelle Revolution* so ausführlich geschildert, daß ich mich hier beschränken kann. Problem war nicht mehr die Indikationsfrage, sondern unausweichlich und sofort die Gesinnungsart derer, die solche grausamen Anti-Abtreibungsgesetze aufstellten, sie vertraten und durchsetzten. Problem wurde auf der Stelle die Gesinnung und das Denken der Reformer, die nicht das aufdeckten, ständig schilderten, was ich sah, sondern mit den Gesetzesvertretern über dies und jenes **handelten.** [SB: Die Mütter zählten nicht. Das Kinderelend zählte nicht. Was zählte, war ein kranker Moralismus, der einige Jahre später, als "geplante Elternschaft" zur Selbstverständlichkeit wurde, zusammenbrach. Wie viele Leben wurden in diesem Fall allein verloren. . .] Ihre wahre Gesinnung kannte ich noch nicht, doch ich sollte mit ihr bald zusammenstoßen. Sie diskutieren darüber, ob eine Lungentuberkulose oder ein idiotisch geborenes Kind oder ein Plattfuß in der Familie die Indikation zur Schwangerschaftsunterbrechung bedeute **oder nicht**. Die ganz radikalen vertraten das "Recht der Frau auf den eigenen Körper". Dabei verteidigten sie ihre Stellung mit der Beruhigung, daß nur so die Frauen freudig gebären würden. Daß die Bevölkerungszahl trotzdem, siehe die Sowjetunion, steigen würde. Daß der eingeführte Sozialismus beweisen würde, daß die Frauen gerne Kinder haben. Sie müßten erst von der materiellen Not befreit werden. Das war unzweifelhaft richtig. Doch nur ein kleines Stück des Problems. Das weitaus wichtigere und umfassendere verschob sofort meine Fragestellung in den Beratungen: Selbst wenn die materiellen Bedingungen vorhanden wären — bei manchen Frauen waren sie vorhanden — **diese** Frauen, die ich sah, **durften** einfach so, wie sie waren, keine Kinder haben. Mir zeigte sich das Problem von einer neuen Seite, von der Gefühlslage der werdenen Mütter neben allen anderen Fragen, den sozio-ökonomischen und medizinischen. Grund die medizinische Indikation zu stellen, gab es im Sinne der damaligen Auffassungen selten. Sich darauf zu berufen, sich damit zu entschuldigen und die Hauptsache nicht zu sehen, war eine Dummheit in der Sache und ein Verbrechen den Frauen gegenüber. Diese Mütter und Frauen und Mädchen waren komplett unfähig ein Kind, außer es zu gebären, auch zu pflegen, zu erziehen, es **nicht** kaputt zu schlagen! Alle, ausnahmslos alle schwer neurotisch. Alle, ausnahmslos alle hatten eine schlechte oder gar keine Beziehung zum Mann. Waren frigid, vergrämt, versteckt sadistisch oder offen masochistisch. Latent Schizophrene oder kränklich Depressive. Eitle Dämchen oder abgehärmte, interessenlose Arbeitstiere. Sie haßten ihre Männer, wenn sie solche hatten. Oder sie schliefen ohne irgendein Gefühl heute mit diesem, morgen mit jenem. Sie wohnten zusammen mit 5 oder 8 Menschen in Stube und Küche. Sie schufteten als Heimarbeiterinnen von früh bis spät, um 25 Schilling oder noch weniger in der Woche zu verdienen. Sie hatten schon 3 oder 6 Kinder, oder sie zogen fremde auf. Sie wurden von ihren betrunkenen Männern geschlagen und verkamen dabei. Sie haßten die bereits vorhandenen und die ungeborenen Kinder tödlich, weil diese ihnen nichts als Plage und Not bereiteten. Von der "heiligen Mutterliebe" angesichts dieses schweinischen Elends zu schwätzen, provozierte, sofort die Pistole gegen den Schwätzer zu ziehen. Hätte man dieses grobe Elend beseitigt, so wäre noch ebensoviel zumindest aufzubauen geblieben, wenn man nur ein Hundertstel des Geredes über die Kultur und das Kind hätte verwirklichen wollen. Diese Mütter waren sämtlich hysterisch oder zwangskrank. Ihre Kinder waren Püppchen oder verprügelte Hündchen. Solche Frauen durften nicht gebären! Ganz abgesehen von der unmenschlichen materiellen Daseinsweise der meisten.

Ich vertrat daher von Anbeginn den Standpunkt, daß jede gegen ihren Willen schwanger gewordene Frau mit oder ohne diese oder jene Indikation das Recht der Schwangerschaftsunterbrechung haben **müßte**. Wir konnten uns damals auf die russische Gesetzgebung berufen. Ich wußte damals (selbst 1929) schon, daß diese Gesetzgebung nicht ganz ehrlich gemeint war. 5 Jahre später wurde sie aufgehoben. Ich schickte jede Frau, die unwissentlich und widerwillig schwanger geworden war, zu den Ärzten, die die Operation durchführten. Ich wußte genau, was ich tat. Das Risiko auf mich zu nehmen, war selbstverständlich. Ich hatte immer den wohlbekannten Haß solcher Mütter gegen ihre Kinder vor Augen. Um die Sorgen der Bevölkerungspolitiker kümmerte ich mich nicht. Ich kannte ihre Verlogenheit ebenso wie die soziologischen Begründungen ihrer Haltung. Dabei geriet ich schon damals in stillen Streit mit den Kommunisten, die gegen den Malthusianismus waren, weil Marx ihn nicht ganz verstanden hatte. Malthus hatte erklärt, daß das Elend verschwin-

den würde, wenn man die Geburtenzahl beschränken würde. Er hatte die soziale Not mit ihren Ursachen übersehen. Marx hatte dagegen diese aufgedeckt und Malthus abgelehnt, weil seine Theorie leicht von den realen Kampfesaufgaben ins illusorische ablenken konte. Da aber Marx es nicht aufgeklärt hatte, trieb die Theorie von der notwendigen Geburtenbeschränkung ein kümmerliches Dasein und verschwand in der Sowjetunion bald völlig. Die Lösung war: sozialer Kampf zur Beseitigung des Elends der Massen sowie selektive Geburtenkontrolle.
Zwei Jahre lang war ich von den erdrückenden Erfahrungen der sexuellen Massennot derart überrannt, daß ich immer tiefer in den Konflikt zwischen dem Wissenschaftler in mir und dem Politiker in mir geriet. Das steigerte sich ganz besonders, als ich durch die Sexualberatung mit den durchschnittlichen Wiener Arbeiterjugen und Mädeln in Berührung kam. Ich hatte die Not der Puberilen ja schon lange früher kennengelernt. Doch die Fälle des Ambulatoriums und meiner Privatpraxis schienen mir im Sinne der damaligen psychoanalytischen Auffassung pathologische Ausnahmen von der Regel zu sein. Der Regel des "normalen angepaßten Jugendlichen, der seinen Ödipuskomplex überwunden und sich der Forderung der Realität angepaßt" hat. Niemand dachte über den Begriff "normaler, gesunder Jugendlicher" und noch weniger über den der "Anpassung" an die "Realität" nach. Man nahm, das was war, einfach als gegeben und unabänderlich hin. Es gab weit und breit weder in der Literatur noch sonst irgendwo eine Stelle, wo der geringste Zweifel an dieser gegebenen Realität laut geworden wäre. In den Sexualberatungsstellen und dann besonders in den sexualpolitischen Jugendversammlungen veränderte sich das Bild komplett. Ich hatte es nun mit als gesund angesehenen Jugendlichen zu tun. Die kamen zu mir meist nur, um sich Rat in Empfängnisverhütung zu holen. Es waren Jugendliche von etwa 14 bis 20 Jahren in der Regel. Sofort stand das Problem da: Darf man Jugendlichen von 14 oder 15 Jahren Empfängnisverhütungsmittel geben? Diese eine Frage zog konsequent und unerbittlich das ganze Jugendproblem hinter sich her. Die übliche Art war, solche Jugendliche erst gar nicht vorzunehmen oder sie mit der Tröstung, sie sollten warten, bis sie reifer wären, wieder wegzuschicken. Das war natürlich unmöglich, wenn man Neurosen vorbeugen wollte.
Ich erhob, ehe ich mir eine Antwort zurecht legte, den gesamten psychischen, körperlichen und sozialen Tatbestand. Diese Jugendlichen waren erwachsene Menschen. Sie arbeiteten als Lehrlinge in Fabriken. Sie waren Laufjungen oder junge Hausangestellte. Viele von den männlichen Jugend-

lichen waren in der Arbeiterjugendwehr. Die allermeisten im sozialistischen Jugendverband. Sie hatten schon Mädchen und die Mädchen Jungen oder sie fragten mich, wie sie "aus der Einsamkeit heraustreten könnten". "Du bist doch in einer Jugendgruppe", sagte ich zunächst naiv. "Das - ja das meine ich nicht" ungefähr war die Antwort. Ich brauchte nicht erst näher zu fragen. Die Sache war ganz klar. Allmählich lernte ich das tiefe und voll berechtigte Mißtrauen der Jugendlichen gegen alles, was Autorität und Erwachsen heißt, zu begreifen, zu bejahen und zu beseitigen – indem ich ihnen recht gab daran.Es gab keinen Jugendlichen, der darauf nicht sofort zutraulicher wurde. Sie wußten alles. Sie wollten alles, was Liebesglück genannt wird. Sie glaubten kein Wort von dem, was man ihnen einzureden versuchte. Viele rannten einfach vom Hause weg. Mit ihren Eltern lagen sie in tiefem Hader wegen der Unterdrückung ihres Liebeslebens. Diejenigen, die Partner hatten, schienen es ganz selbstverständlich zu finden, daß sie meist in Haustoren oder versteckten Winkeln einander abknutschten. Daß sie in Kleidern waren, hastig sein mußten, Angst hatten, vor Überraschung und Schwängerung. Sie ahnten nichts von den Zusammenhängen zwischen den nervösen Störungen, die sie hatten, und dieser Art grauenhafter "Ordnung" der jugendlichen Sexualität.

Der Zusammenhang zwischen einem ungeordneten Sexualleben und zerrütteter psychischer Gesundheit war in den politischen Organisationen unbekannt, verbaut durch falsche Vorstellungen und Ausflüchte. Sie hatten keinen Blick für die Blässe, Niedergeschlagenheit, Nervosität, Arbeitsstörungen, Streitsucht, kriminellen Tendenzen und Perversionen bei diesen jungen Leuten. Die Homosexualität war weit verbreitet, gewöhnlich in Form gegenseitiger Masturbation. Richtiges Wissen, dümmste Ausreden bürgerlicher Kulturschwätzer und Parteischlagworte ließen glauben, daß dies möglich wäre, wo doch das "strenge Überich so tief im biologischen Es wurzelt".

Mit der Veränderung der Grundeinstellung vom Sexualnegativen zum Sexualpositiven änderte sich natürlich in der psychischen Struktur nicht viel. Bestand in der Tiefe eine Kastrations– oder Deflorationsangst, so war daran nichts geändert. Und dennoch: Je jünger der betreffende Junge oder das Mädel waren, desto rascher und voller schwangen sie schon nach wenigen Sätzen um. Es war, als ob sie darauf lange gewartet hätten. Als ob sie nur träge in einem Joch marschiert wären, dessen Bedeutung sie nicht kannten. Doch von ihrer Sexualität wußten sie alles: sie wußten, daß sie Liebe brauchten und ohne sie ihr Leben verödete. Sie wußten nicht alles über die Hindernisse, die der Durchführung entgegenstanden. Sie lebten ein Doppelleben, ohne Ahnung vom Widerspruch. Ohne Ahnung von den Voraussetzungen und Bedingungen eines befriedigenden Liebeslebens. Die Mädchen hatten, so fest sie auf ihrem sexuellen Recht beharrten, sämlich Sexualangst, bewußt oder unbewußt.Die Jungen litten meist an Onanieschuldgefühlen, hypochondrischer Angst oder verfrühtem Samenerguß.

Ich lernte innerhalb weniger Monate an Sexuologie und Soziologie ebensoviel wie in zehn Jahren analytischer Praxis. Vieles verschob sich. Ich hatte gelernt und mich überzeugt, daß der verfrühte Samenerguß auf urethralerotischer Fixierung und Ödipuskomplex beruht. Richtig. Doch hier lernte ich hinzu: Wenn man in Kleidern und Hast einen Geschlechtsverkehr versucht oder ausführt, tritt der Samenerguß verfrüht ein, ehe die Erregung ordentlich gesteigert ist. Daraus folgten neurotische Symptome als Folge der Sexualstauung. Ich erhob die Geschichte der Störung. Dabei zeigte es sich, daß diese Jugendlichen im Beginne der Pubertät mehr oder weniger neurotisch waren, die eigentliche Neurose jedoch erst nach einigen Jahren puberiler Konflikte entwickeln. Daß zwar die kindliche Fixierung von vornherein bremst, daß jedoch die furchtbare Bremsung des völlig gesunden Liebeslebens in der Reifung völlig in den kindlichen Konflikt zurückwirft. Ich mußte eine erste entscheidende Korrektur der psychoanalytischen Anschauung durchführen. Es ist wahr, daß das Wiederaufleben des Ödipuskomplexes während der Pubertät Konflikte bedingt, indem er neu auflebt. Es ist vielmehr jetzt die Folge der sozialen Versagung des puberilen Liebeslebens. Wenn der Weg nach vorne, zur normalen, gesunden Liebe gesperrt ist, dann fällt der Jugendliche in die kindliche Neurose zurück, verstärkt sie gesteigert durch das erhöhte und gleichzeitig versagte Genitalverlangen. Und dies hatte die Psychoanalyse völlig übersehen oder besser nicht sehen wollen, wie sich später zeigte. Andere Richtungen der Psychiatrie wagten noch nicht einmal die Erwähnung des Problems.

Als Jugendarbeiter konnte ich nicht über "Kulturpubertät" schwätzen oder die Jugendlichen auf später vertrösten. Das schien mir ein ärztliches Verbrechen. Man konnte es nur aus Unwissenheit, Gemeinheit oder Angst vor Verlust des Lebensunterhaltes begehen. Ich hatte nur die Möglichkeit der Wahl zwischen drei Auskünften: Abstinenz anzuraten, die Onanie zu empfehlen oder dem Jugendlichen seinen Wunsch nach Geschlechtsverkehr einfach zu bejahen. Eine vierte Möglichkeit sah ich

nicht. Ich gestehe, daß ich eine Zeit lang in großer Verlegenheit danach suchte. Aus Angst vor der Gesellschaft, die unnachgiebig grausam in dieser Frage war.
Ich will nun erzählen, wie ich diese Riesengefahr für meine Gesamtarbeit überstand. Als einzelner wissenschaftlicher Arbeiter wäre ich bestimmt erlegen. Die Ausdauer und Überzeugungsklarheit lernte ich von jungen Arbeitern, die ich um die Freiheit und Klarheit des Seins kämpfen sah. In meine Sexualberatungstelle kamen junge Schutzbündler von der Arbeiterjugendwehr. Sie hatten diese oder jene Schwierigkeiten mit ihrem Mädchen, diese oder jene Störung in der sexuellen Betätigung. Wir verstanden uns sofort. Ich brauchte nicht lange zu begründen, was ich ihnen riet. Sie erfaßten es strukturell. Gesprächen über die hochgespannte politische Situation konnte und wollte ich gar nicht ausweichen. Im Gegenteil: Mich interessierte die Verflechtung des großen politischen mit dem kleinen persönlichen Leben. Ich hatte oft gesehen, daß der Arbeiterfunktionär politisch inaktiv wird, wenn er sich in seine persönlichen Konflikte verstrickt. Daraus zog die politische Bewegung den Schluß, daß es für den aktiven politischen Arbeiter keine persönlichen Konflikte gäbe. Ich dagegen sah nur, daß dies bloß ein frommer Wunsch war, ein Stück gefährlicher Vogel - Strauß - Politik den eigenen Leuten gegenüber. Und die Betroffenen waren meiner Meinung. Viele kamen zu mir ausdrücklich mit dem Wunsche, daß ich ihnen helfe, die persönlichen Konflikte zu lösen, um für den politischen Kampf besser gerüstet zu sein.
Unter diesen Arbeiterjugendwehrlern gab es zwei besonders prächtige Menschen. Der eine zählte siebzehn, der andere einundzwanzig Jahre. Sie erzählten mir, daß es in der Arbeiterjugend der Sozialdemokraten gärte. Um diese Zeit hatten die Notstandsgesetze mit dem Abbau aller sozialen Errungenschaften der Republik eingesetzt. Etwas mußte geschehen. Schober, der neue Präsident der Regierung, der gleichzeitig Polizeichef war, ging sehr scharf vor. Die Krise begann um sich zu fressen. In Ottakring gab es, erzählten mir die Jungen, einen zu allem bereiten Schutzbund. Ob ich nicht mal hinkommen würde. Ich ging mit ihnen hin. Wir sprachen mit dem Bezirksführer des Schutzbundes, einem alten Soldaten- und Arbeiterfunktionär. Niemand Vernünftiger unter den Arbeitern war mit der Politik der Partei einverstanden. Doch sie repräsentierte die Einheit der österreichischen Bewegung im Gegensatz zur deutschen, und die wollte man um keinen Preis opfern. Die Kommunisten hatten im meisten recht, doch die Arbeiter wollten von

ihnen nichts wissen. Sie schrien zu laut, sie wären nicht produktiv, nicht führend genug. [Sie wären nicht praktisch genug und würden die Leute zu oft verleumden.] Ein jung verheirateter Maschinenschlosser hatte eine geheime Maschinengewehrabteilung aufgebaut. Anläßlich des letzten Schubs an Notstandsverordnungen wollte er mit seinen Leuten ganz allein die innere Stadt besetzen und alles krumm und kleinschießen. Diese Menschen hatten auch nichts zu verlieren. Sie lebten nur für das bessere Morgen. Sie warteten auf die große Chance, mit dem Getriebe des gesellschaftlichen Lebens wieder in Berührung zu kommen. Die Gesellschaft hatte sie ausgeschlossen. Nun wollten sie sie strafen. Ich begriff ihre Argumente so gut, daß ich keinen Einwand gegen ihr Vorhaben wußte noch auch vorbringen wollte. Ich hätte genauso gedacht und handeln wollen, wäre ich derart mißhandelt worden. Das war einfach und durchaus rational. Die Arbeiter selbst brachten die korrekten Bedenken vor. Die Masse wäre nicht zur Stelle. Die Führung hätte sich auf die friedliche Durchdringung, die letztendlich in einem verhängnisvollen Kompromiß endete, festgelegt. Doch wir wollten eine große Versammlung abhalten.

Durch mich konferierten die Schutzbündler mit den Kommunisten, ohne sich ihnen anzuschließen. Der große Saal beim Stahllehner in Hernals, der etwa 2.000 Menschen faßt, wurde gemietet. Ich stellte das Geld zur Verfügung. Der Saal war bumsvoll. Auf ihre Bitte hin hielt ich das Hauptreferat. Die meisten waren aktive Schutzbündler und beschäftigte Arbeiter. Ich zählte die bisherigen Mißerfolge auf und wies nach, daß dieser Weg zum sicheren Untergang führen mußte. Es gab viele Zwischenrufe, die Stimmung kochte fast über vor Erregung. Man wartete auf eine positive, produktive Antwort: Was ist zu tun? Ich hatte die Antwort der damaligen Kommunisten parat: Die Arbeiterklasse muß um die Herrschaft in der Gesellschaft kämpfen. Das war aber auch alles. Und lange nicht genug. In der Rückschau heute ist es verständlich, daß die Bevölkerung sich dieser allgemeinen Formulierung nicht anschließen wollte. Prinzipiell marxistisch wissenschaftlich hatten die Kommunisten recht. Das wußte jeder. Doch praktisch alltäglich schienen die Sozialdemokraten recht zu haben. Vor dem Bürgerkrieg, zu dem die Kommunisten aufriefen, hatten alle Angst. Ich weiß heute, daß sie auch vor der Verantwortung der Macht Angst hatten. Die Sozialdemokraten konnten mit ihren parlamentarischen Theorien immer wieder durchdringen. Sie stützten sich einfach auf die Angst vor der Revolution derer, die sie gleichzeitig machen wollten.

In dieser Versammlung lernte ich den Gefühlsgehalt der Parteizugehörigkeit zum ersten Male kraß kennen. Die Versammlung stimmte mir zu. Doch als es für die SP zu gefährlich zu werden begann, rief ein offenbar eigens hierzu Bestellter laut in den Saal. " Die Kommunisten wollen nur spalten und Zwist säen. Alle Sozialdemokraten verlassen den Saal!" Und die oppositionellen Sozialisten verließen auf diesen einen Ruf hin geschlossen den Saal. Zurück blieben etwa 400 Kommunisten, die sich soeben mit den Schutzbündlern getroffen hatten. Es blieben auch einige mutige sozialdemokratische Funktionäre und Liberale aus verschiedenen Organisationen. Die Versammlung wurde fortgeführt, doch wir hatten verloren. Damals glaubten wir, daß die Sozialdemokraten wieder einmal "im Dienste der Bourgeoisie verraten" hatten. Ich war noch weit davon entfernt, das gemeinsame Prinzip dieses Wirrwarrs zu sehen: die Hilflosigkeit der normalen Leute im Anblick der politischen Pest. Doch dazu muß ich erst verständlich hinführen.

KAPITEL 5

DER EINBRUCH DER SEXUELLEN ZWANGSMORAL IN DIE NATÜRLICH FREIE URGESELLSCHAFT

In Berlin fand sich sofort der Anschluß meiner Arbeit an die große soziale Freiheitsbewegung. Wenn man mit einer schwer lastenden Antwort auf eine entscheidende soziale Frage herumläuft, bedeutet die Möglichkeit rascher Einordnung viel. Vor allem Schutz der seelischen Apparatur, die das Problem kraft besonderer Lebenserfahrungen faßte, formulierte und beantwortete. Je tiefer und umfassender ein Problem liegt, desto inniger verwebt es sich mit der Geschichte seines Vertreters. Desto größer seine Verantwortung, seine Struktur keine allzugroßen irrationalen Böcke schießen zu lassen. Der wichtigste Barometer des Wirklichkeitsgehaltes einer Idee ist die Reaktion der Umwelt. Mag sie nun positiv oder negativ sein. Findet die richtige Idee nicht die geeignete Form der Äußerung, so ist sie ein Zeichen von Geisteskrankheit oder sie führt dazu. Ich meine hier geisteskrank im korrekten Sinne: **Erfüllung eines Grundproblems des lebendigen Lebens, ohne die Fähigkeit, sich ihm zu entziehen, es durchzusetzen oder zumindest rational zu verankern.** Ich kannte meine persönliche Gleichung, die mich von innen her bedrohte, sehr gut. Mich beunruhigte nicht die Verdächtigung der Geisteskrankheit. Mir fehlte die Gewißheit, daß ich praktischen Erfolg in entsprechendem Maße haben und derart Opfer einer alten, in der Kindheit erworbenen Unsicherheit werden könnte, jenes sexuellen Schuldgefühls, daß die Welt verödet.

Da ich das unverrückbare Empfinden hatte, korrekt zu sehen und richtig zu denken, doch gleichzeitig im Sinne der üblichen Auffassung nicht "eingeordnet" war, mußte ich Bestätigungen für die Richtigkeit meiner Einstellung im Leben draußen suchen. Zuerst war es die Psychoanalyse, die diese Bestätigung zu bringen schien. Es zeigte sich, daß sie sie zum Teil brachte, jedoch die Verantwortung nicht tragen wollte. Damit mußte ich mich also abfinden. Dann war es die kommunistische Partei, die mir recht geben sollte. Sie vertrat ein Programm, das alle Voraussetzung und auch einige Elemente dessen enthielt, was ich auf anderer Basis erarbeitet hatte. So erklärt es sich , daß ich nicht von Anbeginn selbständig und frei von organisatorischen Bindungen auftrat, sondern meine Sache im Namen der Psychoanalyse und des Marxismus vertrat. Die Marxisten schlossen sich, als es ernst wurde, in dieser Frage reaktionären Richtungen an. Die reaktionäre Welt schreibt aus agitatorischen Interessen sowohl der Psychoanalyse wie dem Marxismus Ideen zu, die sie weder sachlich noch organisatorisch-politisch akzeptieren oder gar vertreten.

So wie der Einbau der Sexualökonomie in die psychoanalytische und die marxistische Bewegung der erste wichtige Schritt war, so wurde zwischen 1934 und 1938 die komplette Loslösung von **beiden** Bewegungen der zweite, entscheidende Schritt. Sein Ergebnis war eine Auffassung über die Beziehung der **Masse zum Staat**, die die besten Elemente der beiden Mutterbewegungen übernimmt, doch darüber hinaus aus der sexualökonomischen Lebensforschung eine Erkenntnis einführt, die die Antwort auf das Problem der faschistischen Bewegung enthält.

Das Problem "Masse und Staat" läßt sich gemäß seiner Entwicklung in vier große Frage-Gruppen teilen:

1. Die Führung des **ethnologischen Beweises** für die Korrektheit der Sexualökonomie an Hand der von Malinowski erforschten Gesellschaft der Trobriander.
2. Die Entwicklung der sexual**politischen** (im Gegensatz zu sexual**reformistischen**) Bewegung in Deutschland zur heutigen unabhängigen und international in Organisation begriffenen SEXPOL.
3. Die Bestätigung meiner soziologischen und sexualpolitischen Anschauung durch die neuen Probleme, die der deutsche Faschismus und der russische Stalinismus aufwarfen, ohne bei den alten Bewegungen eine Antwort zu finden. Schließlich
4. die Erfassung der **natürlichen Organisation der Arbeit** als Grundlage einer Kulturbewegung, in deren Zentrum die praktische und gesellschaftlich gesichterte **Bejahung des sexuellen Lebensglücks** der Masse steht.

Neben Forschungsergebnisssen und Argumenten, die die Sexualökonomie für sich sprechen lassen kann, wiegt viel die Art, **wie** sie sich ergaben. Diese Art beweist nämlich, daß nichts ausgedacht oder ausgeklügelt werden konnte. Daß es sich also um kein "neues System politischer Psychologie" handelt, das in meinem Kopfe entstand. Wenn sich dumpfe Ahnungen oder verworrene Gedanken plötzlich durch dieses oder jenes Ereignis bestätigten, an ihm reiften, neue Ausdrücke sich ergaben, die wieder Bestätigung fanden, so wurde die Theorie erst lebendig. Zum Beispiel als völlig unerwartet der Ethnologe **Malinowski** ohne Ahnung

meiner Anschauungen das Material brachte, das lückenlos hineinpaßte. Oder als meine Ahnung von 1929, daß die russische Sexualrevolution ein zum Tode verurteilter erster Versuch war, sich 1935 durch den kompletten Rückzug in Gesetzgebung und Ideologie bestätigte. So als ich beim ersten Anblick reichsdeutscher SA-Formationen fühlte, daß sie die gestohlene deutsche Revolution in reaktionärem Gedankenkreise vertraten. So meine Gewißheit 1930, daß die Schlacht für die deutsche und österreichische Arbeiter-Bewegung bestimmt verloren war, weil sie die massenpsychologischen Methoden des Gegners nicht traf. **Die politische Reaktion beherrscht die Masse der arbeitenden und zur Anspruchslosigkeit erzogenen Menschen mit Hilfe der Lebensverneinung.** Die sozialistische Bewegung vertrat nicht die Lebensbejahung für die Masse, sondern bloß einige grundlegende wirtschaftliche Voraussetzungen. Es gab keine organisierte Stelle, die den sexuellen Kern der Lebensbejahung zu vertreten wagte. Da die einfache Menschen-Masse nur die Sehnsucht nach Lebensglück kennt, sich aber für seine Voraussetzungen nicht interessiert, mußte die politische Reaktion überall siegen.
Sie siegte mittels einer Ideologie, die den Bestand der Gesellschaft, Zivilisation und Kultur unbedingt vom Verzicht auf sexuelles Lebensglück abhängig machte. Ich hatte den klinischen Beweis für das Gegenteil längst gefaßt. Da sich die politische Reaktion auf die chaotischen und barbarischen Zustände der Wilden berief, bedeutete das ethnologische Material Malinowskis einen Riesentriumpf meiner wissenschaftlichen Position. Daraus ging unzweifelhaft hervor, daß die Kultur, von der die spießigen Schwärmer bloß träumen, nicht nur in keinem Gegensatz zu sexueller Freiheit steht, sondern sie vielmehr voraussetzt.
Im November 1930 bekam ich das "Geschlechtsleben der Wilden" von **Malinowski** in englischer Ausgabe zur Besprechung. Es bildete eine logische Fortsetzung seiner früheren Publikationen "Crime and Custom in Savage Society" und "Sex und Repression". **Bachofen** hatte das "freie Geschlechtsleben" und das Mutterrecht aus klassischen Mythen erschlossen. **Morgan** hatte aus der "Urgesellschaft" der Irokesen, wo er Jahrzehnte seines Lebens verbracht hatte, an Hand der Verwandtschaftsklassen gefolgert, daß in Urzeiten Bruder und Schwester **die natürlichen Gatten** waren. Der Inzest also, weit entfernt davon, etwas widernatürliches zu sein, war die Grundlage der ersten menschlichen Organisation. Das Mutterrecht war nach Ablösung des naturrechtlichen Zustandes der menschlichen Gesellschaft eine Selbstverständlichkeit. Darauf hatte dann **Engels** in seinem berühmten Werke "Der Ursprung der Familie" seine

Staatstheorie aufgebaut. Faßte man nun die theoretische Linie von Bachofen über Morgan und Engels zu Malinowski zusammen, ergab sich ein einheitliches Bild der Entwicklung der Menschheit. Malinowski war es gelungen, die Verhältnisse einer noch zum großen Teile mutterrechtlich organisierten Gesellschaft aktuell zu erforschen und mithin die Rückschlüsse seiner Vorgänge zu bestätigen. Freilich ohne sich dessen bewußt zu sein. Umso größer ist der Wert seiner Tatsachenmeldungen. Sie zeigen unwiderlegbar, daß Gemeineigentum, Mutterrecht, Mangel einer festen Familienorganisation, sexuelle Freiheit der Kinder und Jugendlichen, Offenheit und Freimut der Charakterstrukturen ebenso zusammengehören, wie Privateigentum, Vaterrecht, Askese für Kinder und Jugendliche, Versklavung der Frau, Strenge der Familie und Ehe, charakterliche Panzerung der Menschen und Sexualperversionen und seelische Erkrankungen, die nie fehlenden Symptome gesellschaftlicher Sexualunterdrückung.

Ich studierte zunächst die englische Ausgabe, besorgte mir dann eine deutsche und las sie zwei Mal gründlich. Die meisten Schilderungen waren mir vertraut. Ich kannte die Atmosphäre, die Malinowski beschrieb, aus manchen Jugendgruppen sehr gut. Daher hatte ich durch alle moralischen Verurteilungen in den Missionsberichten und kultiviert eingestellten Ethnologendarstellungen gefühlt: Die einfache selbstverständliche Art des sexuellen Seins. Seine natürliche Sittlichkeit. Die Tiefe des natürlichen sexuellen Erlebens, die eine Zote gleichzeitig auch nur zu denken unmöglich macht. Doch ich spürte einen Widerspruch in Malinowskis Darstellung, die ich zunächst nicht anzugeben wußte. Mitten in die Gesellschaft der Trobriander, die natürlichen Gesetzen gehorchten, schob sich wie ein Keil, eine moralisch-asketische Forderung. Und soweit diese Forderung sich verwirklichte, herrschte eine sexuelle und moralistische Misere, die sich in nichts von unseren kapitalistischen Zuständen unterschied. In diesem gesellschaftlichen Sektor herrschten andere Gesetze und Ideologien als in der übrigen freien Gesellschaft. Sie konnten unter dem Begriff der "**moralistischen Regulierung**" im Gegensatz zur "**sexualökonomischen Selbststeuerung**" zusammengefaßt werden. Die beiden so entgegengesetzten Prinzipien in **einer** gesellschaftlichen Organisation. Das mußte einen sehr wichtigen Grund haben. Bei der Durcharbeitung des Materials enthüllte sich Schritt um Schritt und Zug um Zug die geschichtliche Entwicklung des moralisitischen Zwanges von heute aus der natürlichen Sexualorganisation, deren Spuren ich tief vergraben in den neurotischen Strukturen der modernen Menschen gefunden hatte. Die Struktur des "genitalen Charakters", die sich bei gelingender Charakteranalyse ergibt, und die Durchschnittsstruktur des Trobrianders im noch freien gesellschaftlichen Sektor decken sich lückenlos. So sehr, daß ich lange mißtrauisch war und fürchtete, einem Kunstprodukt der Überlegung zum Opfer gefallen zu sein. Die letzten Zweifel verloren sich erst, als **Roheim**, der ein scharfer Gegner von Malinowski und mir war, gegen seinen Willen und ahnungslos Bestätigungen meiner Anschauung aus einem anderen ethnologischen Gebiet brachte. **Die Sexualunterdrückung der Kinder und Jugendlichen ist sozialökonomischen Ursprungs, aber historisch geworden und nicht biologisch gegeben. Kulturbildung bei freier Sexualität der Kinder und Jugendlichen ist möglich.**

An **Malinowskis** Material fielen drei sonderbare Tatbestände auf: **Die Forderung der sexuellen Enthaltsamkeit für eine bestimmte Gruppe von Kindern und Jugendlichen**, das komplizierte, scheinbar sinnlose **Heiratssystem** zwischen den Clans des Stammes und der **Ritus des Heiratsguts.**

Diejenigen Kinder, die zu einer bestimmten ehelichen Verbindung verpflichtet waren, unterlagen einem strengen Verbot, sich sexuell zu betätigen. Die kindliche Askese sollte sie ehefähig machen. Sexuell frei lebende Kinder sind unfähig, sich den Forderungen der strengen lebenslänglichen Einehe im patriarchalischen Sinne zu fügen. Denselben Tatbestand hatten mir statistische Untersuchungen von **Barash** in der Sowjetunion enthüllt: **Je früher Jugendliche zum Geschlechtsakt kommen, desto kürzer dauert die eheliche Gemeinschaft später.**

War so der Zusammenhang zwischen der Askeseforderung und der dauermonogamen Eheinstitution klinisch, statistisch und ethnologisch gesichert, mußte man weiter nach der wirtschaftlichen Funktion des Ganzen fragen. Aus dem Verhalten der bürgerlichen Ideologie zum natürlichen Geschlechtsleben ließen sich ja Sicherungen wirtschaftlicher Interessen leicht erschließen. Hatte mir doch die Lähmung der Willens- und Entschlußkraft durch dauernde Niederhaltung der körperlichen Erregungen in der Masse der Bevölkerung die eigentliche Funktion längst verraten. Doch der Zusammenhang mit den wirtschaftlichen Interessen der Nutznießer dieser seelischen Lähmung der Menschen war noch verhüllt. Kein Kapitalist ahnt, weshalb er für die "Volkssittlichkeit" eintritt. Ebensowenig die Sittenpolizei, die Priesterschaft oder die Staatsanwaltschaft. Die Sexualideologie hat Eigengesetzlichkeit angenommen, hat sich verselbständigt und wurde losgelöst vom Ursprung materieller

Kraft. Überdies halten die Menschen selbst sie infolge der organischen Lustangst fest und reproduzieren sie unaufhörlich. Kurz, im heutigen gesellschaftlichen Getriebe läßt sich die wirtschaftliche Funktion der Askeseforderung nicht unmittelbar fassen. Umso erfreulicher war es, daß die keimenden wirtschaftlichen Ausbeutungsverhältnisse bei den urkommunistischen Trobriandern die gesuchte Beziehung unmittelbar darboten.
Die Trobriander unterschieden moralisch zwischen "guten" und "schlechten" Ehen. Als "gut" galt die Ehe zwischen den Töchtern der Schwestern und den Söhnen der Brüder, die sogenannte "Kreuz-Vettern-Basen-Heirat"; als "schlecht" größeren oder minderen Grades jede andere Eheschließung. Woher stammte diese Wertung? Sie paßte so schlecht zum allgemeinen seelischen Verhalten der Trobriander und machte ein Stück des fremdartigen Keils aus. Das folgende Schema veranschaulicht das Gesagte.

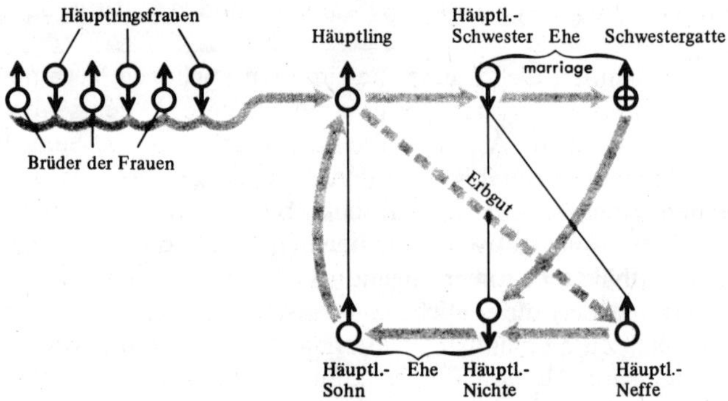

Abb. 2: Schema der Vorteile des Häuptlings bei Kreuz–Vettern–Basen–Heirat: sie birgt das Heiratsgut, das er seinem Schwager liefert, zu ihm zurück und ermöglicht derart eine Akkumulation von Gütern.

Es ergaben sich drei Grundmechanismen **wirtschaftlicher** Art. Das erste Schema stellt den Lauf des **obligaten** Heiratsgutes bei der "guten" Ehe dar. Der Bruder hatte der Schwester bei ihrer Heirat Heiratsgut für den Gatten zu liefern. Heiratet nun ihre Tochter später seinen Sohn, so muß die Familie der Frau, im besonderen ihr Bruder, also der Neffe des Mutterbruders, wieder Heiratsgut liefern. In diesem Falle **kehrt** das ausgelieferte Heiratsgut **zum Mutterbruder zurück**. Ist der Mutterbruder gleichzeitig Häuptling und im Genusse des Rechtes, mehrere Frauen zu haben, kann er sogar Reichtümer aufhäufen. Denn alle Brüder **aller** seiner Frauen müssen an ihn Heiratsgut liefern. So wird das Urteil "gute Ehe" verständlich. Sie bringt dem Manne Vorteile. Die Kinder nun, die später diesen Vorteil durch Heirat sichern sollen, sind zur asketischen Lebensführung verpflichtet. Sie dürfen nicht wie die anderen Kinder sexuell miteinander spielen. Zum ersten Male in der Geschichte einer menschlichen Gesellschaft bricht die negative Sexualmoral ein. Zum ersten Male beginnt ein wirtschaftliches Interesse eine gesellschaftliche Ideologie zu formen. Und die so entstandene Moral beginnt zum ersten Male die Strukturen der Kinder zu beeinflussen. Sie werden äußerlich und innerlich versklavt durch Blockierung ihrer Sexualenergie.

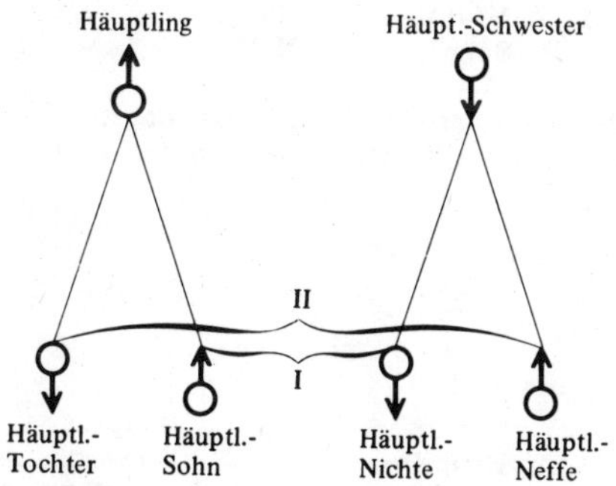

Abb. 1 : Schema der "gesetzlichen" (I) und der "ungesetzlichen" Ehe (II) nach Malinowski. I = Kreuz–Vettern–Basen–Heirat
(aus: "Der Einbruch der Sexualmoral", desgl. die anderen Schemata)

In den beiden folgenden Schemata sehen wir, daß andere Arten von Heitraten nur Nachteile bringen: (siehe Seite 114)
Die "schlechte Ehe" ist diejenige, die die **größten** wirtschaftlichen Nachteile bringt. Dabei kommt nämlich das Vermögen des Mutterbruders in dreifacher Weise aus seinem Besitz: Durch die Zuwendungen an seinen Sohn, der als Bruder für seine Schwester aus dem fremden Clan sorgen muß. Durch das Heiratsgut an die eigene Schwester, die einen Mann aus fremdem Clan heiratet. Und schließlich durch das Erbe, das in den Schwestersohn übergeht.
Einzig die "gute" Kreuz-Vettern-Basen-Heirat ist imstande, alle drei

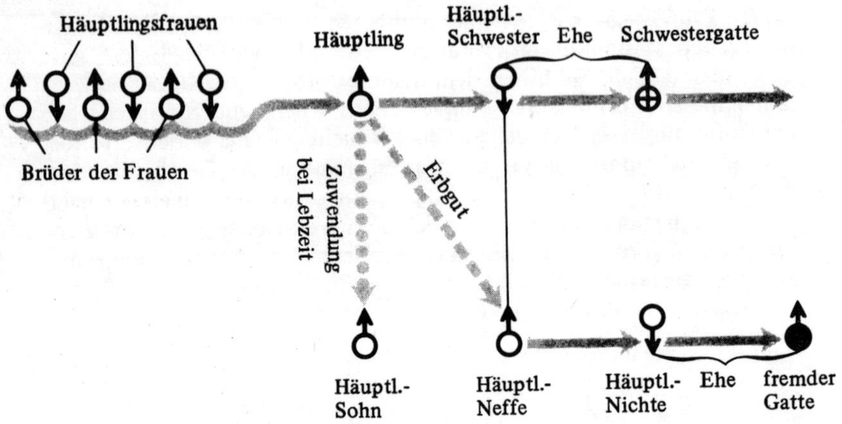

Abb. 3: Schema der wirtschaftlichen Nachteile für den Häuptling bei beliebiger Heirat der Nichte. (Pfeilstriche deuten den Gang des Heiratsgutes an.)

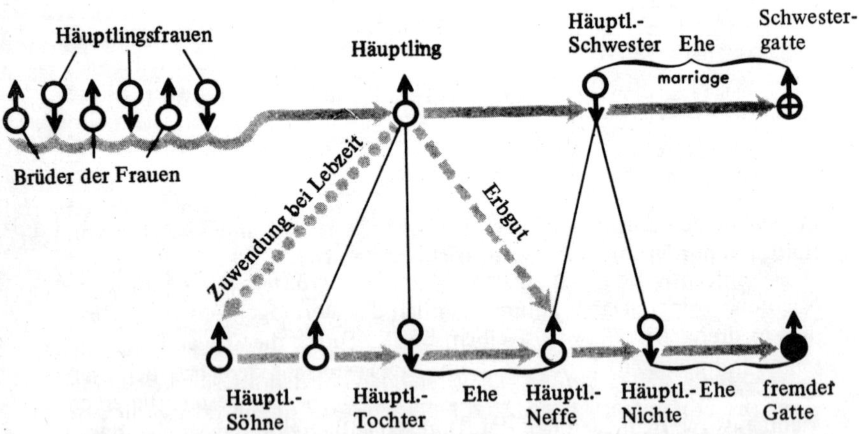

Abb. 4: D i e "s c h l e c h t e" E h e (zwischen Häuptlingstochter und Häuptlingsneffen); auch das Vermögen der Häuptlingssöhne kommt aus der Häuptlingslinie hinaus.

Nachteile aufzuheben. Das Erbgut an den Neffen kehrt zurück. Das Vermögen passiert bloß den fremden Clan, kehrt jedoch voll wieder.
Die Institution des Heiratstributs vom Clan der Frau und ihrer Familie an den des Gatten erwies sich bald als **der** Schlüssel zum Verständnis der wichtigsten Fragen der Urgesellschaft. Ich gebe nur die Resultate wieder und verweise im übrigen auf die Darstellung im "Einbruch".
Eine Durchsicht der ethnologischen Literatur zeigte, daß das Heiratsgut eine allgemeine Erscheinung der Urgesellschaft ist. Ebenso die Kreuz-Vettern-Basen-Heirat. Nach schwierigen Berechnungen gelang mir die Aufstellung eines Schemas auf Grund der Forschungen von Lewis Morgan. Das komplizierte Heiratssystem der Irokesen löste sich logisch als ein System von "Kreuz-Vettern-Basen-Heiraten" auf. Und nichts als solchen. Die Irokesen waren bereits patriarchalisch durchorganisiert. **Roheim** sagte mir nach seiner Rückkehr aus Australien, als ich ihm von meiner kleinen Entdeckung erzählte, das wäre "keine Neuigkeit", denn auch in Australien bestünde das System dieser Heiraten. Der gute Roheim ahnte nicht, daß er sich eine Blöße gab. Er begriff nicht die Bedeutung dieser Tatsache. Wenn das Heiratsgut des Schwesterbruders an den Mann der Schwester allgemein vorkommt, dann hatte ich mit der Annahme recht, daß er **der** soziale Mechanismus war, der die mutterrechtliche in die vaterrechtliche Organisation verwandelte.
Er verriet mehrere Dinge auf einmal:

1. Das Heiratsgut an die Schwester ist Ausdruck einer **Versorgungspflicht.** Das paßt zur Tatsache, daß in der natürlich organisierten Urhorde Bruder und Schwester Gatten waren und zusammen Kinder hatten. Logischerweise war der Sohn der Schwester, der Neffe also, der rechtmäßige Erbe des Mutterbruders. Es gab ja nichts anderes, das damit konkurrieren konnte.
2. Die Einteilung der mutterrechtlichen Stämme in Clans mit Wechselheirat aus einem Clan in den anderen bei Ausschluß der Heirat innerhalb des Clans ist eine allgemeine Erscheinung der menschlichen Urgeschichte. Das Heiratsgut fließt in diesem Zustande innerhalb eines Stammes von einem Clan zum anderen. Die Einteilung in Clans, von denen jeder seine eigene Ritualgeschichte und Ursprungsbezeichnung hatte, konnte nur verstanden werden als Ausdruck eines in der Vorzeit erfolgten Zusammenschlusses mehrerer natürlich organisierter Horden mit Inzestsystem (anderes war doch unmöglich) zu **einem** Stamm. Die späteren Clans sind die ursprünglichen Horden, die sich je von **einer** Urmutter ableiten. Daraus folgte die notwendige

Annahme, daß das Verbot des Geschlechtsverkehrs zwischen Bruder und Schwester und die Institution der Wechselheiraten von Clan zu Clan (Urhorde zu Urhorde) beim Zusammenschluß der fremden zuerst feindseligen, dann befreundeten Horden erfolgte. **Das Inzestverbot war also sozialen Ursprungs.** So fand ein Problem der Urgeschichte eine Lösung, das bis dahin biologisch oder psychologisch interpretiert worden war. Man versuchte sich die Herkunft des Inzestverbots durch einen Instinkt für "natürliche Zuchtwahl" (**Engels**) oder durch Schuldgefühl nach begangenem Urvatermord zu erklären (**Freud**). Der Bruder hatte nach dem Zusammenschluß der Horden weiter alle Lasten für seine Schwester zu tragen, mußte jedoch auf sie als Sexualpartner verzichten.

3. Das Heiratsgut wurde nicht als unmittelbares Gebrauchsgut erzeugt, sondern hatte bereits den Charakter einer **Ware**. Es war der Überschuß über das zum eigenen Leben notwendige, das der Bruder und seine Familie produzieren mußten. Derart brachte der Heiratstribut den Bruder und seinen Clan in ökonomische Abhängigkeit vom Clan des Gatten seiner Schwester. Da nun der ursprüngliche Siegerclan sich einen Vorteil in Form der Häuptlingschaft gewahrt hatte, da dieser Häuptling mehere Frauen "ehelichen" durfte, entstand ein Übergewicht materieller Natur zuerst im **Clan**, dann in der **Familie** des Häuptlings dieses ganzen Stammes. Dadurch mußten im Laufe der Jahrzehnte die unteren Clans dem oberen, im besonderen der Famlie des Häuptlings untertan werden. Der Häuptling brauchte nur auf einem bestimmten Niveau seiner materiellen Übermacht seinen Sohn an Stelle seines Neffen zum Erben zu bestimmen, und die gesamte Organisation stellte sich automatisch vom Mutterrecht zum Vaterrecht um. Für den Neffen, den Schwestersohn, zu sorgen, wenn dieser an einen fremden Clan das Gut weitergab, verlor an Interesse und wurde nur eine Last. Die Kreuz-Vettern-Basen-Heirat führte zur rechtlichen Festlegung eines Zustandes, der durch den Brauch des Heiratsguts im clangeteilten Stamm längst vorhanden war. **Nun erbte der eigene Sohn.** Vom Häuptling des mutterrechtlichen Stammes ohne besondere Macht bis zum Patriarchen des vaterrechtlichen Stammes mit ausschließlicher Macht über alle Stammesangehörigen, von da zum "Fürsten" oder "König" des Stammes, der zur "Nation" wird, ist nur eine Folge von Entwicklungsschritten, die **Engels** in seinem Buche über den Ursprung der Familie einleuchtend geschildert hat.

Die naturrechtliche und mutterrechtliche Gesellschaft ist noch frei von Sexualverneinung. Am Übergange zum Vaterrecht entsteht ein sexual-

moralistischer Sektor in der Gesellschaft. Im fertigen Vaterrecht erfaßt die Sexualverneinung und Unterdrückung die **Gesamtgesellschaft**. War vorher die Familie eine wirtschaftliche Einheit innerhalb des Clans und ihm untergeordnet, so bekommt nun die Familie gegenüber dem Clan der blutsverwandten Clangenossen das Übergewicht und schließlich verschwindet die Clanorganisation ganz. Aus der Paarungsehe auf Zeit, die das Mutterrecht kennzeichnet, entsteht die monogame Dauerehe. Sie ist in wirtschaftlichen Gesetzen, sozialen Mechanismen und moralischen Geboten streng verankert.
Mit der Umwandlung der freien Clangesellschaft in die Gesellschaft der sklavischen Familiengesellschaft verändert sich auch das Wesen der Menschen. Eine wenige Kilometer von den Trobrianinseln gelegene Gesellschaft hatte bereits strenge Familienorganisation. Im Gegensatze zu den offenen und freimütigen Trobriandern waren dort die Menschen scheu und verschlossen. Sie waren mit Neurosen und Perversionen verseucht. Das fehlte bei den Trobriandern, die die Onanie verachteten und die Homosexualität nicht verstanden.

Der Einbruch der westeuropäischen Händler und Missionare in die primitive Gesellschaft traf somit bereits auf naturwüchsige Prozesse, deren sie sich bedienen konnten. Wertlose Glasperlen gegen wertvolle Naturprodukte einzutauschen, wurde umso leichter, als der genital organisierte Primitive gutgläubig und ahnungslos anständig ist, das Wort Diebstahl nicht kennt und die Gastfreundschaft im Blute sitzen hat. Dem verdorbenen, korrupten, impotenten Gemüt des weißen Händlers muß dieses Wesen eine Provokation bedeuten, die er rasch in Ausbeutung umsetzt. Die Missionsschulen vollenden das Werk. Sie prügeln die Kinder für ihre harmlosen Sexualspiele, säen seelische Not und Zwang, bis sie den Boden für die Kolonisation reif gemacht haben. Es hat seinen guten Sinn, daß die Missionare immer die Vortruppen der Kolonialarmeen bilden. Nirgends so sehr wie hier enthüllt sich die Funktion der sexuellen Zwangsmoral. Die Naturvölker sind im Aussterben begriffen. Sie haben früher im weißen Manne viel romantische Sehnsucht provoziert. Heute buchen wir ihren Dienst an die Menschheit, den sie leisten, indem sie die Gesetze natürlicher Gesittung und Würde demonstrieren. Kitschige Romantik hat da keinen Platz. An ihre Stelle tritt die Erkämpfung einer menschlichen Organisation auf hoher technischer Ebene, die für immer die Erinnerung an die Menschwerdung bewahren wird; einer Organisation, die eine Fehlentwicklung von einigen Tausenden Jahren korrigieren und das Bild eines geilen, fettbäuchigen und brutalen Kolonisators, selbst Opfer dieser Kulturschmach, nur wie einen bösen Traum empfinden lassen wird.

Der ethnologische Beweis für die sexualökonomische Regelung des Geschlechtslebens gab mir ebensoviel Vertrauen zu den Schlüssen, die ich aus der klinischen Erfahrung gezogen hatte, wie die sexualpolitsche Arbeit in der Jugend. **Klinisch, sozial** und nun auch **ethnologisch** gewappnet durfte ich es wagen, mir ein Bild von der Entwicklung der sexuellen Seinsform in großen Zügen zu entwerten.

Zunächst mußte sauber zwischen der **individuellen** und der **sozialen** Sexualökonomie unterschieden werden. Die Regelung der Sexualenergie im Organismus der einzelnen Individuen hängt, das wissen wir nun, vom Grade ihrer orgastischen Potenz ab. Doch diese ist ihrerseits bestimmt durch die gesellschaftliche Ordnung des sexuellen Seins. Ursprünglich standen die individuelle und die gesellschaftliche Ordnung der Sexualität in keinem Gegensatz zueinander. Im Gegenteil, die Gesellschaft der Primitiven sorgte umsichtig für die Sicherung des sexuellen Lebensglücks. Es herrschte **gesellschaftliche Sexualbejahung** (nicht etwa über Duldung). Mit dem Einbruch der sexuellen Zwangsmoral schlug die Sexualbejahung in **Sexualverneinung** um. Derart geriet die Sexualkultur auf den Weg der Sexualverrohung. Mit der Bremsung der natürlichen Geschlechtsfreude entstanden alle die Erscheinungen, die man heute "Sexualität" nennt und nicht anders als verdammenswert denken kann: Neurosen, Perversionen, Frauen- und Kinderversklavung und sexuelle Dissozialität. Der Prozeß der Sexualunterdrückung, gesellschaftlich und nicht biologisch entstanden, leitete einen zweiten gesellschaftlichen Prozeß ein, den wir als die Spaltung der einheitlichen Gesellschaft gleichberechtigter Volksgenossen in zwei Klassen, in Besitzer von Produktionsmitteln und Besitzer von Arbeitskraft, kennenlernten. Er bedeutete eine fortschreitende Konzentration der gesellschaftlichen Macht in wenigen Händen, wie sie uns als fürstliche Macht im Altertum und Mittelalter entgegentritt. Die Klassenteilung hielt und festigte wieder die Sexualunterdrückung. Mit der Ära des Christentums wird die Sexualunterdrückung in besonderer Form **organisiert**.

In der ersten sozialen Revolution des 20. Jahrhunderts, die sich in Rußland vollzog, konnte man zum ersten Male ein Umschlagen der Sexualverneinung in Sexualbejahung beobachten. Dieser Prozeß wurde nach einigen Jahren unterbrochen. Das ändert nichts daran, daß hier eine gesellschaftliche Bewegung in Gang kam, die das genaue Gegenteil des entgegengesetzten Umschwungs im Beginne der patriarchalischen Ordnung darstellte.

Die Gesetze der Wirtschaft, also der Ordnung der materiellen Lebensbefriedigung, waren durch Marx erforscht. Eine Ökonomie der sexuellen Energie gab es noch nicht. Denn keine soziale Bewegung hatte diese Frage noch aufgeworfen. Die russische Revolution war die erste soziale Umwälzung, die vor allem durch die Gesetze, dann aber auch durch die vielen Unklarheiten die Frage der gesellschaftlichen Sexualökonomie aufrollte. Sie schien sich mir in drei Teilen erfassen zu lassen:

1. **Wie sind die natürlichen biologischen Abläufe der Sexualenergie?**
2. **Wie ist die Gesellschaft konkret strukturiert?** Widerspricht oder entspricht sie einer sexualökonomischen Ordnung der Geschlechtlichkeit?
3. **Welche Hindernisse stellen sich auf Grund konservativer Ideologien und wirtschaftlicher Schwierigkeiten dem Umschlagen der sexuellen Unordnung zur sexuellen Ordnung in den Weg?**

Die Sexualfrage rückte nun aus dem privaten Bereiche, in dem sie trotz der Bemühungen einzelner Sexualforscher kümmerlich gehaust hatte, in den Bereich der großen Fragen der gesellschaftlichen Politik, und zwar an erste Stelle neben die Wirtschaftsfragen. Sie war weder "Überbau", wie die Marxisten konsequent mißverstehend behaupteten, noch ein "Produktionsverhältnis", wie **Engels** es in Anlehnung an den Wirtschaftsbegriff formuliert hatte, zur "Erzeugung von Nachkommen". Unterschied man die Sexualenergie von den **Formen**, in denen sie wirkte, diese wieder von der **menschlichen Struktur** und von den **Ideologien** über das Sexualleben, so war klar: **Die menschliche Struktur wird durch die Art bestimmt, wie die jeweiligen Formen der gesellschaftlichen Organisation einer bestimmten Zeit die biologisch gegebene Sexualenergie beeinflussen.** Die so geformten Strukturen, **produziert** durch das gesellschaftliche Sein, **reproduzieren** ihrerseits die moralistischen Anschauungen über die Sexualität. Und von da aus die Anschauung über "Gut" und "Böse" überhaupt. Alle Ethik ist im Grunde antisexuell. Diese Behauptung hat nichts mit Anarchismus zu tun. Die sexualökonomisch organisierte menschliche Struktur muß notwendigerweise eine grundsätzlich andere Sexualanschauung entwickeln als die zerrüttete Struktur, die von ihrer Sexualenergie weder etwas fühlt noch weiß. Die reproduzierte antisexuelle Moral beruft sich zum Nachweis ihrer Existenzberechtigung genau auf das, dem sie ihren Ursprung verdankt: **auf die unnatürlichen, krankhaft verzerrten Sexualäußerungen des pa-**

triarchalisch erzogenen Menschen. Die Sexualunterdrückung war früher da als die sexuelle Zwangsmoral und hat diese geschaffen. Ebenso war die Sexualmoral früher da als das, was sie unterdrücken will, nämlich die sekundären Triebe. Sie hat die sexuelle Unordnung in die Welt gesetzt. Daher ist die Aufhebung der moralistischen Regulierung des Geschlechtslebens und ihre schrittweise Ersetzung durch die natürliche Regelung des Liebeslebens auch die erste Voraussetzung zur Aufhebung dessen, was die sexuelle Zwangsmoral **mit Recht** zu beseitigen wünscht: der sexuellen Dissozialität und Perversität, der sexuellen Vergewaltigung und Erniedrigung.

Bald lernte ich, daß ich etwas anderes meinte als die Priester, mit denen ich zu diskutieren hatte, wenn ich von "Sexualität" sprach. Sie meinten das, was heute sichtbar ist und sich betätigt, also die kranke Sexualität. Ich meinte das, was in der Tiefe des Organismus verborgen liegt. In der Verdammung der heutigen Äußerung der Sexualität konnte ich mich mit den Priestern einverstanden erklären. **Doch ich glaubte keinen Augenblick, daß sie mir in der Bejahung der natürlichen Äußerung des Geschlechtslebens zustimmen würden.** [Dies begann sich in den USA um 1950 herum zu ändern.]

Nunmehr konnte ich die patriarchalisch-kapitalistische Art, die Sexualitätsverhältnisse zu regeln, in den gesamten sozialen Prozeß einordnen. Ich fasse bereits Bekanntes zusammen: Die Sexualunterdrückung stützt die Kraft der Kirche, die sich mit Hilfe von sexuellen Schuldgefühlen und Sexualangst in den ausgebeuteten Massen zutiefst verankert. Dies ist die wichtigste Voraussetzung der heutigen Familien- und Eheordnung, die zu ihrem Bestande Verkümmerung der Sexualität erfordert. Doch sie schafft gleichzeitig die sexuelle Sehnsucht nach Befriedigung sexueller Störungen und Perversionen, die wieder die Familien und Ehen untergraben.

Sie macht die Kinder den Eltern und dadurch auch die Erwachsenen der staatlichen Autorität und der kapitalistischen Ausbeutung hörig, indem sie autoritäre Ängstlichkeit erzeugt. [Sowjetrußland ist ein monopolkapitalistischer Staat.]

Sie lähmt die intellektuelle kritische Kraft der unterdrückten Massen, denn dies zehrt das Hauptmaß an biologischer Energie auf.

Sie lähmt schließlich die zielbewußte Entwicklung der schöpferischen Kräfte und dadurch die Erreichung des von allen verfochtenen Ziels der menschlichen Freiheit.

Derart verankert sich das herrschende Wirtschaftssystem, in dem Ein-

zelne Massen mit Leichtigkeit beherrschen können, in den seelischen Strukturen der Unterdrückten selbst. Als ich dies sah, ahnte ich nicht, wie sehr sich dieser Satz bald darauf durch die Hitlerdiktatur [und die Entwicklungen in Rußland] bestätigen würde.

Aus allen diesen Zusammenhängen folgte mit Selbstverständlichkeit die sexualpolitische Praxis, die ich nun auch in Deutschland in Gang setzte. Sie hatte sich von der alten Sexualreform , die unpolitisch war, scharf abzugrenzen. Sie hatte den Kampf um die sexuelle Befreiung dem allgemeinen Freiheitskampfe einzuordnen. Sie hatte ferner aus dem lebendigen Kampfe die Erfahrungen der jeweiligen Praxis zu sammeln und immer wieder neu anzupassen. Sie hatte schließlich den Kampf mit allen Mächten aufzunehmen, die sich rechts wie links gegen die bewußte Lenkung des sexuellen Befreiungsprozesses anstemmten. [Meine Arbeit war immer vorwärts gerichtet.]

Die wissenschaftlichen Grundlagen waren trotz allem Reichtum an erlangten Einsichten noch allzu lückenhaft. Es ist nicht klar, wie tief die Lustangst der Menschen verankert ist, und vor allem wie sie verankert war. Das mußte die lösende Arbeit erschweren, trotz der starken positiven Sehnsüchte, die ich überall antraf. Doch von der Sehnsucht zur Erfüllung führt ein harter, langer Weg. Desgleichen empfand ich deulich, daß ich keine korrekte Antwort auf die Argumente und Missetaten derjenigen "Kunde" hatte, die sich "Erbwissenschaft" nannte. Hitlers Rassenunsinn machte sich bereits deutlich fühlbar. Die Sozialisten argumentierten dagegen logisch. Doch es ging nicht um Verstandesfragen und noch weniger um Schädelsformen. Doch ich konnte mein politisches Gewissen beruhigen. Vorläufig gab es genügend gesicherte Erfahrungen, um der Bewegung eine solide wissenschaftliche Basis zu geben. Und zuviel auf einmal zu wollen, war ungut.

Die Arbeit in Deutschland ging nicht von wohlberechneten Plänen und Zielsetzungen aus. Dazu war das Gebiet zu weit und praktisch zu wenig erfaßt. Ich konnte mich darauf verlassen, daß mir die Sexualpolitik auf Schritt und Tritt wie früher begegnen würde. Ich brauchte sie gar nicht "heranzutragen" oder agitatorisch einzubläuen. Bald zeigte es sich, daß die gesellschaftlichen Zustände und die Fehlerhaftigkeit der sozialistischen Parteipolitik selbst die korrekte Antwort herausforderten. Dies darzustellen ist die Aufgabe der folgenden Abschnitte.

KAPITEL 6

ALLE SIND "BEGEISTERT" (1930 – 1933)

1933 wurde ich von der kommunistischen Partei heftig kritisiert, 1934 aus der internationalen psychoanalytischen Vereinigung ausgeschlossen. (Es muß gesagt werden, daß beide Organisationen in Deutschland nicht mehr existierten.) Das waren Katastrophen, die meine persönliche, fachliche und soziale Existenz bedrohten. Sie stellten darüber hinaus die weitere Entwicklung der Sexualökonomie in Frage. Ich fand mich plötzlich sozusagen im luftleeren Raum, fern vom Massenleben. Die verleumderische, zur Vernichtung meiner Arbeit und Existenz entschlossene Haltung der Sozialisten, Kommunisten und Psychoanalytiker stand in einem merkwürdigen Widerspruch zur Anerkennung, die dieselben Personen und Organisationen meinen Anschauungen und Leistungen zollten.

Als ich 1930 nach Berlin kam, war ich, trotz der ersten bösen Erfahrungen in Wien, ahnungslos für das, was mich später traf. Erst nach der kompletten Loslösung von jeder Organisationsbindung bekam ich Muße, die Haltung der Menschen auf mich wirken zu lassen. Daraus habe ich politisch das beste gelernt. Manches wäre anders abgelaufen, hätte ich die notwendige Voraussicht damals besessen. Jede Veränderung meiner wissenschaftlichen Position kostete böse Opfer, die ich bringen mußte, nicht vermeiden konnte. Sie stellten unerläßliche Geburtswehen dar bei der Entstehung wesentlicher Erkenntnisse über Massenpsychologie und hatten auch die Funktion, die Härte der Entschlossenheit zu produzieren, die für die Durchführung der Sache notwendig war, um nicht dem Druck der irrigen öffentlichen Meinung nachzugeben.

In Berlin stellte sich die erste enge Verbindung zu den deutschen Psychoanalytikern her. Sie waren in sozialen Fragen weit fortschrittlicher als die Wiener. Die Jugend atmete freier. Meine Orgasmustheorie fand mehr Verständnis. Die marxistische Soziologie war wenig systematisch diskutiert. Von den Analytikern galt nur Fromm als marxistischer Soziologe. Er publizierte um diese Zeit seine *Analyse des Christusdogmas*, eine außerordentlich wertvolle Arbeit. Doch sie fand den Anschluß weder an die sexualökonomischen Fragen noch an die aktuelle Politik. Fromm hörte in einem ausführlichen Gespräch, das wir bald nach meiner Ankunft in Berlin hatten, meiner sexualökonomischen Deutung zu. Es leuchtete ihm ein, daß einzig die sexuelle Energie zur Aufhellung massenpsychologischer Dynamik hinreichte. Zum Beispiel wären Vater- und Muttervorvorstellung die zentralen Inhalte jeder Religion. Zwar könnte der soziologische Charakter einer Religion nur aus ihrer Zeit erklärt werden. Doch daß die Menschen überhaupt religiöse Mystik produzieren und benötigen, wäre ohne die Kenntnis ihrer Sexualökonomie unverständlich. Vor allem bedürfte der Affektgehalt jeden religiösen Erlebens der sexualenergetischen Erklärung, ebenso wie die Sündenlehre und der Asketismus.

In meiner Wohnung in der Schwäbischen Straße legte ich meine Grundanschauungen in Anwesenheit von drei jungen Analytikern, Erich Fromm, Barbara Lantos und Otto Fenichel, dar. Vor allem die Methode der Einordnung der psychoanalytischen Theorie in die marxistische Soziologie. Mit Fenichel, den ich von Wien her kannte, hatte ich oft stundenlange Diskussionen über die psychologischen Grundsätze der sozialen Bewegung. Er gehörte keiner Partei an, hatte nur wenig soziologische Literatur gelesen und nie eine Straßendemonstration mitgemacht oder an praktischer sozialer Arbeit teilgenommen. Ich verstand, daß er sich davon fernhalten wollte. Meine dialektisch-materialistische Kritik der Psychoanalyse verstand und akzeptierte er. Er nahm gerne meinen Vorschlag an, mir bei der Organisierung der jungen Psychoanalytiker zu praktischer sozialer Arbeit zu helfen. Er tat es etwa zwei Jahre lang ordentlich. Da ich bald viel Arbeit außerhalb der Fachvereinigung hatte, überließ ich ihm diese Funktion gerne. Ich ahnte noch nichts von der Falle, die ich mir dadurch selbst gelegt hatte. Alles schien in Ordnung. Nur zwei Dinge wollten mir nicht recht gefallen. Erstens seine Abneigung gegen einfache Teilnahme an der praktischen sozialen Arbeit, die wesentlich zum richtigen Verständnis der Menschen ist. Zweitens sein komplettes Unverständnis für den unvereinbaren Gegensatz von materialistischer Dialektik [meinem noch unentwickelten Funktionalismus][19] und abstrakter Logik. Auch **Bernfeld**, der gelegentlich an unseren Diskussionen teilnahm, verstand die Wirklichkeit des dialektischen Prozesses nicht. Die materialistische Dialektik wäre, meinte er, ebenso nur eine Form des Denkens wie die abstrakte Logik. Ich gab es bald auf, sie zu überzeugen.

[19] *SB: Zu diesem Zeitpunkt schrieb ich meinen Funktionalismus Engels zu wie ich meine Sexualökonomie der Freudschen Psychoanalyse zugeschrieben hatte. Meine eigenen Ideen und Gedanken strömten frei in eine fremde Umgebung, die sie nicht aufnahm und auch nicht aufnehmen konnte.*

[SB: In Deutschland vertrat zu dieser Zeit der Marxismus eine akademische Position ähnlich der des "Deweyismus" in den USA. Der Marxismus war noch nicht so schlimm beschmutzt durch seine Verwechslung mit dem nackten Morden nach Stalin-Art. Die Massenmorde während der russischen Kollektivierung der Landwirtschaft standen uns gerade bevor. Ebenso die berüchtigten Moskauer Prozesse, die Aufhebung der Sexualgesetze und die uniformierten, ordenbehängten Marschälle der UdSSR.

Der Kampf gegen die politische Pest des roten Faschismus litt in den USA in den 50er Jahren schwer an den verschiedenen Lücken im Verständnis des roten Faschismus und des Faschismus im allgemeinen von seiten demokratischer Freiheitsorganisationen in den unteren Schichten der Bevölkerung. Bis etwa 1932 dachte - wenigstens in Mittel- und West-Europa - kein Mitglied der kommunistischen Parteien - selbst die fanatischsten nicht - ernsthaft an die gewaltsame Regierungsübernahme gegen den Willen der Bevölkerungsmehrheit. Solche Tendenzen oder Handlungen waren in allen sozialistischen oder kommunistischen Kreisen als "Putschismus" verrufen. Wann immer solche Putschversuche von kleinen und unbedeutenden politischen Gruppen gemacht wurden, wandten sich die Sozialisten und Kommunisten von ihnen ab. Die Politik war die ganze Zeit über, die Macht in der Gesellschaft durch einen Wahlsieg im Parlament zu erlangen. Dies war die ursprüngliche Vorstellung der demokratischen kommunistischen Bewegung. Lenins Landverteilung an die russischen Bauern, die sich so scharf von der späteren Kollektivierung und gewaltsamen Verstaatlichung der bäuerlichen Betriebe durch Stalin unterschied, war ein deutlicher Ausdruck dieser Politik.

In scharfem Gegensatz zu diesem demokratischen Kommunismus mit seiner Herrschaft von unten, d.h. Wahlen statt der Ernennung von Funktionären, steht der rote Faschismus, der jedes demokratische Kennzeichen des Kommunismus in sein Gegenteil verkehrt hat.

Erschleichung der Macht einer Minderheit durch Terrorismus.

Erschleichung der Macht durch Verschwörung und heimliches Manövrieren statt offener Wahl.

Durch den Gebrauch von Gewalt, die Stärke der kommunistischen Partei und das Verlassen auf die militärische Macht Rußlands, das 1936 ein offen imperialistischer Staat war, der nur eines mit dem demokratischen Kommunismus gemein hatte: das Vertrauen auf die Hoffnung der Menschen auf eine bessere Zukunft. Die roten Faschisten beuteten diese Hoffnung über die Maßen aus und mißbrauchten sie wie niemals

zuvor in der Geschichte.
Diese Unterscheidungen sind genauso scharf wie unerläßlich für eine erfolgreiche Besiegung - mit möglichst wenigen Opfern - der politischen Pest des roten Faschismus. Die innere Dynamik dieser Wandlung vom demokratischen Kommunismus zum roten Faschismus liegt im Zögern und der Unfähigkeit der Menschen, ihr Leben selbst zu bestimmen.]
Die Vereinigung sozialistischer Ärzte lud mich zu einem Vortrag über mein Spezialgebiet der Neurosenprophylaxe ein. Vor etwa 200 Ärzten und Studenten konnte ich mit gutem Kontakt darlegen, was ich unter dem Begriff der Neurosenprophylaxe an sozialen Aufgaben für eine ernste psychoanalytische Arbeit ansah. Ich erntete viel Verständnis, ja Begeisterung.
Die sozialistischen und kommunistischen Studentenorganisationen veranstalteten eine Massenversammlung über das Thema "Fiasko der bürgerlichen Moral". Auch die Organisation der faschistischen Studenten war vertreten. Ebenso eine Kompagnie des roten Frontkämpferbundes. Nach dem Vortrag hatte ich viele Fragen nationalistisch gesinnter Studenten zu beantworten, vor allem solche über "Selbstbeherrschung", "Würde", "Treue", "Charakter", etc. Die Stimmung war gut. Die Diskussion wurde bis fünf Uhr früh fortgesetzt. Kommunisten, Sozialisten und Faschisten unterhielten sich über diese Fragen erregt, doch ohne jede Gewaltanwendung. Die proletarischen Teilnehmer schienen außerordentlich zufrieden zu sein, denn als ich um ein Uhr nachts wegging, riefen sie mir ein sehr kräftiges "Rotfront" drei Mal zu. Das taten sie sonst nicht oft, besonders nicht bei Intellektuellenvorträgen.
Die Marxistische Arbeiterhochschule (MASCH) veranstaltete Kurse über die Themen "Marxismus und Psychologie" und "Sexuologie". Im Sommersemester 1931 hielt ich in einer Schule in der Gartenstraße den ersten, im Herbst den zweiten Kursus ab. Die Teilnehmerzahl stieg von Stunde zu Stunde. Im Sexuologiekursus erreichte sie die Höhe von 250 Hörern aus allen Schichten. Im ersten Kursus, der schwieriger war, saßen politische Funktionäre, Studenten, Lehrer etc. Es waren ungefähr 80 bis 100. Meine Schriften wurden durch den Apparat der MASCH ins ganze Reich geleitet.

Nach wenigen Wochen hatte ich durchschnittlich zweimal in der Woche in Versammlungen zu sprechen. Sie waren sehr lehrreich. Denn ich mußte nicht nur den Stoff in einfacher Sprache beherrschen, sondern auch lernen, die vielfältigen und zahllosen Fragen und Einwände korrekt zu beantworten. Und die deutsche Jugend forderte viel. Vor allem unbedingte Klarheit und Einfachheit. Schon in diesen Zusammenkünften beherrschte die kulturpolitische Seite des Themas immer mehr die Diskussion. Das Wirtschaftspolitische trat in der Form, wie man es sonst hörte, zurück, um in **anderer neuartiger** Form wiederzukehren. Statistiken wurden nur zur Illustration gebraucht. Die Fragen wurden **persönlicher** gestellt. Etwa so: "Ist die Wohnbaukultur bereits so weit, um rasch und wenig reibungsvoll auf die hygienischen Forderungen der Masse umgestellt zu werden?"**Daß** privater Hausbesitz eine solche Hygiene nie zulassen würde, war zu selbstverständlich, um besonders begründet werden zu müssen. "Werden nicht die verdorbenen Strukturen der Mehrzahl der heutigen Lehrer und Kinderpfleger sich den Absichten einer sexualbejahenden Kindererziehung entgegen stellen?" "Wie müßte die Güterverteilung organisiert werden, um sie zur sicheren Basis eines stetig ansteigenden kulturellen Niveaus der arbeitenden Masse zu machen?" Wir sprachen also nicht über die "Prinzipien der Sozialisierung." Sie sollten ja erst einen Zweck erfüllen, ohne den sie auch ruhig wegbleiben konnten: Sie sollten der Sicherung der **Lebensfreude aller**, die Werte schaffen, dienen! **Wir kamen also zu den Fragen der Wirtschaft von den menschlichen Bedürfnissen und nicht, wie die marxistischen Ökonomisten, von geschichtlichen oder ökonomischen Prinzipien her, die die Masse nicht interessieren.** Man mußte in solchen Auseinandersetzungen persönlich restlos ehrlich sein. Unehrlichkeit oder würdevolles Autoritärsein rächte sich rasch und gründlich. Einmal fragte mich ein junger Arbeiter, weshalb ich mich denn überhaupt dieser sozialen Arbeit widmete. Ich hätte doch eine gute soziale Position, verdiente Geld und könnte Karriere machen! Da müßte doch etwas nicht in Ordnung sein. Ich wollte wohl meine Existenz nach der Zeit der sozialen Revolution sichern. Ich konnte nicht anders anworten als ich fühlte: Persönlich hätte ich es gar nicht nötig. Doch ich lernte für meine wissenschaftliche Arbeit sehr viel dabei. – "Also sind wir Versuchskaninchen!" – Und ehrlich gesagt: Wenn man selbst ein mit Schinken belegtes Butterbrot ißt, dann wird man im Genuß gestört, wenn daneben ein Mensch ausgehungert und neidisch-grimmig zuschaut. Da die Wirtschaft reich genug für alle ist oder sein könnte, wenn sie nicht lebenswidrigen Zielen diente, etwa dem Kriegführen, arbeitete ich gerne dafür, daß alle ebenso wie ich ihr "belegtes Butterbrot" haben. "Das ist eine primitive Auffassung von klassenbewußtem Sozialismus", konnte man hören. Darauf konnte von irgendwoher aus dem Saale die Antwort kommen: "Steck Dir Deinen geschichtlichen Sozialismus hinter die

Ohren. Laß uns erst mal für uns selbst sorgen, und Dein Sozialismus kommt sicherer, als wenn Du nur ständig krähst." So war es! Und daraus wuchsen allmählich die tiefen Überzeugungen von der richtigen Einstellung zu sozialen Fragen, die ich erst nach dem Zusammenbruch 1933 zu einem größeren Bilde zusammenfassen konnte: **Von den Bedürfnissen zur Wirtschaft!!** Entwickele soziale Anschauungen aus der praktischen Erfüllung menschlicher Bedürfnisse statt menschliche Bedürfnisse um der politischen Macht willen zu beleidigen.

In der praktischen Arbeit unter den ungeschulten und politisch meist uninteressierten Mitgliedern der Organisationen war nur **eine** Art des Auftretens möglich und erfolgreich: **Die Gewinnung des persönlichen und menschlichen Vertrauens, die Vermeidung jeder Theoretisiererei und die Weckung des Bewußtseins für die kleinen und großen persönlichen Nöte.** War dies geleistet, so wurde die sozialistische Zielsetzung zur Selbstverständlichkeit. Von Anbeginn machte ich die Erfahrung, daß mit den politischen Broschüren der Parteiorganisationen nichts anzufangen war. Ich tröstete mich wie viele andere mit der Auskunft, daß wir durch die persönliche Art der Arbeit allmählich dazu gelangen würden, die hohe Politik, die die Parteien trieben, den einfachen Mitgliedern nahezubringen. Erst der Zusammenburch zwei Jahre später befreite restlos von dieser Illusion. Von den heutigen Einsichten her gesehen wird die damalige Art der Massenarbeit einfach lächerlich. Die Parteifunktionäre versuchten in der Tat durch hochpolitische Referate und ökonomische Darlegungen "zu schulen". Ich erinnere keine Gruppensitzung, in der die Mitglieder nicht schwer gegen Schläfrigkeit angekämpft hätten. Es waren bewußte Kommunisten. Wie weit entfernt von dieser Art Denkens und Lebens mußte die Masse sein!

Ich erinnere eine riesenhafte Sportpalastversammlung, in der Thälmann vor etwa 20.000 Arbeitern und Mittelständlern sprach. Kurz vorher hatte es bei einer Demonstration Tote gegeben. Die Stimmung war auf Siedehitze gestiegen. Die Aufmachung des Fahnenträgeraufmarsches war gut. Man wartete gespannt auf die Rede. Thälmann erschlug binnen einer halben Stunde die Stimmung, setzte sie auf Null. Er entwickelte das komplizierte Budget der deutschen Bourgoisie. Es war furchtbar. Besonders katastrophal wirkte sich die pseudowissenschaftliche "Erziehung zum Klassenbewußtsein" mit Hilfe hoher Politik in den Jugendorganisationen aus. [Es war immer wieder erstaunlich, die Achtung von Intellektuellen und der Bourgeoisie vor diesem schwachen, leeren und böswilligen Massen Betrug zu erleben.]

Ich hatte mich auf Besuch der typischsten Jugendabende konzentriert, nur um zuzuhören und Fühlung zu bekommen. In den kommunistischen Jugendzellen herrschte strenge organisatorische Formhaftigkeit. Bei den Fichte-Sportlern war es etwas besser. Die Jugendlichen hielten tapfer die Stunde des Referats durch, aus gewohnter Disziplin, um ihren guten Willen zu zeigen. Kontakt mit der breiten Arbeiterjugend hatten die Jugendfunktionäre teilweise nur an großen Demonstrationstagen. Unausgesetzt quälten sich diese Jungendfunktionäre mit der Frage ab, wie man an die Jugend "herankommen sollte". Sie teilten in den Häusern Flugblätter und Broschüren aus. Sie malten mit roter Farbe nachts von der Polizei bedroht, Parolen auf Wände und Asphaltstraßen. Sie veranstalteten Jugendversammlungen. Alles vergebens. Die Jugend blieb aus. Und in den Jugendorganisationen herrschte unaufhörlicher Wechsel der Funktionäre und Mitglieder. Ich machte lange Zeit die Werbearbeit mit. Dabei prägte sich mir unauslöschlich die Erfolglosigkeit, mehr, die **Schädlichkeit** dieser Art Werbung ein. Die Werbungen wurden just am Sonntag, auch bei schönstem Wetter durchgeführt. Das entsprach der heroischen Verzichtideologie. Der kommunistische Funktionär dürfte kein Privatleben haben. Offiziell gab es keine Sexualfragen. Privat herrschte eine kameradschaftliche Haltung ohne jede Spießigkeit. Doch ebenso häufig war streng asketische Haltung. Da die sexualpolitische Haltung der kommunistischen Jugend nicht offiziell vertreten war, konnten die "Klassenkämpferischen" Asketen das Feld beherrschen. In Diskussionen über sozialistische Moral hörte man viel von den neuen moralischen Haltungen, doch nichts über konkrete Dinge, wie sie im Alltag tausendfach das Leben durchsetzen. Für die Massenpropaganda gab es keine sexualpolitischen Broschüren, nur einfallsreiche wirtschaftspolitische und hochpolitische. Über die Lage der Arbeiterschaft im Kapitalismus, über die "Betriebssozialisierung" in der Sowjetunion, über die Frauen im Betrieb etc. Mit diesen Broschüren klingelte man an den Türen und bot die Broschüren an. Man sollte wenn möglich ein Gespräch anfangen und über die Massennot aufklären. Kommunisitsche Wähler, die man im Gruppenbereiche kannte, kauften die Broschüren. Sozialdemokraten schlugen die Türe wütend zu, wenn sie eine kommunistische Broschüre erblickten. Indifferente lehnten unwirsch ab. Der Absatz war elend und deprimierend. Die Werbearbeit auf dem Lande war nicht weniger unglückselig. Die Landbroschüren strotzten von Zahlen und Vorschlägen zur Kollektivierung nach russischem Muster. Einmal war ich als Sprecher auf einer Landarbeiter-

und Bauernversammlung in der Nähe von Berlin bestimmt. Die russische Kollektivierung und den Aufbau der Sowjetgüter kannte ich gut. Es gelang mir auch, die Sache gut vorzubringen. Als ich geendet hatte, gab es keine einzige Frage zu meinem Thema, keinen einzigen Beitrag zustimmender Art. Doch einige Bauern fragten, was mit der Kirche im Falle einer Revolution geschähe!

Den ersten tiefen Eindruck von der Kluft zwischen Politik und Fach erhielt ich bei einer Bauernwerbearbeit, bei der ein Funktionär die Vorteile der sowjetischen Kollektivierung der Landwirtschaft gut geschildert hatte, doch eine beschämende Abfuhr erhielt: Ein Bauer hörte ruhig zu, dann holte er Korn aus der Tasche, streckte es dem Funktionär vor die Nase und fragte: "Was ist das?" Der Funktionär hatte keine Ahnung. Die Werbung war abgeschlossen.

Zur Werbung auf dem Lande wurden auch Rotfrontkämpferabteilungen hinausgeschickt, die Lieder singend und militärisch auftretend oft Eindruck machten. Sie weckten Neugierde, doch die geringe Sympathie wurde übertönt von der tiefen Angst vor dem Militärischen. Die Nationalsozialisten hatten damit deshalb mehr Erfolg, weil sie ihre Ortsgruppen in den Dörfern selbst hatten, viel brutaler waren und außerdem reaktionäre bäuerliche Ideologie scharf vertraten, vor allem die nationalistische Familien- und Heimatideologie. Das war so auffällig, daß ich staunte, wie wenig es von unseren Leuten beachtet wurde.

In den Landversammlungen zeigte es sich, daß die kommunistischen, sozialdemokratischen und nationalsozialistischen Redner der gleichen Schicht, oft demselben Beruf angehörten. Ich fragte mich, wie das möglich wäre. Keinem fiel es besonders auf, daß der Bauer "Revolutionär" genannt wurde, wenn er für die Kommunisten, "Reformist", wenn er für die Sozialdemokraten und "Reaktionär", wenn er für die Nationalsozialisten sprach. Die Gesinnung allein, die die meisten rasch wechselten, reichte aus, um ihre Träger zu klassifizieren. Wie war es möglich, daß Menschen derselben sozialen Lage in so verschiedene, mit gleichem Eifer vertretene politische Lager gespalten waren?

Die Demonstrationen in Berlin waren viel strammer organisiert als in Wien. Man marschierte militärisch, sang die revolutionären Lieder gut. Man versuchte die Aufmerksamkeit der Menschen auf sich zu lenken, indem man "Rotfront" oder anderes rief. Doch die Bevölkerung hatte sich daran gewöhnt. Da ich alle größeren Demonstrationen mitmachte, konnte ich mich überzeugen, daß sie weit mehr der eigenen Aufmunterung als der Gewinnung der Bevölkerung dienten. Man demonstrierte

seinen Mut und seine ehrliche Entschlossenheit, auch sein Leben für die Sache hinzugeben, doch die Masse war indifferent. Ein paar Tausend Demonstranten in einem Berlin machten keinen besonderen Eindruck. Die Diffamierung durch den Ausdruck "Kommunist" wirkte sich überdies aus.
Besser war es bei den großen Maidemonstrationen. Die KPD brachte etwa 80.000 bis 100.000 Menschen im Lustgarten auf, die SPD etwas mehr. Die Strecken, die der Demonstrationszug passieren durfte, waren streng abgesteckt. Die Polizei war scharf. Am ersten Mai 1931 meldete ich mich zum Ordnerdienst. Die Ordner waren durch rote Armbinden gekennzeichnet. Sie hatten die Aufgabe, den Zug zu flankieren und vor angreifender Polizei zu schützen. Ich begleitete mit einem Trupp einen Kinderzug. Die Kinder sangen frisch und fröhlich, ohne daran zu denken, ob es verboten war oder nicht. Manche Lieder waren streng verboten. So der "Rote Wedding" von **Erich Weinert**. Als das Lied erklang, stürzten mit einem Male Dutzende Schupos von den Autos und schlugen blind in die Kindergruppe hinein. Es gelang uns noch im letzten Augenblick, unsere Hände so fest ineinanderzufügen, daß die Polizistenkette nicht voll durchbrach. Wir redeten auf die Schupos ein. Ich staunte über das Maschinelle dieser Polizistenüberfälle. Immer wieder hatte ich bei solchen Gelegenheiten den Eindruck, daß an die Stelle eines lebendigen Denkens und Fühlens eine automatisierte Reaktion tritt: **Verbotenes Lied – Knüppel vom Gurt!!**
Die Pistolen saßen den Schupos locker in der Tasche. Es gab kaum eine Versammlung, bei der nicht Schüsse fielen. Niemals habe ich Versammlungsteilnehmer die Polizei angreifen gesehen. Wohl kam es vor, daß jugendliche Sozialisten übliche Rufe ausstießen. Ich glaubte zu bemerken, daß die Polizei nervös wurde, wenn sie als "Kapitalistengarde" bezeichnet wurde. Doch oft kam es zu Zusammenstößen, wenn ein typisch preußischer Polizeileutnant, nur um großzutun, seine Leute zu kommandieren anfing. Die berittene Polizei pflegte mit besonderer Vorliebe ihre staatliche Autorität dadurch zu demonstrieren, daß sie durch die Menge ritt und erwartete, daß man ihr Platz machte. Immer wieder diese Betonung der staatlichen Autorität, die Erziehung des Staatsuntertanen. Es war provokant, und die Versammlungsteilnehmer waren nicht gerade wenig selbstbewußt.
Der Haß gegen die arroganten Polizeioffiziere war groß. Doch der gegen die Mannschaft nicht minder. Daß es Arbeiter- und Bauernsöhne waren, kam nicht in den Sinn. Sie schossen und prügelten, also haßte man sie.

Auch hier kämpften nicht Kapitalisten gegen Arbeiter, sondern Arbeiter in Uniformen gegen Arbeiter ohne Uniformen.
Hatte schon in Wien die praktische soziale Arbeit die Grundlage für eine empirische Massenpsychologie gelegt, so bot sie in Berlin großartige Möglichkeiten, nicht nur die Anschauungen zu präzisieren, sondern auch den Umbau im persönlichen Denken und Fühlen zu vollenden. Die Atmosphäre der weltfernen, akademischen Stubengelehrsamkeit wurde schließlich unerträglich. Umso schmerzhafter mußte man sie verspüren, wenn man sie mitten in der Organisation antraf, die sich zum Ziele gesetzt hatte, die deutsche Gesellschaft auf neue Grundlagen zu stellen. Ich wurde in den Kreis der wissenschaftlichen Organisation der Partei eingeladen, der damals der kluge und wissenschaftlich so produktive **Karl August Wittfogel** vorsaß.
Es gab einige Ökonomen und sehr viele, allzuviele Philosophen. In den Diskussionen fiel die Angst auf, sich freimütig seinen Gedanken zu überlassen. Man war zwar uneinig, doch stets nur im Rahmen eines Denkens, das die Partei streng gezogen hatte. Gegen die "Parteilinie" zu verstoßen, war gefährlich. Nun konnte die Partei zwar in der allgemeinen Linie der Anschauung eine Wegweiserin sein, doch nicht mehr als das. Sie konnte nicht sachliche Fragen in jedem Falle parteilich entscheiden. Das hing durchaus vom jeweiligen Funktionär ab. Der eine war der Psychologie nicht abgeneigt. Also konnte man unter seinem Regime die Probleme der Psychologie in der sozialistischen Bewegung erörtern. Der andere verstand nichts davon und war daher feindselig. Also hatte die Psychologie in der Politik nichts zu suchen. Ich verstand sehr bald, daß diese Haltung nicht nur sture Borniertheit war. Wenn eine Massenpartei sich Fragen gegenübergestellt sieht, wie sie damals Deutschland erschütterten, wenn sie nicht über die selbständigen wissenschaftlichen Köpfe in genügender Zahl verfügt, nicht über die freien Geister, die dazu gehören; wenn die denkgeschulten Menschen ihre geistige Kraft an nebensächliche, akademische Fragen vergeuden, wenn Massen nach Antwort rufen, ohne sie selbst geben zu können, dann hält sich begreiflicherweise die kleine Schar der Vorkämpfer einer schwierigen Sache an eine "Linie" wie an ein Rettungsseil. Daß man dabei nicht frei schwimmen lernen kann, ist klar. Dann scheint es besser zu sein, wenige Probleme halbwegs gut zu lösen, als sich die klare Gesinnung durch Geistesakrobaten vernichten zu lassen. "Scheint" sagte ich. Denn ohne die ernste und umfaasend organisierte, radikal gesinnte wissenschaftliche Forschung lassen sich die tausende Fragen nicht korrekt bewältigen, die die Massen-

bewegung stellt. Dies zuzugeben, konnte dennoch die Art, wie die Partei ihre Schwierigkeiten zu lösen versuchte, nur verderblich sein. Sie hatte gar **Angst vor der Masse** erarbeitete ich nicht nur die spätere *Massenpsychologie des Faschismus*, sondern auch viele der praktisch-organisatorischen Grundsätze, die ich erst jetzt, viele Jahre später der Welt vorlege.

In der Sektion der Akademiker fand ich also alle bösen Eigenschaften des Akademismus, nur "revolutionär" verbrämt, wieder. Da gab es einen Philosophen **Kurt Sauerland**, der später ein Buch über den "Dialektischen Materialismus" herausgab. Darin war **Stalin** als der größte Philosoph der Zeit hingestellt. Dieser Mensch verseuchte und beherrschte die Parteiintelligenz mit seinen Dogmen, die er für dialektisch-materialistische Philosophie ausgab. Er verwechselte auf die bornierteste Weise Tagesparolen mit wissenschaftlicher Forschungsmethode. Einige junge Ökonomen kamen auf die Idee, die Marxsche Wertlehre bildlich darzustellen und so dem Ungebildeten zugänglich zu machen. Ich sah mit anderen den Film. Wir fanden ihn glänzend. Die Philosophen oben ließen ihn nicht herauskommen, obgleich die Mitglieder ihn lobten, denn hier und dort soll er diesem oder jenem Buchstaben bei Marx widersprochen haben. In solchen Diskussionen "oben" konnte man sämtliche Irrationalismen, die einen Menschen verunstalten, am Werke sehen. Entwurzelte Menschen tobten ihre Eitelkeiten aus. Aber immer im Rahmen der "Linie." Sie überschritten sie nie. Sehr oft sprachen ernste Freunde darüber. Wir sahen mit Grauen, wie jede Initiative erstickt wurde. Mein Freund **Neugebauer**, der Reichtagsabgeordneter der kommunistischen Fraktion und ein glänzender, wissenschaftlich geschulter Soziologe und ein anständiger Kerl war, sagte mir einmal: Was soll man denn tun? Hinauswerfen müßte man sie eigentlich, doch kommt besseres nach? Uns fehlt die geschulte Intelligenz. Vorläufig bleibt nichts anderes übrig, als die Zähne zusammenzubeißen.

Noch konnten wir neben den Philosophen ruhig arbeiten. Erst als mein Jugendbuch [20] zur Diskussion gestellt war, prallte ich mit ihnen zusammen.

Hitlers *Mein Kampf* hatte keiner der Parteipersönlichkeiten gelesen. Sich mit dem Gegner auseinanderzusetzen, war nur wenigen eigen, so **Wittfogel, Dunker** und anderen. Die SA marschierte bereits haufenweise drohend in den Straßen. Niemand sah, daß es dieselben Menschen waren, die unsere Kampftruppen bildeten. Dieselben Typen, Arbeiter und Angestellte. Sie galten als reaktionäre Söldlinge.

Im Juli 1931 gab es den Riesenkrach der deutschen Banken. Alles war-

[20] *Der sexuelle Kampf der Jugend*

tete, daß die Kommunisten das entscheidende Wort sprechen würden. Die ersten Äußerungen kamen nach acht Tagen. Seither wußten die Arbeiter in der Partei, daß die Sache verloren war. Die Nationalsozialisten, die 1930 von 800.000 auf etwa 8.000.000 Wähler gestiegen waren, kamen erst da in Schwung. Immer häufiger wurden die "Märsche auf Berlin." Wir hatten in den Zellen zusammen mit den Arbeiterwehrlern Schutztruppen gebildet. Ich war dem sogenannten "Roten Häuserblock" in der Wilmersdorferstraße zugeordnet. Wut über die vielen Toten, die wir hatten, tiefe Überzeugtheit von der guten Sache, die wir vertraten, und praktische Ohnmacht der rollenden Lawine der politischen Reaktion gegenüber, die wir verspürten, führten zusammen zu oft grotesken, wenn auch mutigen Haltungen. Die SA hatte im Juli 1931 wieder einen Übungsmarsch angekündigt. Nachher sollte, hieß es, Berlin besetzt werden. Die Partei mobilisierte. Wir lagen, etwa 30 Menschen, darunter Frauen und Mädchen im Quartier der Zelle und sollten einen eventuellen Angriff auf die Wohnungen abwehren. In der Gruppe gab es drei Pistolen. Und nur vier Männer, die kampferfahren waren. Der Rest war zwar tapfer im Zettelverteilen und -kleben, tapfer in der Gesinnung, doch hier ging es um **Gewalt**. In unserer Not füllten wir Flaschen mit Wasser und stellten sie hundertweise an den Fenstern und Türen auf, um sie der SA an die Köpfe zu werfen. Dies mag ein Bild unter vielen anderen von den "Klassenkampfsituationen" geben. Zum Glück passierte in dieser Nacht nichts. Wäre die SA wirklich angerückt, so hätte es ein blödes Gemetzel gegeben zwischen Menschen gleichen Arbeitsverhältnisse, gleicher materieller Lage und sogar der gleichen Entschlossenheit, "mit dem kapitalistischen Getriebe aufzuräumen".

In den Zeitungen und Büchern las man von totfeindlichen politischen Gruppierungen, Programmen, kapitalistischen und antikapitalistischen Interessen. Hier, in den Zellen, auf der Straße, nachts beim Kleben, bei der Demonstration sahen die Dinge anders aus. **Der Klassenkampf spielte sich zwischen Angehörigen derselben Klasse ab.** Wenn ich mit Freunden aus den Jugendorganisationen darüber sprach, verstanden sie meine Frage: "Woher kommt es, daß diese Arbeiter, Angestellte, kleinen Kaufleute, Hausfrauen, Hausangestellten sich derart aufsplitterten, trotz der gemeinsamen wirtschaftlichen Lage so entgegengesetzte politische Gesinnungen entwickelten?" Die Antwort lautete: "Wir haben sie noch nicht von der Richtigkeit des Klassenstandpunktes überzeugt. Wir haben sie noch nicht gewonnen. Sie werden noch immer von den Kapitalisten verdummt." In meiner Zelle war ein Mechaniker, der auch Chauffeur war. Er nahm an den Besprechungen regen Anteil, stellte Fragen, wollte die Aktivität steigern, doch er konnte mit den schweren theoretischen Antworten nicht zufrieden sein. Er trat zu den Nazis über. Bei der Präsidentenwahl 1932 spuckten ihm seine früheren Zellgenossen ins Gesicht. Er war ein "Verräter". Doch wie, warum? Er unterschied sich nicht besonders von den anderen.

Die Antwort, die mir die Erlebnisse in der praktischen Arbeit brachten, konnte ich im Kreise der Partei nicht vorbringen. Einige schüchterne Versuche hatten mich überzeugt, daß ich mich damit unbeliebt machte. Nicht wenn ich mit Freunden privat sprach. Doch in der offiziellen Zellensitzung. Ich verzichtete schließlich darauf, überzeugen zu wollen und konzentrierte mich auf die sexualpolitische Massenarbeit, die sich von den ersten Monaten 1931 an rasch entwickelt hatte. **Ich kam zu der Überzeugung, daß die Massenpsychologie und Sexualpolitik die Antwort auf die Frage enthielten, die der Faschismus der deutschen Gesellschaft gestellt hatte.**

DER AUFBAU DER DEUTSCHEN SEXPOL

Die Entwicklung der sexualpolitschen Arbeit 1931 und 1932 zwang die Auseinandersetzung mit der faschistischen Ideologie auf. Der Zusammenhang war nicht gesucht. Ich hatte nicht etwa eine Bewegung in Gang gesetzt, die das unmittelbare Ziel gehabt hätte, den "Faschismus zu schlagen" oder "ideologisch zu bewältigen". Die Probleme, mit denen ich in Deutschland wie früher in Österreich zusammenstieß, waren die gleichen, die im Zentrum der faschistischen Massenbeeinflussung standen: **Ehe, Familie, Rasse, Sittlichkeit, Ehre.** Da von Anbeginn zahlreiche Mittelständler, Halbintellektuelle und Mittelschüler zu meinen Gruppen stießen, brachten sie auch das große Interesse mit, das der Mittelstand gerade für diese Probleme hat. Dadurch erweiterte sich der Rahmen der Arbeit in organischer Weise. Sie verteilte sich auf die Jugend, die vorhandenen Sexualreformorganisation, die Freidenker- und Kulturorganisation, die Kinderorganisation und die Frauengruppen.

Einige Monate lang besuchte ich die Jugendgruppen verschiedener Berliner Bezirke, um mit der Atmosphäre Kontakt zu gewinnen. Vorträge lehnte ich mit der Begründung ab, daß ich die Jugendlichen zu wenig kannte und die Jugend nichts von meinen Anschauungen wußte.

Ich arbeitete auf Grund der Wiener Erfahrungen eine "sexualpolitische Plattform" aus. Sie enthielt im wesentlichen die Gesichtspunkte meines

Vortrags am Weltligakongreß 1930. Der Kulturreferent im Zentralkomitee der kommunistischen Partei akzeptierte sie und ich legte sie der Weltligakommission in Berlin vor. An der Sitzung, die darüber zu entscheiden hatte, nahm auch **Leunbach** teil, der später einer der führenden Vorkämpfer der Sexpol wurde. In dieser Sitzung lehnten alle ab, der Vorsitzende des Verbandes für Geburtenregelung, der Sekretär der Weltliga und Leunbach. Die Plattform wurde als "kommunistisch" empfunden und mit kommunistischen Anschaungen wollten die sexualpolitschen Organisationen nichts zu tun haben. Zwar gaben alle zu, daß meine Anschauungen richtig wären, doch man wollte "nicht provozieren". Die Verbände müßten "unpolitisch" bleiben, dürften sich keiner Partei einordnen. So falsch es im Prinzip war, so richtig in der Praxis, wie es sich später herausstellte. Auch ich **mußte** später notgedrungen den überparteilichen, wenn auch nicht unpolitschen Standpunkt einnehmen, nachdem die Bindung der Sache an die Interessen der Partei zu einem Fiasko geführt hatte. [Leider hatte ich zu dieser Zeit noch nicht zwischen "sozial" und "politisch" unterschieden.]
Deutschland umfaßte 1930 etwa achtzig verschieden aufgebaute, gesondert geführte und gegeneinander oft feindliche sexualpolitische Organisationen mit zusammen etwa 350.000 Mitgliedern, also mehr Menschen, als irgendeine der großen Parteien zählte. In diesen Organisationen arbeiteten zwar überwiegend Funktionäre, die gleichzeitig Mitglieder der christlichen, der sozialdemokratischen oder der kommunistischen Partei waren. Doch als Funktionäre der Sexpolgruppen hatten sie keine Beziehung zu ihrer Eigenschaft als Mitglieder der politischen Parteien. Ja, viele von ihnen, die warm für ihre Partei eintraten, kämpften gegen die Einverleibung dieser Gruppen in die Parteiorganisationen. Und die Parteien kümmerten sich nicht um die Sexpolorganisationen, wenn sie auch den Zeitungen Ankündigungen von Versammlungen etc. brachten. Die Sexpolorganisationen hatten je ihre eigene Zeitung. Viele von ihnen waren nach damaliger Art mit Bildern versehen, um Publikum anzulocken. Sie waren nicht pornographisch, doch sie grenzten sich gegen die echte Pornographie nicht genügend ab. Eine Grundanschauung über die Sexualität gab es nicht. Ebensowenig eine sozialpolitische Orientierung. Doch sie traten für die Freiheit der Geburtenbeschränkung, gegen den Geburtenzwang, gegen die Bestrafung der sexuellen Verbrechen, besonders gegen die der Homosexualität auf. Sie wollten die Ehen besser schützen als die Bourgeoisie. Von Jugendfragen war nichts zu hören. Man mied sie instinktiv. **Hirschfelds** falsche An-

schauungen beherrschten die theoretischen Vorstellungen und die Praxis. Das heißt, es wurde viel wertvolle Kleinarbeit geleistet, doch unter strikter Vermeidung jeder Art einheitlicher Zielsicherung und Zusammenfassung. Ganz Deutschland war im Laufe der Jahrzehnte, dank der opfervollen Arbeit von Menschen wie **Helene Stöcker**, die den "Bund für Mutterschutz" leitete und die "Neue Generation" herausgab, mit einem Netz von Schutzmittelstellen überzogen. Sie erreichten zwar noch nicht den zehnten Teil der Bevölkerung, doch sie bildeten einen kräftigen sozialhygienischen Ansatz. In Abortusprozessen fanden die Angeklagten Unterstützung rechtlicher wie moralischer Art. Durch regelmäßige Vortragsveranstaltungen wurden die Mitglieder mit den sozialen Fragen des Geschlechtslebens vertraut. Zwar oft falsch, mit eugenischen und bevölkerungspolitischen Fragen überladen. Ein großes Übel bildeten die Händler, die sich einschlichen, und aus den Bedürfnissen nach Empfängnisverhütungsmitteln Profit schlugen. Es gab üble Typen darunter. Das ist nicht den Vereinen zum Vorwurf zu machen. Sie waren darauf angewiesen, da sich die offiziellen staatlichen Stellen nicht darum kümmerten und nur Schwierigkeiten machten.

Mein Plan war, einen "Einheitsverband" aus diesen Organisationen zu bilden. Sie sollten durch Einführung einer zielbewußten Arbeit und durch Anschluß an die kommunistische Partei aus sexualreformerischen Teilverbänden zu einem einheitlichen sexual**politischen** Verband zusammengeschmolzen werden. Die Arbeit wurde nach Durchberatung in der Ärztefraktion der IFA zur vorläufigen Organisierung überlassen. Die IFA war die zusammenfassende Organisation aller Kulturverbände der Partei. In die sexualpolitische Reichsleitung wurden drei Ärzte gewählt, darunter ich, ein Reichtagsabgeordneter und die zwei Leiter der IFA. Den beiden letzten wurde die organisatorische und **partei**politische, mir die **sexual**politische Leitung im Reichsmaßstabe übertragen. Alle waren über die Brauchbarkeit meiner Plattform einer Meinung, man erwartete sich viel davon. Eine Sexreformgruppe in Düsseldorf hatte die Plattform abgedruckt und sofort viel Aufmerksamkeit darauf gelenkt. So ergab es sich von selbst, daß die Arbeit in Westdeutschland begann.

1931 fand in Düsseldorf der erste westdeutsche Kongreß statt. Er erfaßte mit einem Schlage etwa 20.000 Mitglieder in zusammen etwa acht Verbänden. Ich hatte das Hauptreferat. Darin führte ich nur aus, was die Plattform in knapper Form zusammenfaßte. Kein einziger der dortigen unpolitischen Verbände widerstand. In Berlin und Umgebung wurden einzelne Ortsgruppen gegründet, wo noch keine Verbände bestanden oder vorhandene Organisationen wurden zusammengefaßt. Hier war die Einigung schwieriger. Die kommunistische Partei hatte bis dahin keine Organisationen für Sexualerform und auch keine Anschauung in der Sexualpolitik, wenn man von den sowjetistischen Gesetzen absah. Ich erfreute mich daher großer Anerkennung seitens der Parteileitung. Im Laufe eines Jahres entstanden Einheitsorganisationen auch in Leibzig, Dresden, Stettin etc. Die Bewegung griff rasch um sich. Innerhalb weniger Monate zählte sie bereits das Doppelte, etwa 40.000 Mitglieder.

Als die Bewegung größer wurde, wuchsen auch die Ansprüche an uns. Drei äußerst schwierige Probleme traten scharf umrissen hervor. Ich konnte mich ihnen nicht entziehen, denn sie wuchsen logisch aus dem Gang der Arbeit. Ich konnte sie auch nicht lösen, denn ihre praktische Bewältigung hätte die Eroberung der Parteiführung vorausgesetzt. Und das war nicht möglich. Die drei Probleme waren:

1. **Die sachliche Schulung der Führer der Bewegung.** In der Partei gab es über das Geschlechtsleben keine Theorie oder nur falsche Anschauungen. Die Verbände und Massen, die wir erfaßten, brachten keine geschulten Kräfte mit. So einfach die sexualökonomischen Grundlagen waren, konnte ich es doch nicht hoffen, in aller Eile genügend Funktionäre für die Bewegung auszubilden. Heute ist es besser geworden, doch das Problem blieb ungelöst.
2. **Die Erfassung der Jugend.** Die sexualreformerischen Verbände hatten die sexuellen Jugendfragen so eifrig gemieden, daß sie mit der Arbeiter- und Mittelstandsjugend keinen Kontakt hatten. Sie umfaßten überwiegend Menschen mittleren Alters. Die kommunistische Jugend zählte 1931 etwa 40.000, die sozialdemokratische etwa 50.000 und die nationalsozialistische ebenfalls etwa 40 - 50.000 Mitglieder. Die christliche Zentrumspartei hielt fast zwei Millionen Jugendliche in ihren Verbänden. Da die Christlichen im Gegensatz zu den anderen Parteien eine konsequente Sexualpolitik betrieben, und deshalb die größten Zahlen aufweisen, konnte **nur die Jugend die Trägerin der sexualpolitischen Bewegung sein.**
3. **Die unausweichliche Umwälzung in der Anschauung der Gesamtpolitik**, die sich durch Einbeziehung der Geschlechtsfrage und der Psychologie ergab. Obwohl ich überall die Ansätze dieser Umwälzung sah, vermied ich bewußt ihre Aufrollung. Fürs erste konnte nur der Stand-

punkt vertreten werden, daß die Sexualpolitik in die politische Gesamtarbeit des revolutionären Sozialismus einbezogen werden müßte. Dagegen konnte sich kein Parteifunktionär sträuben. Doch die Auswirkungen der sexualpolitischen Massenarbeit waren derart kräftig, daß die Parteileitung ihr hilflos und verständnislos gegenüberstand. Meine Schutzformel nützte nichts. Instinktiv erfaßten die Funktionäre die "Gefahr" für die Massenpolitik der Partei. Konsequent behaupteten sie, ich wollte die "Wirtschaftspolitik durch die Sexualpolitik ersetzen."

Ich will nun an einzelnen typischen Beispielen die drei Grundprobleme der sexualpolitischen Bewegung darzulegen versuchen. Sie gelten auch heute und werden noch lange in Geltung bleiben.

Die Schulungsmängel traten wie folgt in Erscheinung. Solange ich im Ruhrgebiet war, ging es mit den Versammlungen gut. Einige Monate nach meiner Abreise kamen Klagen seitens der Funktionäre. Es werde nun nichts mehr als Sexuelles diskutiert. Das Interesse an den Klassenkampffragen träte zurück. Manche Frauen hätten sich dagegen geäußert. Die Einheitsfrontpolitik hielte in einigen Organisationen nicht. Was war geschehen? Die Plattform und die Referate, die anläßlich des Gründungskongresses gehalten worden waren, hatten aufgewühlt und sofort tausende praktische Fragen zur Lösung gestellt. Die Parteifunktionäre, die bis dahin mit Schlagworten weit ab von der lebendigen Massenbewegung gearbeitet hatten, standen den Anforderungen hilflos gegenüber. Dazu kam, daß sich nationalsozialistische und christliche Frauen haufenweise in die Organisationen meldeten. Mit ihnen umzugehen, menschlichen Kontakt zu gewinnen und die komplizierten Reaktionen der Gefühle zu meistern, hatten sie nie gelernt. Die "Bevölkerungspolitik" die sie bisher dargelegt hatten, interessierte jetzt noch weniger.

Die Menschen wollten einfach praktischen Rat und Hilfe in ihren Ehe- und Erziehungsschwierigkeiten, in ihren sexuellen Störungen, moralischen Gewissensnöten. Die Priester traten auf den Plan. Mit den alten Argumenten war jetzt, wo man ihnen Auge in Auge gegenüberstand, nichts mehr anzufangen. Die Äußerungen der Sexualangst legten die Funktionäre als Beweis für die Schädlichkeit der sexualpolitischen Arbeit aus. Daß endlich **Bewegung** in die Masse gekommen war, vermochten sie nicht als großen Erfolg zu begreifen. **Sie bekamen Angst**!

Dies allen psychologisch ungeschulten Parteileuten darzulegen, war unmöglich. Ich versuchte, so gut ich konnte, mich zu halten. Dadurch zum Beispiel, daß ich junge Jugendfunktionäre und Lehrer zu meinen Jugendabenden mitnahm und ihnen praktisch demonstrierte, wie ungeheuer brennend das Interesse war und wie leicht man auch zu großen sozialen Fragen gelangen konnte. Die Angst vor der Bewegung und den Ansprüchen der Masse pflanzte sich nach Berlin fort. Die IFA-Leiter, Bischoff und Schneider, begannen zu sabotieren. Ich zog mich daher stillschweigend aus der Reichsleitung zurück und richtete in den Bezirken Schulungskurse ein. Mit sehr viel Erfolg! In Charlottenburg konzentrierte ich die besten Kräfte, um eine Mustergruppe zu bilden. Das teilte ich der Parteileitung mit. Von den Erfahrungen dieser einen unter meiner Führung stehenden Gruppe sollten alle anderen profitieren. Allmählich sollten die einfachen Grundsätze der Bewegung samt ihrer praktischen Anwendung vordringen. Doch der Ansturm war zu groß. Er ließ einfach keine Zeit zu ruhiger Durcharbeitung. Mit der Intensität der Bewegung wuchs die Nervosität der ungeschulten Funktionäre. Statt sich zu schulen und **auf lange Sicht vorzubereiten**, begannen sie "Einheitskongresse" einzuberufen und **rasch** alle sexualreformerischen Organisationen Deutschland einverleiben zu wollen. Dadurch provozierten sie alle Gegner in diesen Gruppen. Sie erlitten ein volles Fiasko. Die Bewegung des Einheitsverbandes versackte in prinzipiellen politischen und organisatorischen Diskussionen.

Dazu kam, daß die Polizei einzugreifen begann. Am 23. Mai 1932 löste sie den Arbeiterkulturkongreß auf. Am 24. Mai den Einheitskongreß der Organisation. Ich ließ die Sache einfach laufen und mengte mich nicht mehr in die Verhandlungen. Statt dessen arbeitete ich in den Organisationen **unten** weiter. Vor allem durch Schulung. Aus meinen laufenden Kursen an der MASCH holte ich die besten Kräfte heraus und verteilte sie in den Organisationen. Dadurch wurde es mir möglich, der Parteibürokratie standzuhalten, als sie gegen mich loszog. Ich glaube, daß ich in kleinem Maßstabe erlebte, was sich später in der Sowjetunion allgemein abgespielte: **Aus dem Widerspruch von Anforderungen des Massenwillens und der Unfähigkeit der Organisationen, die Aufgabe zu lösen, greift ein hierarchisch aufgebauter Apparat zum Terror gegen diejenigen, die die Masse zum Fragen gebracht haben.**

Ich hatte mittlerweile durch meine ärztliche Tätigkeit sehr viele Jugendliche verschiedener Kreise kennengelernt. Von allen Seiten wurde das Verlangen an mich gestellt, ein Buch für die Jugend zu schreiben. Ich verfaßte in einigen Wochen ein Manuskript und ließ es kursieren. Die Manuskripte kamen voll mit Bemerkungen und Anregungen zurück Die verarbeitete ich. Die endgültige Fassung übergab ich dem Jugendzentralkomitee, das es annahm und ans Jugendekki in Moskau schickte.

Der Jugendverlag sollte es drucken. Aus Moskau kam der Bescheid, das Buch wäre zwar gut, doch "es wäre besser, sich nicht damit zu belasten." Es sollte im Arbeiterkulturverlag gedruckt werden, der weniger offiziell war. Doch die Leiter des Verlags sabotierten ein Jahr lang. Im Sommer 1931 hatte ich das Buch *Der sexuelle Kampf der Jugend* überreicht, im März 1932 war es noch nicht erschienen. Ich gründete einen eigenen "Verlag für Sexualpolitik". Dort erschien das Jugendbuch und *Der Einbruch der sexuellen Zwangsmoral*. [Es war wesentlich, von diesen engstirnigen Politikern unabhängig zu sein.]
Eine sexualpolitische pädagogische Arbeitsgruppe hatte auf meine Veranlassung auch ein kleines Büchlein für Kinder abgefaßt "Das Kreidedreieck" und eine Broschüre für Mütter "Wenn Dein Kind Dich fragt." Den Druck bezahlte ich aus eigenem. Auch die beiden letzten Schriftchen wurden vorher in Kinder-und Frauengruppen durchgearbeitet, das erste vor allem in einer Fichte-Kindergruppe in Charlottenburg. Meine Frau las es vor. Zuhörer waren Kinder im Alter von 8 bis etwa 12 Jahren. Die Gruppe brachte sonst nur etwa dreißig Kinder zu den Versammlungen auf. Diesmal saßen 80 Pimpfe mit glühenden Gesichtern da. Und **wie** sie sprachen und fragten und forderten! "Und über die Eltern müßt ihr mehr schreiben!" "Die Lehrer müssen auch was abbekommen!" "Warum sagt ihr nichts über die Nutten? Die gibts bei uns in den Straßen!" Der Fichte-Kinderleiter war verlegen und erfreut zugleich. So hatte er die Kinder noch nie gesehen. "Wir werden damit zu den Christlichen gehen. Die reden immer so dummes Zeug. Die werden mal was Ordentliches hören!" Meine Tochter war in einer Schule im Norden Berlins. Nach einigen Wochen gab es Aufruhr in der Schule. Die Kinder, die sonst nur unter sich über Sexuelles reden, es vor den Erwachsenen geheim halten und sich fürchten, sahen sich nun im Bunde mit Erwachsenen. Es war nicht mehr verpönt darüber zu sprechen. Das Ganze bekam Richtung. Wir hatten bei den Funktionären, die unmittelbar im Kontakt mit den Kindern standen, Riesenerfolg. Sie selbst bekamen nun die Möglichkeit, Vertraute der tiefsten Geheimnisse der Kinder zu werden. Das Buch für Arbeitermütter über die kindliche Aufklärung hatte den gleichen Erfolg. Meine Aufräumefrau holte das Büchlein zu Dutzenden für die Frauen ihres Kreises. Es wurde buchstäblich aus den Händen gerissen. Tausend Exemplare gingen ab. Das Jugendbuch wurde in einer Auflage von 10.000 Stück gedruckt. 4.000 Stück waren binnen 6 Wochen weg. Es bahnte unserer Jugend den Weg zu allen Kreisen der Jugend. Auch in die Mittelschule. Zu den

Sozialdemokraten, Christlichen und Nationalsozialisten. Aus diesen Erfahrungen schöpfte ich die Kraft, später durchzuhalten und den großartigen Reden der Parteisozialisten zu widerstehen.

Kapitel 7

IRRATIONALISMUS IN POLITIK UND GESELLSCHAFT

Der Widerspruch des Nationalsozialismus

Vieles von dem, was heute – 1938 – banal klingt, war 1930 schwer verständliches Neuland; so der **subjektiv** sozialistische Charakter der SA, daher auch die Zwiespältigkeit des Nationalsozialismus; die Kraft, die ihm eine latente Entschlossenheit der breiten Masse verlieh; die Neuartigkeit dieses Willens und die Macht der mystischen Führerhörigkeit. Unverständlich war dem durchschnittlichen Politiker die Gewalt "des Führers" über die Willensäußerungen "der Geführten". Die tiefe Kluft, die die Hoffnungen der Menschen Deutschlands von der Wirklichkeit des Hitlerschen Barbarismus trennt, verwirrte das Denken. Der Zusammenburch der bürgerlichen Demokratie sprengte das liberalistische Denken. Die zweifellos "sozialistisch" **gemeinten** Maßnahmen Hitlers verblüfften den Antifaschisten. Er begriff die Verschmelzung dieser Maßnahmen mit einer ebenso zweifelfreien räuberischen imperialistischen Expansion nicht, ebensowenig viele Angleichungen der sowjetrussischen und der nationalsozialistischen Ideologie und Massenführung. Als im Dezember 1932 deutsche Nationalsozialisten gemeinsam mit deutschen Kommunisten und Sozialdemokraten den Berliner Verkehrsarbeiterstreik durchführten, sprach man von einem "Manöver". 1930 sah ich Berliner SA-Kolonnen durch die Straßen marschieren. Sie unterschieden sich in Haltung, Ausdruck und Gesang nicht von den kommunistischen Rotfrontkämpferabteilungen. Führende Vertreter der kommunistschen Partei erklärten es für "konterrevolutionär" zu behaupten, daß die SA eine aus Arbeitern und Angestellten zusammengesetzte Truppe sei. Der deutsche Faschismus galt als "politische Reaktion" in gleicher Weise wie etwa die Diktatur Horthys in Ungarn oder wie später die von Dollfuß in Österreich. Noch lange über 1933 hinaus war es unmöglich einem Parteisozialisten oder -kommunisten klarzumachen, daß der deutsche Faschismus sich von jeder anderen politischen Reaktion grundsätzlich durch die Massenbasis unterscheidet, die ihn zur Macht trug. Daß die Zustände in Deutschland nicht haltbar waren, wußte jeder. Alle wollten ändern, doch keiner wußte, was geändert werden sollte. Nur die Nationalsozialisten hatten ein allen leicht faßliches Programm: Revision des Versailler Vertrages unter allen Umständen und mit allen Mitteln. Die reaktionären und imperialistischen Ziele Hitlers waren in "Mein Kampf" unmißverständlich dargelegt. Mit jeder neuen Wahl liefen trotzdem neue Millionen zu Hitler. Die Kommunisten sahen, daß ihre revolutionären Parolen nicht zogen. Sie begannen daher mit Hitler in der Vertretung der "nationalen und sozialen Befreiung" zu konkurrieren.[Später übertrafen sie Hitler darin.] 1932 gingen sie zusammen mit den Nationalsozialisten gegen die Regierung Braun in Preußen vor. Schon im Juli 1931 nach dem großen Bankkrach wußten viele in der Partei, daß die Sache verloren war. Die Einsichtigsten ahnten, daß die subjektiv revolutionär aufgewühlten Massen zum großen Teile zu Hitler liefen, weil sie eine Umwälzung wünschten, doch gleichzeitig Angst vor der Revolution hatten. Hitler befreite sie von der Verantwortung für das eigene Schicksal, das ihnen die deutsche revolutionäre Bewegung auflud. "Hitler kann alles und macht alles für uns", hieß es. Und er konnte alles und tat das Unglaublichste, weil ihm die Angst der Masse vor der Revolution half. Gleichzeitig befriedigte er die revolutionäre, antikapitalistische, sozialistische Sehnsucht der Masse **illusionär in der Phantasie**. Solche Widersprüche zu sehen, war den deutschen Sozialisten unmöglich. Wenn die wirtschaftliche Not allein das Wollen und Handeln der arbeitenden Menschen bestimmt, wie sie meinten, dann kann die Menschenmasse die soziale Umwälzung nur wollen und nicht auch gleichzeitig fürchten. Dann muß die Hingezogenheit zu Hitler eine "Vernebelung" sein und "Demagogie". Es war in den sich überstürzenden Ereignissen zwischen 1930 und 1933 unfaßbar, daß sich Menschen als Führer eines besseren Deutschlands träumten und keinen Augenblick darüber beunruhigten, daß "bloße Vernebelung und Demagogie" derartige Wirkungen haben konnten. Sie standen am Abgrund, doch des Denken wollte nicht funktionieren. Wir werden bald begreifen, weshalb. Noch 1938 traf ich "Vertreter der Arbeiter", die genauso wie 1930 von Vernebelung und Demagogie sprachen. Sie trösteten sich genauso wie damals damit, daß soeben die Butter wieder mal teurer geworden war und da und dort "bereits Kritik in den Betrieben" geäußert werde. Vom Standpunkt der heutigen Ereignisse und im Rückblick auf diese letzten acht Jahre muß man staunen, welcher Gemütsart immerhin Millionenmassen einst Vertrauen geschenkt hatten! Einer Gemütsart, die höchst naiv und mit größter Würde die riesenhaften Probleme einer deutschen Gesellschaft auf die verteuerte Butter und die Äußerungen einiger

Unzufriedener im Betrieb allein reduzieren wollte. Mehr, sie darauf basieren wollte. Noch mehr: Keinen anderen Gedanken gestattete.
Keiner der mir bekannten "Arbeiterführer" hatte Hitlers "Kampf" und die anderen Massenschriften ernsthaft studiert. Keiner hatte sich die Frage vorgelegt, wie diese erzreaktionären Dünste einer Brigantengruppe die warmen und ehrlichen Herzen der Deutschen millionenweise erfassen und vergiften konnten. Die Rassetheorie war einfach ein "Blödsinn", bloß "imperialistisches Geschwätz", im Prinzip "nichts Neues". Der Kampf gegen die Juden nur eine "alte Methode der Ablenkung vom Klassenkampf". Einstmals hatte sich der Sozialismus gerühmt, als erste soziale Bewegung auf einer ernsten wissenschaftlichen Grundlage zu wirken. Doch sich die einfache Frage vorzulegen, weshalb sich einige Dutzende Millionen von Blödsinn und Geschwätz derart beeinflussen ließen, war keiner in der Lage. Mehr, sie wurden wütend, wenn man solche Fragen stellte. Um einen scharfen Gegener zu schlagen, muß man seine Motive und Methoden genau kennenlernen. Sie als Tatsachen anzuerkennen, bedeutete noch lange nicht, sie zu bejahen. Doch Hitlers massenpsychologisches Geschick als solches ernstzunehmen, war bereits undiskutabel. Die deutschen Parteisozialisten empfanden es als eine persönliche Beleidigung, wenn man behauptete, daß **in der Masse Wesentliches und Unerkanntes vorgehen mußte, wenn Hitler solchen Erfolg haben konnte.**
Von einer ernsthaften Bewältigung des Faschismusproblems konnte vor 1933 überhaupt keine Rede sein. Die einfachsten Fragestellungen waren scharf abgelehnt; daher konnten Antworten auf diese Fragen nicht gefunden werden. Und diese Antworten waren, wie es sich zeigte, erschreckend, weittragend, in einer Weise umwälzend, daß sich die Ohnmacht vor den hereinstürmenden Ereignissen zunächst nur steigerte. Die Angst vor diesem Empfinden der Ohnmacht erklärt ein Stück des Festhaltens an leeren Formeln, das noch heute der Arbeiterbewegung die Illusion von Geborgenheit gibt. Es ist einfacher, an die Heilkraft unnützer Mittel zu glauben, als zu wissen, daß man einen Todgeweihten betreut, ihm nicht helfen kann, obgleich man die Sterbensursache zu begreifen beginnt.
Die tragenden Behauptungen der Gegner des Faschismus waren prinzipiell richtig. Der Faschismus bedrohte die "demokratische Freiheitsäußerung". Doch Millionenmassen bejahten diese Bedrohung ihrer Meinungsfreiheit. Er sprach offen vom Krieg, ja er umgab den Massenmord mit schweren Worten, wie "Pflicht", "Opfer", "Gehorsam". Doch

Millionenmassen bekannten sich zu Pflicht, Gehorsam und Opfern an Leib und Leben. Er teilte die Menschen in "natürliche Führer" und zum "Geführtwerden Geborene" ein. Millionenmassen bekannten sich zur Klasse der "**Untermenschen**". Der Faschismus versprach dem Kapitalisten die Sicherung seiner Herrschaft im Betrieb, den Arbeitern die Gemeinschaft mit diesen Herrschern, und es wurde akzeptiert. Er verkündete die restlose Militarisierung des Volkes, und das Volk bejahte die Militarisierung. Kurz jede politische Haltung des Faschismus sollte hellste Rebellion auslösen und brachte das Gegenteil. Aus dieser tollen Sachlage flüchteten viele Sozialisten zur Preisgabe des Glaubens an den Wert des Massenwillens, an die Fähigkeit der Menschen zu denken. Sehr viele waren bereit, die alten Grundgedanken der Freiheitsbewegung für null und nichtig zu erklären, sofern sie nicht als Angestellte von Parteien materiell gezwungen waren, von der "Freiheit" noch zu reden. Ihre Vertretung von der Freiheit gegenüber dem brutalen, zu allem entschlossenen Faschismus – der im übrigen die dringend erwünschte nationale Freiheit versprach – war höchst unerfreulich, schädlich, unwürdig. Der Gegner der Freiheit schlug zu, wo immer er konnte. Die Vertreter der Freiheit beklagten sich bei der Polizeibehörde über den bösen Feind; daß er nämlich zuschlug. Was sollte er denn tun? Das war doch seine Funktion, über die sich zu **beklagen**, sinnlos war. Sie ahmten seine Parolen nach und gleichzeitig predigten sie den demokratischen Gedanken, der beim Volke längst abgewirtschaftet hatte. Hitlers Stärke war die Enttäuschung der Masse am "wissenschaftlichen Sozialismus", die Ausweglosigkeit der parlamentarisch-demokratischen und reformistisch-sozialistischen Ideologie. Weder die erlebte bürgerlich-demokratische noch die ebenfalls erlebte Freiheit des "wissenschaftlichen Sozialismus" waren verlockend. Wohlgemerkt, für arbeitende Massen, die fast sieben Millionen Arbeitslose zählten. Die Menschen waren, wie sich 1933 zeigte, nicht nur nicht bereit, die Systemfreiheit zu verteidigen, sie begaben sich vielmehr zu großen Teilen willig und begeistert unter die autoritäre, jede Freiheit negierende Knute des Faschismus. War schon der Freiheitsbegriff der Hitlergegner leer, so rollte diese Massenreaktion die Frage auf, ob die Menschen überhaupt die Freiheit wünschen. Ob sie nicht lieber die Verantwortungslosigkeit mit ihrer persönlichen Freiheit erkaufen. Das Vertrauen der demokratischen und sozialistischen Massenführung zu den Menschen war, hatte es je irgendwo bestanden, auf Null gesunken. Die Kommunisten veranstalteten "spontane Massendemonstrationen", zu denen sie ihre Parteimannschaften beorderten. Am entscheidenden Wahltag, dem 5. März 1933, warteten in Berlin 40.000 zum Teil bewaffnete Arbeiter auf die "spontanen Massendemonstrationen" in den Arbeitervierteln, um mit diesen zusammen Hitlers Machtergreifung zu verhindern. Kein Mensch rührte sich. Niemand schien seine Freiheit verteidigen zu wollen. Das war in Deutschland mit seiner riesenhaften gewerkschaftlichem und sozialistischen Tradition unbegreiflich. Unbegreiflich für das damalige Denken. Es war einfach rationalistisch: "Die wirtschaftliche Krise verelendet die Bevölkerung, sie will daher den Sozialismus und die Vergesellschaftung der Produktion." Hitler vertritt das Großkapital, also wird die Masse gegen Hitler kämpfen. Das gerade Gegenteil traf ein. Die gesamte sozialistische Theorie, das Werk vieler Generationen hervorragender Köpfe und Kämpfer schien mit einem Schlage zusammenzubrechen.

Auf die kürzeste Formel gebracht: Die marxistische Theorie, die die deutsche Arbeiterbewegung lenkte, forderte als Folge einer tiefen und anhaltenden Wirtschafskrise die Revolutionierung der Gesinnung der Bevölkerung. In der deutschen Wirklichkeit hatte die Krise eine **Lähmung** von Massen auf der einen und eine klare Rechtsentwicklung von Massen auf der anderen Seite zuwege gebracht. **Es klaffte also eine Schere zwischen der wirtschaftlichen und der ideologischen Entwicklung.** Mehr, die letzte war der ersten direkt konträr. Die Schere konnte man nicht beklagen oder beweinen. **Begreifen** mußte man sie. Dann würde sich schon eine praktische Lösung finden. Wieder einmal bewies das wissenschaftliche, unsentimentale Denken seine Konsequenz. Während die parteilichen Vertreter des Marxismus sich in dicke Wolken von Illusionen hüllten, schlossen sich der politischen Psychologie gewaltige Tatbestände folgerichtig zu einem einheitlichen Stück zusammen. Ich fühlte mich mehr als Übermittler einer bestimmten Logik denn als weiser Denker, der "überlegen" wissenschaftliche Schlußfolgerungen zieht. Der Zusammenschluß aller Probleme zu **einer** grundsätzlichen Frage vollzog sich mir im Erlebnis der verkehrten Reaktion der Masse auf die Propaganda der "Freiheit". Darauf war ich allerdings durch jahrelange Übung in der Handhabung der Freiheitsprobleme und das Miterleben des Menschen im politischen Getriebe vorbereitet. Ich kannte die von Freud entdeckten Mechanismen des irrationalen, unbewußten Gefühlslebens gut. Die eigene Übung, massenpsychologische Fragen korrekt dem sozialen Getriebe einzuordnen, ermöglichte mir, eine entscheidende Grundfrage ständig zu beachten: Im Gefühlsleben der Masse mußten gewaltige, von allen Beteiligten unerkannte und verkannte Prozesse ablaufen, wenn möglich war, was Deutschland in jenen Jahren darbot. "**Was geht in der Masse vor? Wie erlebt sie den gesellschaftlichen Prozeß, dem sie unterworfen ist und den sie durch ihre Reaktionen bestimmt?**" waren plötzlich Fragen so entscheidender Art, daß ich immer mehr staunte, wie unzugänglich sie den Führern der Masse waren. Hitlers "Mein Kampf" zeigte, daß die nationalsozialistische Bewegung dem Verständnis der psychischen Reaktionen der Menschen um 1930, wenn auch unbewußt, am nächsten gekommen war. Die Marxisten setzten ein voll entwickeltes und nur organisatorisch zu fassendes "Klassenbewußtsein" der arbeitenden Masse voraus. Ich hatte die Menschen im politischen Alltag anders erlebt. Ihr Empfinden für Gerechtigkeit, kapitalistischen Widersinn, das Leben überhaupt war unendlich reichhaltiger und mannigfaltiger als der Inhalt der marxistischen Begriffe. Es war vor allem **anders**. Es gab also **zweierlei "Klassenbewußtsein"**, das heißt "Bewußtsein" von den gesellschaftlichen Nöten und den Erfordernissen, sie zu ändern. Das eine, das der Führung, enthielt intellektuelles Wissen um die großen geschichtlichen Perspektiven und wirtschaftlichen Prozesse. Das andere, das der Menschenmasse, verstand nichts von all diesen Dingen, **wollte** nichts davon wissen, doch es war erfüllt von kleinen Alltagsfragen, in erster Linie Sorgen sexueller und kultureller Art, wo nicht effektiver Hunger alles andere erstickte. Effektiv hungerten in Deutschland schätzungsweise zwei Millionen Menschen. Unter dem allgemeinen Druck der gesellschaftlichen Unordnung litten etwa sechzig Millionen Menschen. Das drückte ein Jugendgruppenführer aus Neukölln mir gegenüber einmal sehr sachlich und kurz wie folgt aus: "Hat der durchschnittliche Jugendliche seinen Hunger auch nur ein wenig gestillt, so denkt er sofort an sein Mädel, wenn er eines hat, und an die Summe, die unerläßlich ist, um sich mit ihr zu vergnügen. Hat er kein Mädel, so wünscht er sich, sobald er einigermaßen satt ist, persönliche Unabhängigkeit und die Mittel, ein Mädchen zu finden und es glücklich zu machen." Kino, Theater, Bücher, anständige Kleidung, ein Zimmer für sich allein sind elementare Wünsche jedes Menschen im jugendlichen und mittleren Alter. Treibend ist dabei die Sehnsucht nach sexuellem Glück im engsten sinnlichen und weitesten kulturellen Sinne. Spätere Geschichtsschreiber werden die sozialistische Parteiliteratur jener Jahrzehnte vergebens nach einem Hinweis auf diese mächtig einfache Tatsache durchsuchen. Die Masse dachte, wo sie nicht verrottet oder zermürbt war, an eine gesellschaftliche Ordnung, in der die Bedürfnisse aller bestimmen sollten, was die Wirt-

schaft zu produzieren hatte. Ein hoher Parteivertreter erklärte mir dagegen, solche Anschauungen wären "reaktionär", es ginge einzig um die "Entwicklung der Produktivkräfte!!"
Die durchschnittliche Masse litt an einem Widerspruch. Sie wollte die Welt ändern, doch die Änderung sollte über sie hereinbrechen, wie die Ausbeutung und die Unterdrückung des Lebens über sie geherrscht hatten. Von Gruppen sehr bewußter Arbeiter abgesehen, konnte die Masse sich die Änderung ihres Lebens nicht anders denken, als so wie sie ihr Leben erlebt hatte und keine Führung dachte daran, ihr **die Wahrheit** zu sagen: Daß sie nämlich nur ihre Freiheit **verantwortlich** zu **denken** und zu **handeln** hatte. Im Gegenteil: Die Kommunisten etwa taten alles, um die Masse sich **hörig** zu machen. Die einige Jahre später abgelaufenen Ereignisse in der Sowjetunion und in Spanien erheben diese Behauptung zum Beweis. **Daher mußte Hiler siegen**. Er vereinigte die Gegensätze dieses Widerspruchs. Er ersetzte die unklare, unausdenkbare Freiheit, das gesellschaftliche Leben zu bestimmen, durch die von Alters her leicht denkbare Illussion der nationalen Freiheit. Er forderte keine Verantwortung, im Gegenteil, er versprach, alles hereinbrechen zu lassen, das System nur allein zu ändern. Und die "Umwälzung" brach herein, von einem Ignoranten wie Hitler fast allein geleistet! Umso mächtiger wirkte das Problem der so effektreichen Passivität der Masse.
Nicht durch das Wirtschaftsprogramm gewann Hitler die breiten Massen. In seiner Alltagspropaganda wirkte siegend die Stärkung des Selbstgefühls der Deutschen durch die mächtige **Rasse**propaganda. Ferner der angesagte Kampf gegen das "**Weltjudentum**". Drittens die scharfe Vertretung der autoritären **Familie**. Dies schien auf den ersten Blick unbegreiflich, und es wurde auch von den Marxisten bis heute nicht begriffen. Die Masse der arbeitenden Menschen ist nicht antisemitisch. Trotzdem wirkte der Judenhaß. Die Masse ist niemals rassestolz, im Gegenteil Sippenpropaganda wirkte **nicht**, weil die Menschen **für** die autoritäre Familie waren. Doch die hatte ungeheuere Erfolge. Jeder dieser drei Stützpunkte der nationalsozialistischen Massenpropaganda hatten seinen besonderen Mechanismus. Ich verfolgte ab 1930 jeden wesentlichen Schritt der Nationalsozialisten und konnte 1932 ein geschlossenes Verständnis buchen. In meiner *Massenpsychologie des Faschismus*, die ich 1931 bis 1933 abfaßte, habe ich das wesentliche so ausführlich begründet, daß ich mich hier kurz fassen kann.
Der **Rassegedanke** wirkte auf das unbewußte Gefühlsleben der Menschen durch den Gleichklang mit "rassig", das heißt reinblütig, kräf-

tig, stark eigenartig. Das bedeutete eine glänzende Kompensation des elenden und allgemeinen Selbstgefühls der Menschen aus der Weltkrise. Da jeder ausnahmslos mehr oder minder unbewußt an hypochondrischer Syphillisangst leidet, Syphillis jedoch Vergiftung des Blutes bedeutet, mußte der versprochene Schutz der "Reinheit des Blutes" tief aufwühlen. Hitlers Darstellung der Syphillis in seinem Buche *Mein Kampf* ist hier gar nicht mißzuverstehen. Der Begriff "Untermensch" ist untrennbar verknüpft mit "Unterwelt" und dieser mit "Proletarier", "Lumpenproletarier" und "Verbrecher". Das Unbewußte muß aber "Verbrechen" mit **Sexual**verbrechen gleichsetzen. Niemand will Untermensch, Proletarier, Verbrecher, Sexualverbrecher, Neger und in diesem Sinne auch nicht "Franzose" sein. Die Angst vor der "französischen Krankheit" sitzt im vulgären Denken zu tief. Auch im Proletarier. Daher liebt es kein durchschnittlicher Arbeiter, "Prolet" genannt zu werden. Allen Interpretationen und Deutungen zum Trotz heißt es einfach "verkommen", das heißt "syphillitisch". Nehmen wir die Hebung des Selbstgefühls hinzu, die **illusionär** über das reale Elend hinweghilft, so schließt sich der Ring der notwendigen Gefühlsreaktionen. Hitler enthüllt die soziale Gewalt der **Phantasie**.
Logischerweise knüpft an das Rasseproblem das "**Judenproblem**" an. Der Jude wird im allgemeinen, besonders unter dem Druck so konsequenter Propaganda wie der des Banditen Streicher, als "Schächtjude" erlebt, also als ein Mensch mit einem langen Messer, der christliche und deutsche Kinder zum Pessachfest abschlachtet. Da er kleine Kinder am Glied beschneidet, untermauert sich die Angst vor ihm durch die uralte Kastrationsangst, die in allen sitzt. Solche Dinge tut nur ein Wesen, das selbst alle Lust, speziell Sexuallust für sich rauben will. Der Jude nimmt also dem Arier die Mädchen weg, nachdem er die Männer kastriert hat. Der Jude nimmt immer etwas weg. Da er zudem das Unglück hat, durch frühere Judenverfolgungen dem Handel zu frönen, raubt er Geld. Nur ein Schritt noch, und er ist der Inbegriff des "Kapitalisten" geworden. So kann sich unter geschicktester Ausnützung der Sexualangst vor dem Schächtjuden der gesamte Gefühlshaß der Massenmenschen gegen den Geldwucherer, mit anderen Worten, den "Kapitalisten", auf den Juden verlagern. Der Jude zieht somit sowohl den sozialisitschen Kapitalistenhaß wie die erworbene Sexualangst auf sich. Gegen diese logische Kette von unbewußten Urteilen wehren sich sehr oft Marxisten, auch jüdische Marxisten, vergebens. Sie macht alle irrationalen Erscheinungen begreiflich, die seit der Nazistenherrschaft Deutschland prägten. Daß dabei alle

Energie von der realen Bewältigung schwieriger Lebensfragen abgelenkt ist, ergänzt nur Bild und Wirkung der geistigen Pest Deutschlands. Ihr Hintergrund ist eine Jahrtausende alte Verseuchung der menschlichen Struktur.

Anders liegt das Problem der **Familie**. Hier hatte sowohl die bürgerliche wie die marxistische Massenaufklärung nicht nur alles versäumt, sondern vielmehr dem Faschismus geradezu den Weg gebahnt. Ich habe an anderer Stelle das Familienproblem so ausführlich dargelegt[21], daß ich jetzt nur mehr die Anknüpfung an das spezielle Familienproblem des Faschismus herstellen muß.

Das Rasse- und mithin das Judenproblem war nichts anderes als eine gewöhnlichem Denken unverständliche Wucherung irrational und sexualängstlich bestimmter menschlicher Reaktion, also eine **Folge** sexuell zerrütteter menschlicher Struktur. Die primitive Sexualökonomie, ihrer Wandlung zur patriarchalischen Form und ihrer Entwicklung zur Lebensform des absoluten Staates erklärte erst, auf welcher gesellschaftlichen Basis die grotesken Äußerungen menschlichen Irrationalismus wuchern konnten. Im Zentrum der sozialen Sexualökonomie steht, wie wir bereits wissen, **die Familie**. Hatte doch schon die vorfaschistische Periode keinen Zweifel über ihre Funktion, ihre soziale Verwurzelung und ihre strukturellen Folgen gelassen. Die Familienpolitik des Faschismus führte mit der scharfen Sippenideologie nichts Neues ein, sondern spitzte bloß Uraltes aufs höchste zu. **In der patriarchalischen Familie reproduziert sich der patriarchalische Staat**. Mithin muß der absolute Staat, die totale Diktatur, die Familienideologie bejahen und aufs schärfste verteidigen. Sie ist der wesentlichste Transmissionsriemen von den Forderungen der Diktatur zu den Stätten der Strukturfabrikation. Dies, wo immer wir Diktatur antreffen. Dabei kann sich die Diktatur, neben dem Terror, den sie anwendet, auf mächtige seelische Kräfte in der Masse stützen: Die bürgerliche wie vor ihr die vaterrechtliche Sexualökonomie haben die natürlichen sexuellen Impulse zu grotesken, verunstalteten, sozial nicht duldbaren **sekundären Trieben** verwandelt. Sexualität wird zum Schreckgespenst, zum eigentlichen Gehalt des gesellschaftlichen Chaos. Die soziale Umwälzung beabsichtigt die Wiedergewinnung der sexuellen Freiheit im Rahmen der allgemeinen Ordnung des Lebens. Doch weder die Vertreter der Umwälzung noch auch die Menschen sonst sind fähig, sich die Natur dieser Freiheit real vorzustellen. **Man hat Angst davor**, irrationaler Massenkult! Also muß die "Rettung der Familie und des Staates" durch den Faschismus vor dem

[21] *Die sexuelle Revolution, 1935*

"kulturbolschewistischen Chaos" Massenanklang finden. Damit sind zwei Fliegen auf einen Schlag getroffen: die Vernichtung des Umwälzungsgedankens und die massive Untermauerung der eigenen Herrschaft. Die "Verpestung und Verseuchung des Gefühlslebens" ist real, keine Phantasie. Keine Organisation hat vorher den Kampf gegen sie aufgenommen. Der Pornographie, der Perversion, der sexuellen Prostitution standen Tür und Tor offen. Die "sexuelle Pest" auszurotten, hatte niemand unternommen. Eine positive Lösung der Frage durch **scharfe Unterscheidung der natürlichen von der verpesteten Sexualität** kam niemand in den Sinn. Schon deshalb, weil die Wissenschaft das Problem scharf meidet – "Pest!" – und die Parteien keine Ahnung von der Sache hatten. Die Geburtenregelungspropaganda der Kommunisten und Sexualreformvereine konnte von kleinen gesellschaftlichen Kreisen abgesehen im Rahmen der allgemeinen Pest nur ein glänzender Vorwand für die "Reinigung" sein. So mündet die Flucht vor der sexuellen "bolschewistischen Pest" in eine ausgesprochen sexuell betonte Begeisterung für Hitler, die Uniform, den Marsch, die Befreiung der deutschen Mädchen und Frauen von den sinnlichen Judenschweinen. Hier schöpfte der Nationalsozialismus seine besten Kräfte. Vorbereitet waren diese Reaktionen in allem durch die Familie. Mehr: **In der Flucht vor der sexuellen Pest kamen sehr gesunde Äußerungen, Ahnungen von der Kraft der natürlichen Sexualität zum Vorschein.** In Kreisen jugendlicher Nationalsozialisten treten Anschauungen hervor, gegen die nichts einzuwenden ist, sogar vom strengsten sexualökonomischen Standpunkt.

Sie erstickten jedoch in mystischer Verhüllung der gesunden sexuellen Anschauung, erregten trotzdem die Sorge der Staatsführung, führten hier und dort zu Konflikten und Verboten gemeinsamer Jugendwanderungen. Die Verhältnisse werden verkehrt. Nationalsozialisten, die auszogen die sexuelle Pest auszurotten, prägen den Begriff "Bubi drück mich" für BDM[22]. Sozialdemokraten, Kommunisten und Christliche werfen dem Nationalsozialismus zusammen Unsittlichkeit vor. Die Kommunisten in Frankreich erbieten sich 1935, die Familie besser zu retten als die Nationalsozialisten. Kurz, ein unentwirrbares Chaos von Ereignissen und Ideologien. Der Faschismus baut sich die feste Grundlage einer harten Familienideologie, doch gleichzeitig fördert er die Forderungen der Jugend gegen das Alter, zieht die Jugend massenweise aus den Elternhäusern, kollektiviert ihr Leben und dadurch auch ihre Sexualität. Dies alles ohne die geringste Ahnung von den Prozessen, die er in Gang setzt. Ohne einen Begriff von den positiven Maßnahmen, die notwendig

22 Bund Deutscher Mädchen, Nationalsozialistische Mädchenorganisation

waren, um solche Bewegungen und Umwälzungen zu meistern, Vorsorge für die Entwicklung zu schaffen. Ich möchte behaupten, daß die gleichen Kräfte, die der Faschismus zur Erreichung seiner Herrschaft über das Volk hochtrieb, seinen Untergang herbeiführen **müssen**. Der Faschismus ist antisexuell, doch er lebt von der verhüllten sexuellen Sehnsucht der Bevölkerung. Seine antisexuelle Familienideologie und seine Verlockung zu starken Äußerungen des Lebenswillens sind unvereinbar. Dabei leistet der Faschismus, ohne es zu wollen, der Weiterentwicklung unschätzbare Dienste weit über sein Ende hinaus. Er zerstörte demokratische Illusionen, weckte die vegetative Lebenssehnsucht, entband die Jugend, vernichtete die Ausbeuter der sexuellen Misere. Doch er kann keine einzige Frucht dessen, was er in Gang setzte, ernten. Ihm fehlt das Organ dazu wegen seiner politischen, sozialen und seelischen Struktur, mit der er fällt. Eine Steigerung der familiären Ordnung des menschlichen Lebens über ihn hinaus ist unmöglich. Die mit der Familie gegebenen Widersprüche des Lebens werden aufs höchste gesteigert. Die Unterdrückung freiwilliger Lebensäußerungen hat einen Grad erreicht, der nur mehr ins Gegenteil umschlagen kann. Und gerade mit Hilfe der antikapitalistischen, sexuellen, kosmischen Sehnsucht, die ihn zur Macht trugen und die er weder begriff noch befriedigen konnte.

Diese grotesken Widersprüche sind um 1938 vielen einsichtig. Die gesamte Massenpropaganda der Gegner Hitlers geht daran vorbei, hält es für sinnlos, nebensächlich, tritt selbst nur schwächer und weniger aufwühlend im Prinzip für das Gleiche ein. Sie waren, sachlich und unsentimental betrachtet, nicht seine Gegner, sondern seine Vorbereiter und Wegbereiter. Rassekunde und mystische Erbwissenschaft beherrschten schon vorher das Denken, auch das der Kommunisten, sogar in der Sowjetunion. Deutsche Erbforscher entsetzten sich über die Hitlersche Rassepraxis, weil sie ihnen das Konzept verdarb und berechtigten Haß gegen den Ausdruck "Erbe" schaffte. Dies gehört nur logisch in all diese Vorgänge.

1930 bis 1933 waren nicht alle Seiten des Prozesses zu überschauen. Von den Bestätigungen, die meine politisch-psychologische Auffassung in den Jahren nachher erfuhr, konnte nichts geahnt werden. Doch die sexualpolitische Arbeit unter verschiedenen Schichten der Bevölkerung ließ hier und dort Zusammenhänge sehen, die bei allem Elend ein Stück Aussicht ins Freie boten: Der Sozialismus hatte bis zu Hitler ein Problem von etwa 300 Jahren behandelt: Die **kapitalistische** Phase des Patriarchats nur in seiner **wirtschaftlichen** Funktion. Hitler zwang das Problem einer Jahrtausende alten Unterdrückung des menschlichen Lebens durch das Patriarchat im Allgemeinen auf. Dem war nicht mehr auszuweichen. Hitler war der groteske Höhepunkt dieser Entwicklung. Er zwang zur scharfen Rechenschaft über die Beziehung des psychischen zum sozial-politischen Prozeß. Nie mehr nach ihm konnte das Denken und Fühlen der Masse übersehen und vernachlässigt werden wie vor ihm. Bis zu Hitler war die breite Menschenmasse immer nur passiver Dulder der Tyrannei gewesen. Mit Hitler trat sie als deren aktiver Träger gegen die eigenen Lebensinteressen auf, handelte also irrational. Dadurch enthüllte sich erstmalig in der Geschichte die Bedeutung des Irrationalismus im gesellschaftlichen Prozeß, den man bis dahin nicht kannte. Um die zerrüttete menschliche Struktur für sich wirken zu lassen, mußte der Nationalsozialismus ihr soviel neues Leben einhauchen, ihr soviel Energie entlocken, daß der reaktionäre Inhalt der Bewegung mit ihrem revolutionären Elan in unauflösbaren Konflikt geriet. Alles weitere hing davon ab, welche Kräfte sich finden würden, diesen riesenhaften Prozeß zu begreifen, aufzufangen, die notwendige Klarheit zu bringen, ihn dorthin treiben zu lassen, wohin er, allen unbewußt, drängte. Schon 1932 war klar, daß eine Bewegung, die Hitler schlagen sollte, wesentlich nur aus dem Nationalsozialismus selbst hervorgehen konnte, durch Zurechtbiegung und sachliche Lösung der Riesenfragen, die Hitler ahnungslos aufgeworfen hatte. Dieses Wissen schützte vor der Illusion, daß Chamberlain und Daladier Deutschland "retten" konnten.

Das Erleben der faschistischen Massenpropaganda bestätigte also Zug um Zug die Aussagen der jungen politischen Psychologie. Fassen wir kurz zusammen:

1. Objektiver Prozeß einer Gesellschaft und subjektives Erleben dieses Prozesses sind streng zu unterscheiden. Beide haben Eigengesetzlichkeit und eigene Energie.
2. Führer sind stets Ausdruck eines Massenwillens, der durchschnittlichen menschlichen Struktur. Sie denken und handeln widerspruchsvoll genau in Übereinstimmung mit den Widersprüchen der durchschnittlicher Menschenmasse. Die Struktur der Masse ist widersprüchlich, fortschrittlich und reaktionär zugleich. Diese Struktur wurde in der Familie vorbereitet und setzt ihre Wirkung im Staatswesen fort. Das Problem der Familie, der Geschlechtsverhältnisse also, ist älter und in jeder Hinsicht bedeutungsvoller als das der Technik. Dies, obgleich die Wandlung der Familienform durchaus von der Wandlung der technischen Beherrschung der Welt durch die

Menschen abhängt.

3. Ökonomie und Ideologie stehen nicht in einfachem, direktem Verhältnis zueinander. Wie die erste die letzte, so kann die letzte die erste grundsätzlich bestimmen. Mehr, sie können in der Entwicklung auseinanderfallen. (**Schere**)
4. Die Bewegungskraft der Geschichte auf der Grundlage der technischen Prozesse ist die vegetative Energie[23], die sich im praktischen Leben der Masse wie des einzelnen als sexuelles Empfinden und Glückssehnsucht äußert. Die Erfolge dieser Äußerungen reichen nur so weit, als politische, soziale und wirtschaftliche Voraussetzungen es zulassen.
5. Steigt die Energieäußerung einer Gemeinschaft über diese Voraussetzungen hinaus, so erfolgt unweigerlich ein Rückschlag, so in Rußland. Der Lebenswille der Masse im Faschismus schlug zurück in tiefste geistige und materielle Verelendung, weil er sich seiner eigenen Absichten und Ziele nicht bewußt war. So bewahrheitet sich der alte Satz, daß eine Gesellschaft nur diejenigen Aufgaben leisten kan, die sie sich selbst bewußt gesetzt hat **und im Rahmen der verfügbaren Quellen des gesellschaftlichen Seins zu lösen vermag.**
6. Konservatismus und politische Reaktion haben bei der Unbewußtheit der **vorwärtstreibenden** Prozesse der deutschen Gesellschaft vortrefflich die **Energie der Masse** erfaßt und im eigenen Sinn zu lenken gewußt. Dies und nur dies ist "Faschismus". Seine Überwindung kann daher nur durch die bewußte Lenkung der von ihm erregten Prozesse erfolgen.

ALLE POLITIKER SCHLIESSEN SICH GEGEN DIE SOZIAL–PSYCHIATRIE ZUSAMMEN

Ich kann nur hoffen, daß es mir zu zeigen gelang, wie wichtig das sexuelle Leben der Menschenmassen ist; daß es vielmehr eine allgemein menschliche und damit auch eine soziale Sache darstellt. An die Stelle der Sexualisierung des politischen Lebens unserer Zeit sollte die Politisierung, also die gesellschaftlich korrekte Bewältigung des zerrütteten privaten Daseins treten. Kommunisten, Sozialdemokraten, Nationalsozialisten, Psychoanalytiker und Polizei erhoben jeweils den Anspruch, das Leben neu zu ordnen. Sehen wir zu, welche Erfahrungen die Arbeit

[23] *Mit der Entdeckung der besonderen Lebensenergie in Bionen und der Atmosphäre (1939-1940), wurde der Begriff "vegetative Energie" durch die Begriffe "Bioenergie" und "Orgonenergie" ersetzt.*

brachte, nachdem sie nicht mehr in akademischen und privaten Zirkeln, sondern dort geleistet wurde, wo allein sie Sinn und Ziel hatte: Unter der Masse der Menschen, die über die weitere Entwicklung der Gesellschaft letzten Endes entscheiden sollten. Das Bild, das sich mir von ihnen dabei bot, war das der Kulisse an der Bühne, auf der der Faschismus seinen Siegeszug hielt. In dieser Kulisse gab es sowohl die prachtvolle Ausstattung seiner ideologischen Kraft als auch das Durcheinander und den Plunder, den der Glanz der Bühne verdeckte. Und mitten in dem Plunder gab es einfache Menschen mit einfachen, selbstverständlichen Lebenswünschen. Etwa ein vierzehnjähriges Mädchen, das von der Hitlerjugend zu einer von mir betreuten Jugendtruppe übergetreten war. Sie war schwanger geworden, hatte gehört, daß "die Roten" vernünftige Ärzte hätten, die solches verstünden, und suchte nun Rettung. Ich brachte sie ihr[24]. Ich hatte an dem Abend der Jugendgruppe auseinandergesetzt, welche sozialen Umstände das Mädchen in tiefes Unglück zu stürzen drohten. Wäre das Mädchen nicht zufällig auf mich, sondern einen üblichen Arzt gestoßen, so wäre sie in der Fürsorge kaputt gegangen. Niemals wird mir der brennende Augenausdruck dieses Mädchens in Vergessenheit geraten. Sie dachte und fühlte für Millionen.

Nach Schluß drängte sich ein etwa zehnjähriges Mädchen zu mir hin, blieb neben mir lange sinnend stehen, dann streichelte sie wortlos mit tränenvollen Augen meinen Arm. Wir sprachen kein Wort miteinander. Wir wußten, was wir beide wollten. Wir verstanden, wie nahe, trostlos und gefährlich nahe, unser Denken und unsere Arbeit den schmutzigsten, grauenhaftesten Gebieten menschlichen Erlebens in der heutigen Zeit waren. Doch wir verstanden beide, daß man einen Misthaufen nicht fortschaffen kann, wenn man sich ängstlich vor Berührung mit dem Dreck hütet.

In diesen Jahren, mitten unter Jugendlichen und Erwachsenen verschiedener Parteien und politischer Gesinnungen, wurde völlig klar, daß meine Arbeit in der "Unterwelt" allmählich die Antwort auf die gesamte nationalsozialistische Ideologie heranschaffte. Die Antwort auf das Problem "Mensch, Kultur und Natur". Mich philosophischen Gedanken über das Thema hinzugeben, vermied ich eifrig. Ich hätte zehnfacher Hitlerscher Gottbegnadetheit bedurft, um rein menschlich durchzuhalten. Die Ereignisse, die mich und meine Arbeit in den folgenden sechs Jahren trafen, waren nur zu überstehen, mit dem Bilde dieser Menschen vor mir in jeder Situation, die das Ende zu bedeuten schien. Ich bin von Natur nicht listig, eher das Gegenteil davon. Das Bild dieser Menschen

24 *Später befähigte ich sie, unter guten Bedingungen und ohne Angst zu gebären.*

lehrte mich listig sein. Ich hatte die Möglichkeit wie viele, mich aus der gesamten politischen Affaire zu ziehen. Die an Kindern und Jugendlichen überall begangenen Verbrechen hielten davon ab. Anders zu handeln war unmöglich geworden.
1937 kamen Jugendliche von der Hitlerjugend zu mir ins Ausland und holten sich einige entsprechend umgearbeitete Exemplare meines Jugendbuches für ihre Kameraden. Ich hatte aus dem Jugendbuch nur diejenigen Stellen zu streichen, die mir bürokratische Parteileute hineingesetzt hatten. Logischerweise war 5 Jahre später alles falsch und unbrauchbar, was entmenschtes Parteidenken für richtig gehalten hatte, und richtig, was mir die Jugendlichen an Antworten auf ihr Dasein einzugeben vermochten.
Zu behaupten, daß man die Antwort auf die gesamte nationalsozialistische Ideologie besäße, ist verwegen. Ich werde zu schildern haben, wie mir die Ereignisse zwischen 1932 und 1938 recht gaben. Wie sehr das, was meine damaligen Gegner einwandten, hinfällig wurde und unabhängig von mir die Probe bestand, was sie bekämpft hatten. Dies zu schildern ist unerläßlich. Denn es war nur möglich unter dem Drucke der Verelendung der Welt durch den Faschismus, den diese Gegner nicht begriffen, nicht begreifen wollten, sie ihn als Grundhaltung vielmehr in sich trugen.

Drei große Fragen hatte er der Welt gestellt:
1. **Wie ist die sexuelle Misere zu beseitigen?** Die Antwort lautete prinzipiell, durch Herstellung des natürlichen sexuellen Lebens, und **seine Unterscheidung vom verunstalteten sexuellen Leben der Gegenwart,** das alle bekämpften.
2. **Wie ist an die Stelle des entliehenen, falschen, illusionären Selbstgefühls der Menschen das natürliche, in einem befriedigenden Dasein wurzelnde Selbstbewußtsein zu setzen?** Die Antwort gab die klinische und massenpsychologische Erfahrung: **Durch Herstellung ungepanzerter, frei beweglicher, kräftiger, sexuell bejahender Strukturen.**
3. **Wie ist die Herstellung von Diktaturen einzelner über Millionen zu verhindern?**
Durch Herstellung der Fähigkeit der Menschen zur Selbstbestimmung und Selbstverwaltung ihres Daseins, also zur **echten sozialen Demokratie.**
Sozialisten, Sozialdemokraten und Kommunisten gaben darauf folgende Antworten:

Am 5. 12. 1932, zwei Monate vor dem großen Krach, erschien in der deutschen "Fichte"-Zeitung *Rot Sport* eine Notiz, die die weitere Verbreitung und den Verkauf der von mir herausgegebenen Literatur strengstens untersagte. Darunter waren: *Der Einbruch der Sexualmoral, Der sexuelle Kampf der Jugend, Wenn Dein Kind Dich fragt, Das Kreidedreieck* etc.

Vertrieb einstellen!

Die durch den Lit-Vertrieb der KG von dem Verlag für Sexualpolitik übernommenen Broschüren von Reich werden zurückgezogen und ist der Weitervertrieb einzustellen.
Die Übernahme des Vertriebes erfolgte durch ein Mißverständnis.
In den Broschüren von Reich werden die Probleme in einer der revolutionären Kinder–und Jugenderziehung widersprechenden Weise behandelt. Ausführliche Stellungnahme in der nächsten Nummer.
[Sie erfolgte nie!]

Meine sexualpolitische Organisation forderte daraufhin spontan eine Großberliner Funktionärsitzung. Auch alle weiteren Aktionen, die in schweren Lagen zu Gunsten meiner Arbeit vorgenommen wurden, waren immer spontan. Ich habe es mir dann zum Prinzip gemacht, keine "Kampagnen zu leiten" oder "in Gang zu setzen". Wenn die Sache stimmte, mußte sie sich fürs erste dadurch beweisen, daß sie **für sich selbst durch den Mund und die Handlung der Betroffenen sprach**. Nur so waren die bitter notwendigen Erfahrungen über die Fähigkeit der wenig oder gar nicht sachlich Geschulten, **ihre Sache selbst zu lenken**, zu holen. In einem Briefe der Charlottenburger Gruppe an die Parteileitung hieß es (am 10.12. 1932): " Durch gemeinste Intrigen haben die Leiter der Kulturorganisationen den Vertrieb der für unsere Bewegung notwendigen Literatur sabotiert und versuchen auch jetzt noch, diese Literatur **gegen** die Beschlüsse der Groß–Berliner–Fraktion des Verbandes zu verdrängen." Die Organisation stellte den Antrag auf Enthebung der Leitung der deutschen Kulturorganisation der kommunistischen Partei. Im Dezember 1932, bald nach dem Verbot, berief der Leiter der Berlin-Brandenburger Sportlerorganisation "Fichte," der Abgeordnete **Grube**, eine Funktionärkonferenz ein. In schärfsten Drohungen und mit schlimmsten Verdrehungen verteidigte und begründete er das Verbot. Es wäre einfach "konterrevolutionär", derartiges Zeug den Jugendlichen vorzusetzen. Es verderbe die Kampfkraft und hätte nichts mit mit "proleta-

rischer Klassenmoral" zu tun. Vor kurzem wären Jugendliche an die Fichte-Sportleitung herangetreten und hätten verlangt, daß die Organisation für hygienische Räume und die Möglichkeit der Ungestörtheit im Geschlechtsverkehr sorgte. Es wären Behauptungen gefallen wie die, daß solche Mängel die Organisation zerrütten. Man hätte sich "auf Reich berufen". Reich hätte, als er von dem "Skandal" hörte, an die Fichteleitung geschrieben, daß die Jugendlichen unbedingt recht haben, sie hätten sich nur an die falsche Adresse gewendet. Zuständig wäre die Gesellschaft und nicht eine Sportorganisation. Unerhört! Ein Freund der Sache kam nachher zu mir und erzählte, daß 80 % aller Funktionäre, sonst treue, hörige Gefolgschaft der Partei, gegen den Leiter der Organisation aufgetreten wären. Es hätte großen Krach gegeben. Am folgenden Tage kamen junge Arbeiter zu mir und erklärten, daß meine Schriften weiter verbreitet werden würden, trotz Verbot. Und so geschah es!
Eines Tages entstand Aufregung in der kommunistischen Parlamentsfraktion: In Dresden kursierte unter Jugendlichen aller Richtungen eine Resolution der sozialistischen Jugendorganisationen, die am 16.10.1932 abgefaßt war. Diese Resolution wäre ein Riesenskandal. Sie gefährdete das "Ansehen der Partei". Ziehe die großen politischen Aufgaben in den Dreck. Man schämte sich. Der Gegner könnte jederzeit die Sache aufgreifen und daraus "politisches Kapital" schlagen. Die Parole "Jedem Jugendlichen sein eigenes Zimmer" wäre "unglaublich". Man verliere jede Chance, "die Christen zu erobern". (1936 erfolgte die Verbündung mit den Christlichen!!) Der Anreger der Resolution müßte sofort aus der Partei ausgeschlossen werden. Als man erfuhr, daß die Resolution nach einer Jugendkonferenz beschlossen worden war, zu der ich eingeladen hatte, entstand größte Verlegenheit. Mich konnte man damals nicht ausschließen. Die Organisationen der kommunistischen, sozialdemokratischen und bürgerlichen Jugend hatten die Schriften zu Tausenden verbreitet. Es hätte helle Rebellion gegeben. Kurz vorher war es der Berliner kommunistischen Jugendorganisation gelungen, zum ersten Male seit den Einheitsfrontbestrebungen mit der sozialistischen Jugend eine gemeinsame Versammlung zur Erörterung der persönlichen und von da aus der allgemein sozialen Lage der Jugend einzuberufen. Auf dieser Versammlung hatte ich gesprochen. Die Jugendlichen waren begeistert. Sie hatten die Gegensätze endlich überbrückt und eine gemeinsame Arbeit für sich gefunden. Überdies hatte ich das Buch[25] auf Aufforderung der Organisation geschrieben. Es war von offi-

[25] *Der sexuelle Kampf der Jugend*

ziellen Vertretern angenommen worden. Es war nicht schön! Ein früherer schwerer Gegner meiner Jugendarbeit hatte einer Jugendversammlung in Neukölln beigewohnt und war toll überrascht, welches Interesse die Jugend hatte, wie aktiv sie in die Debatte eingriff, und daß sogar die "hochpolitischen" Fragen dadurch aufgerollt wurden. Die Sache hatte sich herumgesprochen. Der Betreffende war Freund geworden.
Die Dresdener Resolution der revolutionären Jugend in Gemeinschaft mit anderen Jugendgruppen lautete:

Resolution

beschlossen auf der Konferenz der Vertreter der proletarisch–revolutionären Jugendorganisationen des U.B. Dresden am 16. 10. 1932.
Die versammelten Vertreter der proletarischen Jugendorganisationen (K.J.V., I.A.H., S.J.V.)[26] beschließen, die Arbeit auf sexualpolitischem Gebiet zum Zwecke breitester Mobilisierung der werktätigen Jugend in die übrige Arbeit zum Sturze des Kapitals einzureihen. Sie kamen zur klaren Erkenntnis und waren einhellig der Meinung, daß die bisherige Vernachlässigung der sexuellen Frage der Jugend sich äußerst schädlich auf die revolutionäre Arbeit der Jugendorganisationen ausgewirkt hat. Zerfall der Gruppen, große Fluktuation der Mitglieder, politische Passivität etc. hängen aufs engste mit dem gestörten und ungeklärten Geschlechtsleben der Jugend zusammen. Diese Verworrenheit und Ungeklärtheit der Geschlechtsfrage der Jugend ist selbst eine Folge der kapitalistischen Sexualordnung und steht im Dienste der Kirche und der herrschenden Klasse zum Zwecke der geistigen Unterjochung der Jugend aller Kreise. Die sexualpolitische Arbeit als ein wesentlicher Bestandteil der revolutionären Arbeit überhaupt, muß sich zunächst auf folgende Punkte konzentrieren:
1. Klärung der Frage in der Partei und ihren Organisationen selbst; **Verbindung** und nicht Trennung der persönlichen und der politischen Fragen, d.h. **restlose Politisierung des sexuellen Lebens.**
2. Zerstörung des einseitigen Burgfriedens, der auf diesem Gebiete zwischen Bourgeoisie und Proletariat noch herrscht (nur die Bourgeoisie kämpft auf allen sexuellen Gebieten für ihre Interessen), das heißt Kampfansage an die Bourgeoisie mit den Mitteln der proletarischen Strategie auch auf diesem Gebiete (Aktionen etwa gegen Sittlichkeitsverordnungen wie der von Bracht etc.).
3. Mobilisierung der Jugend aller politischen Richtungen auf der Grundlage einer klaren, bejahenden Stellungnahme zum Geschlechtsleben der Jugend unter Nachweis der Unmöglichkeit, die Voraussetzungen für ein gesundes Geschlechtsleben im Kapitalismus zu schaffen. Einbruch in die christlichen, nationalsozialistischen, sozialdemokratischen Organisatio-

26 *Kommunistischer Jugend Verband, Internationaler Arbeiter Hilfsverein, Sozialistischer Jugend Verband*

nen durch restlose Aufrollung der Widersprüche zwischen den Mitgliedern dieser Organisationen und ihrer Führung.
4. Voraussetzung dazu ist ideologische Klärung der Schwierigkeiten in den Jugendorganisationen (Verhältnis der Zahl der Mädchen zu der der Jungen; Heranziehung der indifferenten Jugendlichen von den Tanzböden mit Hilfe der sexuellen Fragen etc.).
Die Konferenz ist sich der gewaltigen Schwierigkeiten bewußt, die auf diesem Gebiet zu überwinden sind, aber sie ist ebenso überzeugt, daß die Geschlechtsfrage der Jugend eine der wichtigsten Klassenkampffragen, im Sinne der Mobilisierung der Jugend zum Sturze des Kapitals ist, das sie nicht nur hungern läßt, sondern ihr das Recht auf eine sexuelles Leben durch Gesetze und Verfolgungen, sowie Erziehung nimmt und dadurch verelendet. Der reaktionären Sexualpolitik der Bourgeoisie aller Schattierungen, mit deren Hilfe sie die werktätige Jugend an das Kapital in Hörigkeit bindet, wie z. B. das Zentrum ein und eine halbe Million Jugendliche, muß eine klare, sexualbejahende, revolutionäre Sexualpolitik entgegengesetzt werden, zur machtvollen Verstärkung des Kampfes des Proletariats gegen die Bourgeoisie, zu deren Sturz und zur Errichtung der Rätemacht, die die brennende Frage des Geschlechtslebens der Jugend im Rahmen aller Fragen der sozialen Revolution lösen wird.

Es lebe die proletarische Revolution!

"Wohlmeinende Freunde" hatten mir immer geraten, "weniger aggressiv" und "taktischer" aufzutreten. Im Dresdener Bezirk leitete die Arbeit ein Freund der Sache, 21 Jahre alt, der mich kaum kannte. Hier einige Auszüge aus seinen brieflichen Berichten:

"Ich möchte Dir einiges aus meinen bisherigen Erfahrungen mitteilen und zeigen, welche Schwierigkeiten sich bei der Behandlung dieser Fragen in den Jugendorganisationen ergeben... Man macht mir ausgerechnet beim Sekretariat des Jugendverbandes Schwierigkeiten, in den Gruppen über diese Fragen zu sprechen und beabsichtigt, mir Redeverbot zu erteilen. So klar und nüchtern ich die Frage behandelte, wurde sie auch von den Jungen verstanden, nur von einigen nicht, und zwar gerade von denen, die politisch an der Spitze der Bewegung stehen und einsehen müßten, was in der Organisation los ist. Sie traten gegen mich auf. Ich kann Dir nur sagen, es war mir eine Freude zu sehen, wie die Jugend ihre Rechte verteidigte. Ich gewann, um bildlich zu sprechen, den Eindruck, hier wehrt sich eine Jugend gegen die Unterdrückung ihres Körpers. 38 von 40 anwesenden Jugendlichen waren mit mir einverstanden...Ausgerechnet die zwei, der politische Leiter der Jugend und ein anderer Leiter, vertraten einen anderen Standpunkt...Ich wollte zurücktreten, darauf sagten mir die Jugendlichen, sie wollten diese Fragen von niemand anderem behandelt wissen und verlangten, daß ich wiederkomme. Ich stehe vor der Frage, die richtige Sache durchkämpfen und die politische Leitung diskreditieren oder weichen. Die Entscheidung fällt mir schwer..."

Die Lehre lautet: Es ist dem heutigen Menschen, auch dem Jugendlichen, unmöglich, eine führende Position zu behaupten und dabei nicht selbst sexuell zu versteinern. Die heutigen Organisationen fordern "Würde" vom Leiter. **Steife Würde und sexuelle Gesundheit sind unvereinbar.** Also kann die Lebensfrage der Menschen mit diesen Leitern nicht gelöst werden. Bürokratie und Lebendiges sind tödliche Gegensätze. Wir werden die Riesenbedeutung dieser Frage noch oft antreffen. **Sie ist die Kernfrage jeder ernsthaften Bestrebung, Neues durchzusetzen.** Sie wird getragen von der Autoritätsbedürftigkeit der Massen, die selbst einfach sexuell leben wollen, doch von ihren Führern fordern, daß sie autoritär, das heißt bürokratisch, das heißt **keusch** seien. Und die zur Keuschheit gezwungenen Führer rächen sich nun ihrerseits an der Menschenmasse, indem sie ihnen Keuschheit, Moralin, "Haltung" auferlegen, statt die sexuelle Lebensfrage **positiv** zu lösen. **Nein!** Ein ehrlicher Führer sagt zu den Menschen: "Ich bin nur ein Mensch, ein Lebewesen, und muß daher wie jeder andere auch Frauen resp. Männer umarmen und lieben. Wer das nicht begreift, ist unfähig die Revolution unseres Lebens zu begreifen. Wie soll ich das Leben begreifen, wenn ich versteinern oder meine Liebessehnsucht auf der Hintertreppe geheim leben soll?" **So** sprechen echte Lenker gesellschaftlicher Verbände!! Alles andere ist Hitlerei, das heißt **göttliche Impotenz**!! Und so saß die Hitlerei in der Führung der Partei, die Deutschland eine "neue, bessere, freie Zukunft" sichern wollte.

Am 29. 1. 1933, also vier Wochen vor Hereinbruch der Katastrophe, fand eine Reichsverbandkonferenz in Berlin statt. Sie bewies, daß Hitler die Kommunisten zu Unrecht des "Kulturbolschewismus" beschuldigte. Der Arzt Dr. Friedländer, der mein Jugendbuch, als **alle** dafür waren, wärmstens empfohlen hatte, leitete eine fade Diskussion über "Die politische Lage und unsere Aufgaben". Folgende Sätze fanden sich im stenographierten Protokoll:

"Die Sexuallust ist nicht, wie Reich sagt, ein bewegendes Moment der Geschichte..."
"Die Theorie von Reich ist eine Konzession an das Kleinbürgertum...!!"

[das mit fliegenden Fahnen und brennenden Herzen gerade Hitler zulief!]

Der Leiter der bolschewistisch–kommnunistischen Kulturorganisation Deutschlands:

"Warum sollte denn bloß das Ernährungsbedürfnis und die Sexualität geschichtsbildend sein? Ebensogut könnte man auch sagen, das **Atmungsbedürfnis** sei geschichtsbildend. Mit derartigem Zeug lenken wir bloß die Massen vom Kampf gegen die ökonomische Basis ab (!!)."

(Der gute Mann, künftiger, leider verhinderter Kulturbeschützer, ahnte nicht, was er sagte, **als er das Atmungsbedürfnis der Masse nannte.** Ich hätte ihm diesen Satz auch erst drei Jahre später klinisch bestätigen können.)

"Ebenso ungeheuerlich ist Reichs Meinung, daß die Sexualverdrängungen beide Klassen umfasse. Damit leugnet er das Bestehen der Klassengegensätze. Am schlimmsten jedoch ist, daß er im **Sexuellen Kampf der Jugend** behauptet, daß zwischen den Generationen Gegensätze bestünden. Das bedeutet, daß der Klassenkampf in die Familie verlegt werden soll, statt alle Kräfte für den politischen Kampf gegen Ausbeutung und Verelendung zu konzentrieren."

E., Leiter des deutschen **sexual**politischen Verbandes:

"Der größte Teil unserer Mitglieder kommt nicht wegen der sexuellen Nöte zu uns. Die Statistik unserer Organisation beweist, daß der größte Teil unserer Mitglieder erwerbslos ist." [Logik!!]

Ein Funktionär aus Essen:

"Wir haben die Feststellung gemacht, daß man mit sexuellen Themen Leute bekommt, an die man sonst nicht herankommt. Nicht bloß christliche Frauen, sondern auch Nationalsozialisten. Es ist uns sogar gelungen, zu Demonstrationen überzugehen."

D., Leiterin der westdeutschen Organisation:

"Auch wir haben festgestellt, daß man mit sexuellen Themen an sonst nicht erfaßbare Bevölkerungsschichten herankommt. In einem kriegswichtigen Betrieb, der von uns noch gar nicht erfaßt war, fanden sich bei der ersten Versammlung [über Sexualpolitik] 60 Frauen ein. Jetzt haben wir in diesem Betrieb Gruppen, die mit besonderen Forderungen sozialhygienischer Art auftreten." [Aber was lag diesen Organisationen daran?]

Ein kommunistischer Arzt:

"Reich will aus unseren Organisationen Vögelorganisationen machen! Das ist ein Verbrechen an unserer Jugend, die unsere Zukunft ist! [Der größte Teil der Funktionärsversammlung protestiert.] Ich habe seit zehn Jahren noch nie Schwierigkeiten mit sexualpolitischer Arbeit gehabt." [Wie sehr beneidete ich diesen heiteren Klassenkämpfer!]

Die Angelegenheit wollte nicht zur Ruhe kommen. Bei der Abstimmung der Reichsfunktionäre über eine gegen meine Arbeit gefaßte Resolution stimmten 39 für den Parteivertreter, 32 für mich. Die Parteileitung hatte wochenlang vorbereitet. Ich hatte keinen Finger gerührt, um Stimmen für mich zu hamstern, immer in der Überzeugung, daß Überredungen und suggestive Maßnahmen sinnlos sind. **Nur wer selbst seinen Standpunkt verfocht, war in diesem Kampfe brauchbar.** Die Verhandlungen gingen am 18. und 19.2. 1933 weiter. Diesmal sprach "die Partei" selbst durch ihren Kulturvertreter B.: "Politischer Bericht und unsere Aufgaben."

"Die Bücher Reichs sind bewußt oder unbewußt, ich nehme vorläufig an, unbewußt konterrevolutionär...Das Zentralkomitee der KP hat unsere Auffassungen voll und ganz gebilligt. Eine gründliche Auseinandersetzung mit Reichs Fälschung des Marxismus wird erfolgen. [Das geschah nie!]...Die Berliner Fraktion hat den Beschlüssen der Reichsleitung zuwider beschlossen, die Reichsche Literatur zu vertreiben...
Reichs Schriften sind ein Versuch der Diskreditierung des Marxismus. Wer glaubt in unseren Organisationen [wohlgemerkt: **sexualpolitischen** Organisationen!!] Sexualpolitik treiben zu können, der irrt sich. Bei uns wird **Politik** getrieben, keine Sexualpolitik!"

Dieselbe Funktionärin, die vorher sich ihrer guten Erfahrungen mit der sexualpolitischen Arbeit gerühmt hatte, schwenkte um:

"Anatomische Einzelheiten und unästhetische Nebensächlichkeiten dürfte man nicht bringen. Es wäre falsch bei der Schulung der Funktionäre sexuelle Fragen in den Vordergrund zu stellen. [Wozu dann **sexual**politische Verbände??] Unsere Mitglieder interessieren sich mehr für die Strategie und Taktik des Klassenkampfes."

Parteivertreter des Marxismus B.:

"Ungeheuerlich ist Reichs Behauptung im *Einbruch der Sexualmoral*, daß die Produktivkraft Arbeitskraft sublimierte Sexualenergie ist. Damit wird klar ausgesprochen, daß der dialektische Materialismus falsch ist. Demnach ist also auch Marxens *Kapital* sublimierte Sexualenergie." [Welch eine Schande für "Kommunisten"!]

Die kommunistische Ärztin Marta Ruben-Wolff erklärte, im Proletariat gäbe es keine Orgasmusstörungen. So etwas käme nur in der Bourgeoisie vor. Es wäre im übrigen die Schuld der kommunistischen Parteifraktion, daß Reich soviel Einfluß erobert hat. Er hätte ernst gearbeitet, die kommunistische Ärztefraktion hätte aber nichts in diesen Fragen getan. Große Umänderungen in der praktischen Arbeit wären nicht nötig. Dagegen sei die theoretische Basis Reichs zu verwerfen.
Also sich die Liebe der Menschen stehlen ging noch, doch die Sicherung ihrer endgültigen Unabhängigkeit von solchen Vertretern der dialektisch-materialistischen Theorie und der revolutionären Freiheit war perfid. Ein junger Arzt, der Jahre lang begeistert für meine Arbeit gewesen war, erklärte harmlos, meine Theorie wäre zu verwerfen, denn die Fragen müßten politisch gestellt werden. Im Gegensatz zu mir wäre die Psychologie in Rußland materialistisch.
Nach einer nachdrücklichen Bemerkung des Parteivertreters, daß eine Spaltung drohte, wenn die Resolution nicht einstimmig angenommen würde, ergab die Abstimmung 15 Stimmen für die Parteileitung, 7 für mich und 3 enthielten sich der Stimme. Dies war ein Riesenerfolg, denn ich besaß keine Organisationsmacht. [Meine einzige Waffe war die Wahrheit über das Leben.]
Zur selben Zeit liefen in der Organisation Urteile zum Jugendbuch ein:

Neue Lehrerzeitung, Februar 1933, Berlin

"Das Buch des durch zahlreiche psychoanalytische und psychopathologische Arbeiten bekannten Verfassers nimmt insofern eine besondere Stellung gegenüber ähnlichen Schriften ein, als es zu den Fragen der Sexualität unter dem Gesichtspunkt des Klassencharakters der heute herrschenden Anschauungen Stellung nimmt. Während z.B. Hodann trotz klarer fachlicher Darlegungen in seinen Schriften seine Schwäche ganz deutlich offenbart, wenn es sich darum handelt, Wege zur Lösung der sexuellen Fragen aufzuzeigen, gibt Reich eine gründliche Analyse der sozialen Wurzeln der Sexualnot und zeigt, daß die sexuelle Befreiung nur von einer Änderung des wirtschaftlichen und politischen Fundamentes der Gesellschaft erwartet werden kann. Die Sprache des Buches ist volkstümlich, so daß es besonders der proletarischen Jugend, für die es geschrieben ist, als Wegweiser dienen wird. Wir empfehlen es aber darüber hinaus allen Lehrern und Erziehern, die eine Einführung in die sexuelle Frage vom marxistischen Standpunkt aus wünschen."

Urteil einer Stenotypistin:

"An dem Buch ist absolut nichts auszusetzen, es ist klar und deutlich geschrieben, und es wäre angebracht, wenn ein jeder mal seine Nase da hineinstecken würde. Auch die Aufmachung ist ausgezeichnet."

Die Rote Fahne, Wien, 14.12. 1932

"Dieses Buch wurde bereits im Jahre 1931 verfaßt. Es ist und bleibt trotzdem ein Buch von höchster aktueller Notwendigkeit, weil hier Genosse Reich die untrennbaren Zusammenhänge zwischen sexueller Not und herrschender Ordnung klar und rückhaltlos aufweist. Der Verfasser bemüht sich aber auch, der in ihrem Geschlechtsleben leidenden proletarischen Jugend so viel Ratschläge zu geben, wie sie innerhalb dieser Ordnung gegeben werden können. Den besten Ratschlag aber gibt er ihr, wenn er sagt: "Kämpft gegen diese Ordnung, dann kämpft ihr auch für eure sexuelle Freiheit und Würde. Darum muß dieses aufschlußreiche Buch der kämpfenden Arbeiterjugend empfohlen werden.
[**Das war peinlich für die Parteileiter!**]

Kritik einer Jugendbetriebszelle Charlottenburg:

"Ich habe das Buch mit einigen Jugendlichen gelesen. Sie waren begeistert und sagten, daß solche Broschüre bis jetzt immer fehlte. Inhaltlich ist alles knorke. Du bist auf alles klar eingegangen, was uns beschäftigte. Uns ist beim Lesen schon vieles an uns selber klar geworden."

Von einem Jugendgruppenführer in Neukölln:

"Habe Deine Broschüre *Sexueller Kampf der Jugend* mit regem Interesse gelesen. Ich konnte feststellen, daß Inhalt und Sprache die Broschüre *Sexualerregung und Befriedigung* bei weitem übertreffen. Die Tatsache ist im besonderen zu unterstreichen, daß auf marxistischer Grundlage [hier ist "richtige" Grundlage gemeint] fast jedes Kapitel besprochen wird und ein glänzendes Diskussionsgebiet für die proletarischen Jugendorganisationen ist, umsomehr, da praktische Beispiele aus dem KJVD und Fichte-Gruppen herausgegriffen wurden, die die sexuelle Not der Jugend auch in den Jugendorganisationen widerspiegeln. Wenn ich nun im allgemeinen nichts Gegensätzliches zu sagen habe, so nehme ich mir doch das Recht zu einzelnen Fragen, die die Broschüre berührt, etwas zu sagen bzw. zu ergänzen. Wir hoffen, daß die Broschüre recht bald in unseren Jugendorganisationen erscheint. Sie ist die erste Schrift, die uns sagt: Wann ist eigentlich der Jugendliche reif, den Geschlechtsverkehr zu beginnen? Das sexuelle Problem ist in so klarer und verständlicher Form gelöst, daß es nicht nur allen proletarischen, sondern auch vielen anderen Jugendlichen eine Hilfe sein würde. Ich finde, die letzten Abschnitte wirken zu sehr als kommunistische Propaganda. Wenn man da eine allgemeinere Form wählen würde, würde es bestimmt von mehr Jugendlichen gelesen, denn nicht alle Jugendlichen sind kommunistisch. Ich glaube, das Wichtigste ist doch, daß es in die Hand recht vieler Jugendlicher kommt, um dadurch die Jugend für die sexuelle Befreiung zu gewinnen."

gezeichnet Zeltlager

Verweilen wir einen Augenblick, um die Fragen zu überblicken, die solche Konferenzen, Beschlüsse, Verrätereien u.s.f. aufwerfen. Es sind nicht Fragen lokaler Natur. Sie betreffen nicht nur das Gebiet der Sexualpolitik. Es sind grundlegende Fragen jeder menschlichen Organisation. Ohne ihre Beantwortung wird es keine wirklichen Änderungen, sondern nur Illusionen über Freiheit geben. Die unendlichen Schwierigkeiten menschlichen Zusammenlebens zerstörten bisher jeden Versuch, das Grundproblem unserer Gesellschaft, die klassenmäßige Trennung ihrer Mitglieder zu lösen. Nach dem Fiasko der russischen Revolution ist daran nicht mehr zu zweifeln. In den geschilderten Konferenzen und Streitereien erlebte man:

Die Angst des Menschen, er mag noch so revolutionär sich gebärden, aus der Reihe der marschierenden Massenkolonne zu springen. Dies gilt für alle Kreise und Lebensgebiete.

Gemeinheiten, die Menschen begehen, weil sie schlechtes Gewissen haben, die sie völlig **unbewußt** begehen, weil das Selbstgefühl anderes nicht zuläßt. Die sowjetrussischen Prozesse wegen Sabotage und Spionage, die die folgenden Jahre füllten, waren voll von diesen Mechanismen und daher dem rein rationalistischen Denken unverständlich.

Die mächtige Hingezogenheit zum Gedanken der menschlichen Freiheit, doch gleichzeitig hilfloses Umfallen, wenn sich die ersten ernsten Schwierigkeiten zeigen. Wieder der Widerspruch zwischen Freiheits**sehnsucht** und Freiheits**fähigkeit**.

Die Beherrschung der offiziellen politischen Funktionen durch private, persönlichste Stimmungen und Einstellungen. Daher die komplette Sinnlosigkeit der Politik überhaupt.
Die Säuglingserwartung der Masse, sobald sie unter autoritären Einfluß gerät, welcher Art immer er sei.
Die verantwortungslose Bereitschaft der gewesenen sozialistischen Organisationen, korrekte Ideen zu unterstützen, solange sie sie nicht kannten, und ihre ebenso prompte Bereitschaft, sie zu vernichten, sobald sie die Wirkung **korrekter** Ideen wahrnahmen.
Die tiefe, unüberbrückbare Kluft, die das Leben der Masse von dem ihrer organisierten und mit Macht ausgestatteten Vertretung trennt.
Den Zwang der Bürokratisierung jedes Massenführers, sobald er dem Massenniveau entsteigt. Den sexuellen Kern jeder Bürokratie. Den unversönlichen Gegensatz von Bürokratie und natürlichem Sexualleben.
Die scheinbare Treulosigkeit der Masse, die sich aus unbewältigbaren realen Situationen ergibt. Die Verachtung der Menschenmasse durch solche, die sich nie die Mühe nahmen, ein soziales Problem bis zu den Wurzeln zu verfolgen.
Ich war oft daran, die ganzen massenpsychologischen Bemühungen aufzugeben und mich der rein ärztlich-klinischen Arbeit zu widmen. Das soziale Schuldgefühl wäre zu überwinden gewesen. Leistungen aus sozialem Schuldgefühl halten auf die Dauer nicht. Auch die tiefe Überzeugung von der Korrektheit der Marxschen Soziologie hätte mich nicht gehalten. Eher hätte die Unwissenschaftlichkeit der Marxschen Parteien raschen Bruch gefordert. Mich hielt brennendes Interesse an den so merkwürdigen menschlichen Reaktionen fest. Von ihrem Verständnis hing ein Stück drängender Forschung ab. Aus diesem Grunde trat ich aus keiner Organisation oder Arbeitsgruppe, mit der ich fertig war, aus, sondern ließ alles kommen, wie es mußte. Das hat mir unschätzbares Wissen, und ich darf sagen, auch Kraft gegeben. Erstens Überwindung meiner persönlichen Empfindlichkeiten. Zweitens Erfahrungen für später. Drittens schließlich korrekte massenpsychologische Einsicht. Wenn man die Pest bekämpfen will, muß man sich ihr aussetzen. Daß Neurose und Politik eine solche Pest der Menschheit waren, stand über allen Zweifeln. Das alles erschien den gesetzten Politikern und Fachkollegen als "unproletarisches" oder "unwissenschaftliches" Abenteuertum.
Es ging nicht ohne gefährliche Situationen. Die sozialistische Reichsbannerjugend hatte sich in einigen Bezirken mit der kommunistischen Jugend zusammengeschlossen. Die Parteiführungen bekämpften einander in

schmählicher Weise. So gaben die Kommunisten im Dezember 1932 der Partei den Auftrag, bei den großen gemeinsamen Demonstrationen der Sozialdemokraten, sich nicht unter die Züge zu mischen, sondern bloß am Gehsteig Aufstellung zu nehmen. Die Massen flossen gegen den Parteiwillen ineinander. Menschen aller Berufe und Kreise wollten den Kampf gegen den Faschismus. Ich hatte mich mit meinem Wagen einer bewaffneten Formation, bestehend aus Reichsbanner und Arbeiterwehr, zur Verfügung gestellt. Ich verfaßte für die Kampfformationen einen Flugzettel, der in mehreren hunderttausend Exemplaren die Loslösung von den Parteien und die gemeinsame Aktion gegen den geplanten Faschistenüberfall in Berlin zur Märzwahl forderte.

Meine Versammlungen in Leipzig, Stettin, Dresden etc. waren überfüllt.

Am 24. Februar 1933 fuhr ich nach Kopenhagen, von der dänischen Studentenorganisation zu einem Vortrag über Rasse- und Faschismusprobleme eingeladen. Auf dem Schiff wurde ich von *Politiken*, der größten dänischen Zeitung der Regierung, interviewt. Ich sollte auch in einer Versammlung sprechen, die *Politiken* veranstalten wollte. Nach dem ersten Abend bei den Studenten herrschte helle Begeisterung. Nach dem zweiten in einer Arbeiterversammlung, wo ich über Faschismus und Deutschland sprach, sagte *Politiken* ab. Das war dem Regierungsorgan zuviel gewesen. Am 28. Februar früh kehrte ich nach Berlin zurück. Am Abend brannte der Reichstag und am Morgen darauf wurden 1500 Funktionäre und Intellektuelle verhaftet. Ich entging dieser Verhaftung nur dadurch, daß die faschistischen Listen nach den offiziellen Ämtern angelegt waren, die die zu Verhaftenden bekleideten. Ich hatte aber nie ein offizielles Amt bekleidet.

Die sechs Tage nach den Verhaftungen waren grauenhaft. Die Organisationen waren wie gelähmt. Kein Mensch war zu finden. Am 1.3. 1933 traf ich zufällig einen kommunistischen Reichtagsabgeordneten bei einem Kollegen. Zur Frage stand, was am 5. März, dem Wahltag, den Hitler als von Hindenburg berufener Kanzler angesetzt hatte, geschehen sollte. Der Kommunistische Abgeordnete erzählte, die Reste der Parteiführung hätten den Befehl gegeben, die Arbeiterwohnungen zu schützen und die Faschistenzüge zu sprengen. Ich wußte von einem Arbeiter in der Wehrinformation, daß die bereitstehenden 40.000 bewaffneten Arbeiter nur losschlagen wollten, wenn es zu spontanen Massendemonstrationen käme.

Es kam zu keinen Massendemonstrationen. Die letzte fand Mitte Februar statt, als 100.000 Menschen in bitterer Kälte stumm und ernst am

Karl-Liebknecht Haus vorbeimarschierten, wo Thälmann mit dem ZK der Partei Aufstellung genommen hatte. Sie erwarteten von der Partei den Kampf. Doch die Partei wußte, daß die große Masse passiv war, gab trotzdem den Befehl zur Sprengung der faschistischen Züge, während die Formationen auf die Massen warteten und ihr Eingreifen davon abhängig machten.
Unter den Verhafteten waren auch drei gute Freunde von mir, Arbeiter, die Abteilungen der Heeresformation führten. Zwei von ihnen wurden am selben Tage in der SA-Kaserne in der Pape Straße erschlagen. Für Besitz von Waffen und Flugzettelverteilung war Todesstrafe ausgesetzt. Auch für Beihilfe. Vier Tage vor der Wahl kamen Jugendliche zu mir, um mein Auto zu holen. Waffen und Flugzettel sollten in eine Vorstadt Berlins transportiert werden. Wir machten ab, daß im Falle einer Verhaftung der Chauffeur erklären sollte, daß das Auto gestohlen worden wäre. Als sie davonfuhren, fiel mir ein, daß wir nicht abgemacht hatten, an welcher Stelle das Auto gestohlen worden sein sollte. Damit war alles verloren, wenn sie ergriffen worden wären. Sie sollten das Auto spätestens um 1 Uhr nachts an eine bestimmte Stelle der inneren Stadt bringen. Es war abgemacht, daß ich den Autodiebstahl anmelden sollte, wenn sie bis 1 Uhr nicht da wären. Das wäre das Zeichen, daß es schief gegangen war. Bange sechs Stunden vergingen. Es waren prächtige Menschen, die hier hinausgefahren waren und ihr Leben verwirkt hatten, wenn man die Flugzettel gefunden hätte. Ich wartete an der besprochenen Stelle. Die Uhr rückte vor, es wurde eins, das Auto kam nicht. Sie waren also verhaftet. Was tun? Anmelden ging nicht, denn die nächste Frage mußte lauten, wo das Auto gestanden hätte. Das hätte alles enthüllt. Es gab keinen Ausweg. Ich hätte fliehen können, aber ich hatte weder Geld noch Papiere bei mir. Nach Hause konnte ich nicht, da meine Wohnung nicht sturmfrei war. SA war bereits dagewesen. Ich wohnte jeweils in einem anderen Hotel, wo ich unter falschem Namen registrierte. Meine zwei Kinder waren vor zwei Tagen zu den Großeltern nach Wien gereist. Meine Frau wohnte bei Freunden. Das Auto nicht als verloren anmelden, bedeutete ebenfalls sichere Katastrophe. Mich überkam Angst, doch bald darauf eine merkwürdige eisige Kälte. Ich wollte noch warten. Eine halbe Stunde verging über ein Uhr. Das Auto kam nicht. Mir wurde elend zu Mute. Ich wollte bereits weggehen, da erblickte ich in der Ferne den Wagen. Sie hatten auf dem Rückweg eine Radpanne gehabt. Alles war gut gegangen. Wir gingen in ein Nachtlokal und tranken einen starken Schnaps. Und waren gute Freunde. Sie

hatten ebenfalls an das dumme Vergessen gedacht.
Am nächsten Tag stand ein Artikel über das Jugendbuch im *Völkischen Beobachter*. Ich durfte nicht länger bleiben. Zwei Freunde aus der sexualpolitischen Organisation forderten, daß ich sofort flüchte. Ich hatte kein Geld. Wohin? Wir beschlossen, daß ich mit meiner Frau zunächst über die südliche Grenze fahren sollte, in Skidress, als Tourist. Wir reisten nachts ab. Im Zuge sahen wir einige Freunde, doch niemand begrüßte den anderen. In einem kleinen bayrischen Städtchen stiegen wir **vor** der Grenze ab. Wir wußten nicht, ob sie noch frei war. Wir hatten österreichische Pässe. Niemand wußte, ob an der Grenze Listen der zu Verhaftenden vorlagen. Das wollten wir erst erfahren. Wir wohnten zwei Tage bei einem älteren Paar, das nazibegeistert war. Bayern war noch nicht erobert. Dort regierte noch **Held**. Doch überall gab es SA. Die Zeitungsberichte aus Berlin verboten Rückkehr. Wir fuhren bangend über die Grenze. Unsere österreichischen Pässe ließen alles glatt ablaufen. Jenseits stiegen wir aus. Meine Frau sollte dann nach Berlin zurückfahren und mir schreiben, ob ich zurückkehren könnte. Aus Berlin gab sie mir Bescheid, auf keinen Fall zurückzukommen. Doch ich fuhr wieder über die Grenze zurück nach Berlin.Ich war ohne Kleider und Wäsche, ohne die allernotwendigste Ausrüstung für eine möglicherweise dauernde Emigration. In Berlin glaubten meine Freunde, ich wäre verrückt geworden. Es war ja nicht das erste Mal. Ich logierte mich unter vollem Namen in einem Stundenhotel ein. Das schien mir das Sicherste. Ein Österreicher in einem Stundenhotel, mit Namen korrekt registriert und mit deponiertem Paß, konnte nichts anderes als ein Harmloser Ausländer sein, der sich nicht auskannte. Ich schickte einen Unverdächtigen in meine Wohnung, um herauszufinden, ob ich noch hinkönnte, um meine Kleider zu holen. Die SA, hörte ich, war wieder dagewesen, hatte eine Uhr und Bücher, darunter die indische Liebestechnik des **Kamasutra** (Handbuch der indischen Liebestechniken) und eines mit japanischen Holzschnitten mitgenommen. Das paßte völlig zu meiner Diagnose der psychischen Wurzeln der nationalsozialistischen Begeisterung. Das Mädchen hatte harmlos den Diebstahl bei der Polizei angezeigt und einige Gegenstände wiederbekommen. Ich schlich mich an einem dunklen Abend in die Wohnung und packte ein paar Kleider ein. Möbel, Bibliothek, Wagen mußten dableiben. Eine unschätzbare Kartothek und ein Archiv, darunter viele Manuskripte, waren schon vor meiner ersten Flucht von Freunden in verschiedene Gegenden Deutschlands in Sicherheit gebracht worden.

Die Bibliothek konnte ich einige Monate später durch Bekannte nach Kopenhagen schaffen lassen. Ich blieb noch einige Tage, konnte jedoch niemand finden. Unpolitische Bekannte zeigten deutlich, wenn auch in freundlicher Weise, daß sie sich nicht kompromittieren wollten. So reiste ich mit einigen Mark in der Tasche nach Wien ab, wo ich ohne Schwierigkeiten meine Praxis wieder aufnehmen konnte. Ich war im strengen Sinne nicht "Emigrant".

In Wien traf ich eine wenig versprechende Situation an. Drei Jahre Abwesenheit hatten die Beziehungen zerrissen. Ich mußte neu Fuß fassen. Ich wohnte bei Freunden. An ihrem Verhalten merkte ich, daß sie außerordentlich hilfsbereit waren, doch von den Vorgängen in Deutschland keine korrekte Auffassung hatten. "In Österreich würde so etwas nicht passieren." "Kampflos die Bühne zu räumen wäre eine Schande." "In Österreich ginge die Sache vorwärts." "Soeben hätte sich eine revolutionäre Abteilung des Schutzbundes innerhalb der Sozialdemokratie gebildet." "Man würde aus den deutschen Ereignissen lernen." "Die Österreicher würden den Faschismus schlagen." Vom Februar 1934 wußte noch niemand etwas, noch weniger vom März 1938. Ich wollte nicht entmutigen und schwieg. Ich glaubte nicht an den Sieg in nächster Zeit. Die Studentenorganisation der SPÖ lud mich zu einem Vortrag über den Faschismus ein. Ich legte, so gut ich konnte, dar, was ich wußte, doch ich sagte nichts über die Konsequenzen für die Politik. Es hätte nichts genützt. Die Sache ging zu tief, um in kurzem verstanden und praktisch bewältigt zu werden. Doch die "Schere" der gesellschaftlichen Entwicklung verstanden alle. Ich weigerte mich, die politischen Konsequenzen darzulegen, als einige Freunde, die sie kannten, mich dazu aufforderten. Nicht weil Polizei im Saal war, sondern weil ich es ablehnte, bloß Worte zu machen, ohne Aussicht, dadurch auch reale Bewegung auszulösen. Erst mußten viele Illusionen über Politik, Parteiwesen und "Klassenkampf" fallen, ehe Sexualpolitik und Massenpsychologie ernst genommen werden konnten.[27]

Im Frühsommmer 1938 mußte Freud, seiner Mittel durch die SA beraubt, Wien verlassen und nach London flüchten. Die meisten Psychoanalytiker Wiens wurden heimatlose Emigranten. Sie waren "unpolitische Wissenschaftler" gewesen, die die Wissenschaft nicht mit der Politik vermengen wollten. Dem ist ihr Verhalten zu mir zuzuschreiben:

Im Januar 1932 hatte Freud zu meiner Arbeit über den Masochismus, in der ich die Todeslehre klinisch widerlegte, als Herausgeber der

[27] *1952: Diese Illusionen sind in Amerika noch weit verbreitet.*

psychoanalytischen Zeitschrift eine Vorbemerkung verfaßt, deren Erscheinen deutsche sozialistische Psychoanalytiker mit Mühe verhinderten. Sie lautete: "Besondere Verhältnisse zwingen den Herausgeber an dieser Stelle, die Leser an etwas zu mahnen, was sonst als selbstverständlich angenommen wird. Nämlich, daß diese Zeitschrift innerhalb des Rahmens der Psychoanalyse jedem Autor, der ihr einen Aufsatz zum Abdruck anvertraut, das volle Recht der freien Meinungsäußerung einräumt und keinem die Verantwortlichkeit für diese Äußerung abnimmt. Im Falle des Herrn Dr. Reich soll aber der Leser davon verständigt werden, daß der Autor Mitglied der bolschewistischen Partei ist. Nun ist es bekannt, daß der Bolschewismus der Freiheit des wissenschaftlichen Forschens ähnliche Schranken setzt wie die kirchliche Organisation. Der Parteigehorsam fordert, daß alles verworfen wird, was den Voraussetzungen der eigenen Heilslehre widerspricht. Es bleibt dem Leser der Zeitschrift vorbehalten, den Verfasser dieses Aufsatzes von solchem Verdacht freizusprechen. Der Herausgeber hätte sich zu der gleichen Anmerkung entschlossen, wenn ihm eine Arbeit eines Mitgliedes der Societas Jesu vorgelegen wäre."

Ich wußte, daß Freuds Bemerkungen über die KP richtig waren. Doch ich wußte auch, daß er derselben Frage auswich wie die Kommunisten und überdies nichts gegen die Bürokratisierung der IPV[28] tat. Zudem muß man einmal die Bürokratie erlitten haben, die man besiegen will. Ich wollte auch nicht verhehlen, daß ich unter den Kommunisten viel für die Beurteilung des Lebens gelernt habe, wie übrigens in allen anderen Organisationen. Daher weigerte ich mich, meinen Artikel zurückzunehmen oder abzuändern, um die Verlegenheit zu ersparen. Man fand schließlich die Auskunft, Bernfeld einen Gegenartikel schreiben zu lassen, der zusammen mit meiner Masochismusarbeit in der Zeitschrift erschien. Freuds Vorbemerkung blieb weg. Bernfeld hatte sich mit seinem Pamphlet sehr geschadet. Mein Artikel fand überall Zustimmung. Doch sachliche und organisatorische Bindung sind verschieden. Auch dies ist ein Stück Sozialpsychatrie: **Die organisatorische Bindung der Menschen schädigt ihre sachlichen Überzeugungen, wenn die Organisation der Sache zu widersprechen beginnt.** In meiner Antwort an die Redaktion der Zeitung hatte ich festgehalten:

1. Meine Kritik des Todestriebes hat nichts mit irgendeiner Partei zu tun. Sie ist **klinisch** begründet.

[28] *Internationale Psychoanalytische Vereinigung*

2. Ich hatte in der Partei volle Freiheit, Kurse über psychoanalytische Psychologie zu halten. Dagegen war ich vom Vorsitzenden der Berliner PSA Vereinigung aufgefordert worden, in der Fachorganisation keine **soziologischen Themen** zu bringen.
3. Meine analytische Forschungsrichtung hat soziale Konsequenzen, zu deren **Vermeidung** die Todestrieblehre begründet wurde. Ich hatte diese Lehre bereits zu einer Zeit kritisiert, als ich noch nicht politisch tätig war.
4. Weltanschaulich schwer belastende Arbeiten wie die vom Pfarrer Pister oder dem Metaphysiker Kolnai erfuhren nie derartige Einschränkungen. Das Urteil ist daher parteilich.
5. Sachlich wurde meine Widerlegung der Todestrieblehre nie behandelt. Die Frage steht noch offen.

Eitingon, der Präsident der Gesellschaft, hatte mich schon im Oktober 1932 aufgefordert, keinen Kandidaten zu meinem technischen Seminar zuzulassen. Es war von etwa 20 ausübenden Berliner Analytikern besucht. Ich lehnte diese unberechtigte Forderung ab. Meine Wahl zum Mitglied des Berliner Lehrinstituts lehnte Eitingon ab. Ich hielt trotzdem Vorlesungen am Institut, die viel Zulauf hatten.

Im Januar 1933 hatte ich mit dem Psychoanalytischen Verlag einen Vertrag geschlossen, wonach er mein Buch *Charakteranalyse* herausbringen sollte. Als ich nach Wien kam, erklärte mir der Verlagsleiter, daß der Vertrag mit Rücksicht auf die politische Situation rückgängig gemacht werden müßte.Ich protestierte, doch es blieb dabei. Das Buch konnte, da die Fahnen bereits vorlagen, nur mehr " im Selbstverlag " und dann in Kommission durch den IPV-Verlag erscheinen. Ich hatte die Druckkosten vorgestreckt. Die Sache bedeutete eine Herabsetzung der Wirkung meines Buches. Man wollte sich durch meinen Namen nicht kompromittieren und nahm als Organisation, deren voll berechtigtes Mitglied ich noch war, keine Rücksicht auf meine Arbeit, meine Auslagen, meine Situation. Ich konnte nur die Prinzipien aus meinem Brief vom 17.3. 1933 aufrechterhalten:

1. Die politische Reaktion verband die Psychoanalyse mit dem Begriff "Kulturbolschewismus". Mit Recht, da die analytische Wissenschaft eine Gefahr für den Bestand der faschistischen Ideologie bildet. Der soziologische, kulturpolitische Charakter der Psychoanalyse läßt sich nicht aus der Welt schaffen und auch nicht verbergen. Das könnte nur der wissenschaftlichen Arbeit schaden, doch nie die reaktionären poli-

tischen Mächte verhindern, die Gefahr zu wittern, wo sie sich zeigt.
2. Der **kulturpoltische** Charakter der Psychoanalyse über ihren medizinischen Wert hinaus ist von der Fachorganisation zugeben. Jede Verschleierung ist sinnlose Selbstaufopferung. Es existiert eine starke Gruppe von Psychoanalytikern, die gewillt ist, den kulturpolitischen Kampf weiterzuführen. Die Existenz dieser Gruppe bleibt politisch kompromittierend, gleichgültig ob sie innerhalb oder außerhalb der IPV wirkt.
3. Der Platz der Psychoanalyse in diesem Kampf kann nur auf Seite der Arbeiter[29]sein. Nicht die Existenz der Analytiker um jeden Preis, sondern die der Psychoanalyse als Forschung ist zu sichern. Sie hat nur **eine** Sachwalterin, die fortschrittliche soziale Bewegung, die soeben im Reiche blutiges Lehrgeld zahlt. "Der geschichtliche Prozeß hat mit Hitler keineswegs seinen Abschluß gefunden. Wenn jemals der Nachweis der historischen Daseinsberechtigung der Psychoanalyse und ihrer sosoziologischen Funktion erforderlich war: Die jetzige Phase der Entwicklung muß ihn erbringen."

Ich wußte, daß dieses Schreiben nichts ändern würde, doch ich wollte mich um jeden Preis von dem Verhalten der Fachschaft abgrenzen. Niemand konnte wissen, was das Schicksal bringen würde.Persönlich schadete ich mir dadurch. Mein Schreiben mußte schlechtes Gewissen erregen und verärgern. Dem konnte ich nicht abhelfen.

Die Folgen blieben auch nicht aus. Nach meinem Vortrag bei den sozialistischen Studenten kam ein Brief vom Vorsitzenden der Wiener psychoanalytischen Vereinigung. Höflich, aber bündig forderte er, ich sollte keine Vorträge mehr in sozialistischen und kommunistischen Organisationen halten. Der betreffende Herr war Mitglied der österreichischen Sozialdemokratie. So ging es immer: Die Sozialdemokratie besorgte die Bremsung anständiger Arbeit lange, ehe der nachrückende Faschismus es vollendete. Ich antwortete, daß ich keine bindende Zusage geben könnte, mich jedoch in jedem Falle mit dem Vorstand beraten würde. Darauf erhielt ich telefonisch Bescheid, daß mein Versprechen, mich zu beraten, nicht genügte, ich müßte mich dazu **verpflichten**. Ich ersuchte um schriftliche Unterhaltung. Darauf erklärte der Vorsitzende, daß er die Forderung im Namen Freuds stelle. Ich wiederholte, daß ich keine Verpflichtungen eingehen könnte. Da verbot er mir die Teilnahme an den

[29] *Im Zusammenhang der Arbeitsdemokratie ist "Arbeiter" ein jeder, der* lebenswichtige *Arbeit macht, und "faschistisch" kennzeichnet* jede *diktatorische Macht, die auf mystischen und hilflosen Einstellungen in den Menschen basiert. Somit schließt es den roten Faschismus mit ein.*

Sitzungen der Vereinigung. Meiner Frau erklärte er, er wäre an meiner Stelle längst aus der Vereinigung ausgetreten. Ich schlug eine gemeinsame Beratung des Wiener Vorstandes der IPV vor. Sie fand am 21. 4. 1933 statt. In dieser Sitzung machte ich den Vorschlag, mich solange jeder publizistischen und rhetorischen Betätigung zu enthalten, bis die IPV offiziell erklärt haben würde, ob sie meine Anschauungen mit meiner Mitgliedschaft vereinbar fände oder nicht. Sie hatte bisher keine offizielle Position bezogen und nur in der Kulisse gegen mich gearbeitet. So wollte ich zumindest Klarheit vor der Fachschaft erzwingen. Ich konnte es nicht ersparen. Fünf Jahre später zeigte sich, daß ich richtig gehandelt hatte.

Ich wußte längst, daß meine Anschauungen Eigengut waren, jedoch von den Psychoanalytikern unter Weglassung des Wesentlichsten als Gedankengut der Psychoanalyse in Anspruch genommen wurden. Das mußte unter allen Umständen vermieden werden, denn die IPV war nicht bereit, die Konsequenzen zu tragen. Entweder stimmte meine Anschauung, daß die Psychoanalyse naturgemäß von der politischen Reaktion bekämpft werden müßte. Dann war mir volle Freiheit der Meinungsäußerung zu geben. Oder die Organisation wollte sich nicht damit indentifizieren, dann wollte ich die Verantwortung für die Sache allein tragen. **Anna Freud** bemerkte in der Sitzung,die Macht läge gegen mich. Man könnte nicht wissen, ob sich die Verhältnisse nicht mal umkehren würden. Doch zur Zeit ließe sich nichts machen. Das Sekretariat sollte mir Bescheid geben. Er kam nie. So blieb es bis zum Schluß meiner Mitgliedschaft: Ich konnte keine einzige offizielle Stellungnahme erzielen. Auf eventuell später zu erringende Lorbeeren aus diesem weltanschaulichen Kampf wollte man doch nicht gern verzichten. Ich war entschlossen, sie niemand zu schenken, wenn ich allein die praktische Verantwortung und die Opfer trug.

Die peinlichen Vorkommnisse häuften sich. Aus Kopenhagen war ein junger Arzt zu mir nach Wien wegen Ausbildung gekommen. Wie üblich besuchte er einige führende Kollegen. Sie rieten ihm von der Arbeit bei mir ab. Ich wäre Marxist und meine Schüler würden gegebenenfalls nicht anerkannt werden. Dabei tat sich der "Marxist" Bernfeld besonders hervor. Der Kollege kam aber doch zu mir und ist heute ein überzeugter tätiger Vegetotherapeut. Er hatte die Idee, daß ich nach Kopenhagen kommen könnte. Dort gäbe es einige Kandidaten für analytische Ausbildung. Das schien mir eine gute Lösung zu sein. Ich fragte in Kopenhagen wegen der Arbeitserlaubnis und bei Eitingon, dem Vorsitzen-

den des Unterrichtsausschusses, wegen der Anerkennung meiner Lehrtätigkeit in Kopenhagen an. Von letztem kam der Bescheid recht gewunden, daß infolge der Differenzen meine Kandidaten eine schärfere Kontrolle erleiden sollten. **Leunbach** schrieb, daß man mir wegen der gehaltenen Vorträge die Arbeitserlaubnis nicht geben wollte.Ich könnte jedoch zunächst sechs Monate dableiben. Da die Situation in Wien wegen der Hetze unangenehm war, entschloß ich mich, auf alle Fälle nach Kopenhagen zu gehen. Ich emigrierte also nicht aus Österreich wegen der Polizei oder aus Mangel an Arbeit, sondern wegen meiner Fachkollegen. Ich wußte, daß die Sekretärin der IPV, Anna Freud, im geheimen auf meiner Seite war, weil sie meine Arbeit schätzte. Ich schrieb ihr mehrmals, doch sie wollte sich nicht engagieren. Niemand wollte das in jenen Tagen. Und ich stand ohne Geld und Heim, im Beruf aufs schwerste bedroht da. Zudem mußte ich Geld borgen, um die *Charakteranalsye* zu bezahlen. Fast hätte ich ihr Erscheinen verhindert. Doch die Beamten im Verlag überredeten mich, sie unbedingt herauskommen zu lassen. Sie rettete meine Existenz für viele Jahre.
Ich borgte mir Geld für die Reise nach Kopenhagen. Am letzten April fuhr ich los. Meine Papiere waren in Ordnung. Es ging ohne jede Schwierigkeiten. Ich fuhr über Polen mit einem kleinen Lastdampfer. Am ersten Mai kam ich in Kopenhagen an und bezog ein Hotel. Dort hatten viele Leute nach mir gefragt. Am kommenden Tag meldeten sich eine Menge Menschen zur Behandlung. Der Verkehr war so intensiv, daß ich nach zwei Tagen das Hotel räumen mußte. Ich bezog eine kleine Wohnung, die ich von einer verreisten Frau mietete. Dort fing ich an zu arbeiten. Vor allem wollte ich die *Massenpsychologie des Faschismus* herausgeben. Das Manuskript war nur druckfertig zu machen. Ich mußte warten, bis ich genügend Geld verdient hatte, um den Druck bezahlen zu können. Den "Verlag für Sexualpolitik" transferierte ich nach Kopenhagen. Dabei halfen mir einige deutsche Emigranten. In Wien erschien mittlerweile die *Charakteranalyse*. Im August kam das Faschismusbuch heraus. Zwei Berliner Schüler kamen nach. In Kopenhagen meldeten sich mehrere. Ich konnte sogar einen Schüler versorgen, der mich später scheußlich im Stiche ließ.
Ich hatte Verbindung mit der dänischen KP aufgenommen. Emigranten verhungerten mit Frauen und Kindern auf der Straße. Ich veranstaltete Sammlungen bei Freunden, doch es waren zu viele. Die *Rote Hilfe* unterstützte nur solche, die von der deutschen Partei empfohlen wurden. Um die Übrigen kümmerte sie sich nicht. Immer mehr trostlos Ver-

kommene traf ich an. Eines Tages spazierte ich an der "Langen Linie." Auf einer Bank saß völlig verwahrlost ein junger Mann, halb verhungert, ohne Logis, ohne Geld, ohne jede Hoffnung. Er wollte sich ertränken. Ich nahm ihn mit und hielt ihn eine Zeit durch. Etwas später schrieb er einen prächtigen Vagabundenroman, den ich im Verlag herausgab.
Ich ging zur dänischen Partei und forderte, mit dem deutschen Vertreter zu sprechen. Der dänische Parteibeamte weigerte sich, mich mit ihm in Verbindung zu setzen. Ich erklärte, daß ich das Haus nicht verlassen würde, möge kommen was will, ehe ich nicht meinen Wunsch durchgesetzt hätte. Er wollte mich aus dem Hause weisen. Da sagte ich ihm meine Meinung derart eindringlich, daß ein zweiter Parteibeamter hereinkam und uns beschwichtigte. Ich würde am kommenden Tag Bescheid erhalten. Er kam.
Ich traf den Vertreter der deutschen Partei in der folgenden Fasson. Höchst geheimnisvoll wurde ich in eine Zimmer geführt. Dort saß ein untersetzter Mann mit herrischem Gesicht. Ich sollte mich setzen. Ob ich die "Erlaubnis der Partei" zum Verlassen Deutschlands hätte. Weshalb ich denn bei den Dänen Krach geschlagen hätte. Das wäre Disziplinbruch und verdiente den Ausschluß. Er redete hart und bonzig. Ich schrie ihn an. Erst müsse er sich die Bürokratie abgewöhnen. Dann erst würde ich mit ihm reden. Er hätte sich anständig zu benehmen. Er schwenkte, feige wie Bürokraten immer sind, sofort um und wurde freundlich. Ich traute diesem Kerl nicht. Später erfuhr ich, daß er einer von der übelsten Sorte war. Nichts hatten sie zu sagen, in den Boden hatten sie eine Partei mit hohen Zielen geritten, und dann traten sie impertinent als die künftigen Lenker Deutschlands auf. Der Mann erklärte, der Bescheid des dänischen Parteimannes wäre korrekt, daß die KPD überall "an den Grenzen Stellen hätte, die Übertrittsscheine der Partei ausstellten." Das war zu blöde. Ich erklärte, das wäre Lüge. Es müßte **sofort** für alle Emigranten gesorgt werden, unabhängig davon, ob sie von der Partei anerkannt wären oder nicht. Verhungern dürften sie nicht. Später könnte man ja sehen. Das wollte ihm nicht ins Gehirn. Ich drohte, Hölle und Teufel in Bewegung zu setzen, wenn dies nicht ginge. Er versprach zu tun, was sich tun ließe. Man müsse jetzt Skandal vermeiden.

Ich kannte ihre Mentalität. Der Erfolg meines Protestes war nicht ausnehmend groß, doch wie ich hörte, tat man mehr für die Flüchtlinge. Meine Aktion trug mir den schwersten Haß der Kommunisten-Bürokraten ein. [Seitdem haben die roten Faschisten, wo immer sie konnten,

meine Arbeit verleumdet – in Norwegen, Englang, den USA, usw.]
Den Irrationalismus des Politisierens erfuhr ich sehr bald in folgender Weise. Der deutsche "Emigrantenvertreter" erbat sich das Manuskript der *Massenpsychologie*. Ihr erster Satz lautet: "Die deutsche Arbeitterklasse hat eine schwere Niederlage erlitten." Wegen dieses einen und ersten Satzes wurde ich zur Rechenschaft gezogen. Die deutsche Arbeiterklasse hat, so hieß es in den Kominternbeschlüssen dieser Monate, **keine** Niederlage erlitten. Die deutsche Katastrophe war – wörtlich – "nur eine **vorübergehende Niederlage** im revolutionären Aufschwung". Ein 18jähriger Schlossergehilfe, der soeben Deutschland verlassen hatte, erzählte mir, die noch zurückgebliebenen Kommunisten hätten ihm gesagt, es handelte sich nur um eine Unterbrechung. Hitler werde keine sechs Monate dauern. Er wartete allen Ernstes auf die Rückkehr in wenigen Wochen.
Mein Ausschluß aus der Komintern spielte sich wie folgt ab. Die kommunistische Zeitschrift der dänischen Intellektuellen *Plan* hatte, noch ehe ich nach Kopenhagen kam, meinen Aufsatz *Wohin führt die Nackterziehung?*, der 1927 in der Psychoanalytischer Pädagogischen Zeitschrift erschienen war, übersetzt und mit meiner Zustimmung abgedruckt. Justizminister in Dänemark war ein Herr **Zahle**, ein streng asketischer Mann, der weniger asketische Töchter hatte. Er haßte daher wütend alles, was sich sexuelle Aufklärung, Psychoanalyse etc. nannte. Seine Kinder hatten ihm nämlich viel zu schaffen gemacht. Er ließ also den Redakteur der Zeitschrift wegen **Pornographie** anklagen. Die Anklage heftete sich wie gewöhnlich an nicht sehr korrekt gefaßte Worte. In diesem Falle war es das Wort "Wipfi"[30]. Die Übersetzer hatten nicht sorgfältig darauf geachtet, daß Sexuologie für den Laien in gefährlicher Nähe mit pornographisch gedacht wird, und ein oder zwei Stellen sorglos übersetzt. Eine Anfrage von *Extrabladet* beantwortete ich wahrheitsgemäß, daß ich mich entsprechend meinem Orginaltext nicht mit der Übersetzung dieser Stelle solidarisieren könnte, daß jedoch von Pornographie keine Rede und die Anklage ein schwerer Fehlgriff wäre. Die große Zeitschrift *Kulturkamp* brachte von mir einen ausführlichen Artikel *Was ist Pornographie?*. In einem zweiten Artikel hatte ich mich ausdrücklich für den Redateur eingesetzt. Er bekam vierzig Tage Gefängnis. Die KP Dänemark erklärte darauf, ich hätte den Redakteur verraten und im Stich gelassen. Ein kleiner Moskauprozeß war im Gange. Zu der Sache selbst wußte niemand etwas zu sagen. Scharfe Sachvertretung führte niemand.

[30] *Ein deutsches Verniedlichungswort für Penis, bei Kindern verwendet.*

Am 21.11. 1933 erschien im *Arbejderbladet* folgender Artikel mit grosser Aufmachung:

Kommunistische Partei

Sekretariat des Zentralkomitees

Ausschluß aus der K.P.D.

In Übereinstimmung mit dem Zentralkomitee für die Kommunistische Partei Deutschlands [die im März aufgehört hatte zu existieren] teilen wir mit, daß Dr. Wilhelm Reich aus der Kommunistischen Partei Dänemarks [deren Mitglied ich nie gewesen war] ausgeschlossen ist. Die Ursache dazu ist u.a. sein parteifeindliches und unkommunistisches Auftreten in einer Reihe von Fällen, die Herausgabe eines Buches mit konterrevolutionärem Inhalt und sein Start eines Verlages ohne die Sanktion der Partei. Hinzu kommt seine in Dänemark in der Regierungspresse veröffentlichte Erklärung, worin er Abstand von seinem im *Plan* veröffentlichten Artikel nimmt und dadurch der Polizei und den Staatsbehörden das Eingreifen gegen den Redakteur von *Plan* erleichtert.
Dr. Reich wohnt in Dänemark und hat, wie die Blätter mitteilen, von der Reichsregierung Aufenthaltserlaubnis bekommen. [Die Aufenthaltserlaubnis war gerade zu der Zeit zurückgezogen.]

Parteisekretariat."

Im *Arbejderbladet* vom 1.12. 1933 erschien ein viele Spalten langer Artikel über *Die Massenpsychologie des Faschismus*. Es fanden sich dieselben Sätze wieder, die ich in der Berliner Diskussion gehört hatte. Dazu kamen folgende unter anderem:

"...Mit der Feigheit, die die hervorragendste Eigenschaft des Verfassers zu sein scheint (man erinnert sich an sein Auftreten in der *Plan*-Affaire) sucht er die Adresse, an die sich das Buch richtet, zu verschleiern, das in Wirklichkeit ein Angriff auf die revolutionäre Politik ist. Nur einzelne Stellen geben Aufschluß über die Sachen und "die kommunistischen Parteien" werden mit Namen genannt, – sonst zieht es Reich vor, seine Schüsse gegen einen von ihm selbst aufgestellten Begriff zu richten: Die Vulgärmarxisten..."
". . . Das Sexuelle ist die treibende Kraft im psychischen Leben der Menschen. – im Kapitalismus kommt es überhaupt nicht zu einem normalen

Geschlechtsleben (!)..."

"... Nun werden natürlich Reich und seine Anhänger auf das Bestimmteste verneinen, daß sie versuchen wollen, eine Auflösung der bisherigen marxistischen Propagandagrundlage zu schaffen. Aber das Buch bedeutet objektiv eine so ernsthafte Untergrabung der Lehren der kommunistischen Propaganda, daß man es als konterrevolutionär bezeichnen muß Und doppelt gefährlich ist es, weil kein Schatten eines Beweises vorliegt, daß die Reich'schen Ideen selbst als Supplement in Wirklichkeit eine Stärkung des kommunistischen Kampfes bedeuten würden. Wenn er dieses Interesse anführt, womit er gehört wurde, als er seine Gesichtspunkte unter Frauen, Kindern und Mittelständlern als einen Beweis vortrug, kann es nur als Naivität bezeichnet werden. Jede Form von Sexualdiskussion und Aufklärung weckt Interesse auch bei politisch ungeschulten Elementen, eben auf Grund der kapitalistischen Erziehung!!!"

Ich begriff nicht, wie ich so lange dieser Partei angehören konnte. Doch ich verstand, daß sie jetzt besonders scharf sexualreaktionär wurde, weil die Zeit klare Antwort forderte. Und die konnte sie nicht geben. Man lese die obigen Sätze genau und wird sich fragen, welche Funktion denn diese Parteiorganisation in der Welt übernommen hatte, nachdem sie komplett vergaß, wem sie ihren Ursprung verdankte.

[SB: Die Art und Weise, in der WR 1933 schwere Fehler in diesem offiziellen Bruch mit den roten Faschisten beging, muß sorgfältig unter die Lupe genommen werden:

1. Er sagte nicht, daß er niemals zur Dänischen Kommunistischen Partei gehört hatte, und deshalb nicht aus ihr ausgeschlossen werden konnte. (Die deutsche KP hat im März 1933 aufgehört zu existieren.)
2. Er erklärte nicht sofort, daß :
   a. die roten Faschisten keinerlei Recht hatten, die Kontrolle über den Verlag seines Instituts zu übernehmen;
   b. die roten Faschisten einfach logen, wenn sie gehaupteten, daß er seinen Artikel im *Plan* widerrufen hatte;
   c. sie nochmal logen, wenn sie schrieben, daß ihm erlaubt worden war, in Dänemark zu bleiben, damit andeutend, daß dies eine Belohnung für seinen Verrat am Herausgeber von *Plan* war. Sein Visum war ihm just zu dieser Zeit abgenommen worden.

Hier, wie schon so oft vorher und nachher, zeigt sich, von einem kämpferischen Standpunkt aus betrachtet, eine der Hauptschwächen von WR. Er ließ die Pest reden und handeln, ohne ihr entgegenzuwirken, trotz der Existenz klarer Beweise, daß die Pest log, die Öffentlichkeit täuschte, Dokumente fälschte, die Dinge auf den Kopf stellte und links und rechts die Wahrheit entstellte. Er stritt solche öffentlichen Behauptungen nicht ab, weil er sich einfach über diesen Schmutz erhaben fühlte. Weil er überzeugt war, daß die Wahrheit früher oder später von selbst siegen würde, genauso wie es so viele amerikanische Liberale heute glauben und dadurch dem Politgauner erlauben, seine Bosheiten unwidersprochen auszuführen. WR hatte auch zuviel praktische Arbeit zu tun, während der Politgauner nichts anderes als verderbliche Politik betrieb. Es ist der gleiche Lump, der in Korea 1950 angriff und dann den leichtgläubigen Amerikaner als Angreifer anklagte.]

Am 13. April 1935 erschien in Deutschland folgende Notiz im *Reichsgesetzblatt*:

No 213 – vom 13. April 1935:

Auf Grund der VO[31] vom 4.2. 33 werden die Druckschriften *Was ist Klassenbewußtsein?* von Ernst Parell[32], *Dialektischer Materialismus und Psychoanalyse* von Wilhelm Reich, Nr. 1 und Nr. 2 der politisch-psychologischen Schriftenreihe des Verlags für Sexualpolitik Kopenhagen–Prag–Zürich, sowie alle übrigen in der gleichen Schriftenreihe noch erscheinenden Druckschriften für Preußen polizeilich beschlagnahmt und eingezogen, da sie geeignet sind, die öffentliche Sicherheit und Ordnung zu gefährden. 41230/35 II 2 B 1.
Berlin, 9.4.35

Gestapo

No. 2145 –vom 7. Mai 1935
Auf Grund der VO des Reichspräs. vom 28. 2. 33 wurde die Verbreitung aller ausländischen Druckschriften der politisch–psychologischen Schriftenreihe der Sex. Pol. (Verlag für Sexualpolitik, Kopenhagen, Dänemark, auch Prag, Tschechoslovakei, und Zürich, Schweiz) im Inland bis auf weiteres verboten. III P 3952/P 53.
Berlin, 6.5.35 R. M. d. I.

Das in Prag erscheinende Organ der Komintern *Der Gegenangriff* schrieb am 7.1.1934:

31 Volksordnung

32 Pseudonym für Wilhelm Reich.

Wohin die Vereinsmeierei führt

"...Was wir finden ist – neben abgedroschenen freudistischen Formeln, die am Nationalsozialismus exemplifiziert, aber ebenso gut auf jede andere Form der kulturellen Reaktion angewandt werden – eine nochmalige Bestätigung zweier uns genügend bekannter Tatsachen: e r s t e n s, daß der vorübergehende Erfolg Hitlers allerhand Kleinbürger, darunter auch solche, die sich – wie Reich – für "Kommunisten" halten, mitgerissen hat. Z w e i t e n s, daß naturwissenschaftliche Halbwahrheiten schon innerhalb der Naturwissenschaft dogmatisiert, zum Mystizismus führend, auf die gesellschaftlichen Verhältnisse angewandt, jenen sektiererischen Charakter annehmen, der seit des seligen Eugen Dühring Zeiten die Propagierung der bürgerlichen Verfallserscheinungen innerhalb der Arbeiterbewegung kennzeichnet – und dabei in größte Nachbarschaft zum Faschismus gerät... "

"... (nach Reich) hat die Arbeiterbewegung gesündigt, indem sie die materielle Not der Ausgebeuteten in den Mittelpunkt ihrer Propaganda stellte, das "Kernproblem an der Kulturfront, die Sexualfrage" aber vernachlässigte. Doch mit den ökonomischen und politischen Lösungen erobert man – nach Reich – nur das ohnehin schon linksgerichtete Industrieproletariat – die indifferenten Massen gewinnt man mit der Aufzeigung ihrer sexuellen Not und mit der Ausmalung eines "kulturbolschewisttischen" Zustandes der schrankenlosen Freiheit, dessen psychologische Herkunft aus den Zersetzungserscheinungen der **Bourgeoisie** wir sehr gut verstehen – dessen Propagierung durch den "Kommunisten" Reich aber für die Hitlerpropaganda ein gefundenes Fressen ist. Und allen Ernstes wird uns erzählt, daß man die christlichen Arbeiter am besten gewinnen könne, indem man – wie ein Beispiel lang ausführt, ihnen beweist, daß ihre Kirche eine zum Zwecke der Behinderung ihrer Sexualität aufgebaute Organisation ist."

Kurz vorher hatte die *Weltbühne* einen sehr anerkennenden Artikel über das Buch abgedruckt. Peinlich! Dieses Organ der von der Komintern abhängigen Intellektuellen schwenkte später völlig um. Mittlerweile wurde eine Auflage des Buches ausverkauft und eine zweite mußte herauskommen. Aus Deutschland hörte ich, daß es an vielen Stellen kursierte und sehr anerkannt wurde. Ich verfüge über Briefe deutscher Illegaler, in denen sich volles Verständnis und Anerkennung zeigten. Das Buch wird noch heute, sechs Jahre nach der Katastrophe gekauft. Wer liest noch die Beschlüsse der Komintern aus jener Zeit? Wer las sie damals? Dies richtet sich an diejenigen, die über die nächste Umgebung und Gegenwart nicht hinauszublicken vermögen und stets am Rockschoß ihrer Organisationen hängen. Organisationen kommen und gehen. Korrekte Anschauungen haben Entwicklung und Zukunft. Heute ist die *Massenpsychologie des Faschismus* ein anerkanntes Buch im Kampf gegen alle Formen der Diktatur. Ich hing selbst trotz besserer Überzeugung fest an der Organisation, der ich angehörte und für die ich gekämpft hatte. Die Partei wurde zur zweiten Heimat. Das wird sie für alle, die die bürgerliche Sicherheit zugunsten des Kampfes um eine bessere Zukunft aufgeben. Für viele wird sie **nur** Heimat. Sie vergessen darüber das **Ziel**. Dies vernichtet die Organisation und macht sie zum Apparat. Ich verfaßte folgende Erklärung:

Ich zweifelte keinen Augenblick an der Korrektheit der großen Gedanken und Handlungen der Begründer der sozialistischen Bewegung. Jeder Schritt meiner Arbeit und jede Erfahrung hatte ihre Lehre bestätigt. Doch die Erlebnisse seit fast zehn Jahren hatten einen tiefen Widerspruch gezeigt, der sich mir nicht lösen wollte. Der Widerspruch zwischen Ziel und aktueller Wirklichkeit der Bewegung zum Ziel hin. Galt dieses Ziel überhaupt noch? Wenn ja, weshalb war die Bewegung ihm so unähnlich? Wenn nicht, weshalb begründete es jede Handlung der Vertreter? Der alte deutsche Führer der KP, Brandler, besuchte mich in Kopenhagen. Wir sprachen stundenlang über die Niederlage. Alles was er sagte, war prinzipiell richtig. Doch weshalb herrschte in Deutschland Hitler und nicht dieser menschlich symphatische und intelligente Mann, der so recht hatte? Auch Trotzki hatte prinzipiell Recht. Doch weshalb regierte in der SU Stalin und nicht Trotzki? Sollte ich ein ebenso wütender Hasser der KP werden? Ich hatte prinzipiell Recht, und nicht der menschlich so problematische Bürokrat! Weshalb konnte er sich auf eine organisatorische Macht stützen und nicht ich? **Was ist das Wesen der menschlichen Organisationen**? Keine hatte bisher das gehalten, was sie versprochen hatte. Nicht die große christliche Weltgemeinschaft, nicht die erste und zweite, und jetzt auch nicht die dritte sozialistische Internationale. Jede hatte ihre Aufgabe verraten, jede war Unterdrükkungsinstrument geworden. Klar war, daß es keinen Sinn hatte, eine **neue** Organisation zu gründen, um das Elend der alten zu beseitigen. Die vierte Internationale Trotzkis schien mir eine Totgeburt, sinnlos. Das Wesen der Organisation selbst schien rätselhaft. Sehr bald sollte ich auch die Organisation der Psychoanalytiker einreihen können. Es vergingen mehrere Jahre, ehe ich das Rätsel begreifen zu können glaubte.

[1950: Grundthesen zum roten Faschismus:

1. Der Kommunismus in seiner jetzigen Form als roter Faschismus ist keine politsche Partei wie andere politische Parteien. Er ist **organisierte emotionale Pest.**
2. Diese politisch organisierte und militärisch gerüstete emotionale Pest benutzt – genauso wie jeder andere Biopath – alle Formen von Verschwörung und Spionage, um menschliches Glück und Wohlbefinden zu zerstören. Sie ist nicht, wie oft angenommen wird, eine politische Verschwörung zur Erreichung bestimmter vernüftiger Ziele, wie 1918.
3. Wenn man einen Liberalen, einen Sozialisten oder einen Republikaner über seine sozialen Ansichten befragt, wird er einem offen antworten. Der rote Faschist wird nicht erzählen, was er ist, wer er ist und was er will. Das zeigt, daß das Verstecken sein grundlegender Charakterzug ist. Nur Leute, die sich als Folge ihrer Charakterstruktur verstecken, werden in der und für die kommunistische Partei arbeiten. Es ist Verschwörung und Verstecken um seiner selbst willen und nicht als Mittel zur Erreichung vernünftiger Ziele. Etwas anderes zu glauben, wird nur ins Verderben führen.
4. Als besondere Form der emotionalen Pest besitzt der rote Faschismus sein grundlegendes charakterliches Werkzeug, das Verstecken ("Eiserner Vorhang"), um die gleichen pathologischen Verhaltensweisen bei normalen Leuten auszubeuten. So benutzt die organisierte EP die unorganisierte EP, um ihre pathologischen Bedürfnisse zu befriedigen. Politische Ziele sind zweitrangig und in erster Linie Vorwände für biopathische Aktivitäten. Beweis: Die politischen Ziele werden ausgenutzt entsprechend dem "politischen" Bedürfnis – d.h. dem Bedürfnis der emotionalen Pest –, sich zu verstecken und Unruhe aus dem Hinterhalt zu stifen.
5. Das Verstecken, Verschwören, heimliche Paktieren sind da, **bevor** irgendwelche politischen Ziele formuliert werden, um sie zu verbergen.
6. Das einzige Ziel des Verschwörens ist, Macht ohne besondere soziale Ziele. Unterwerfung der Leben der Menschen ist nicht beabsichtigt, aber sie ist ein notwendiges und automatisches Resultat des Mangels an Vernunft in der Organisation sowie der Existenz der

emotionalen Pest.

7. Die organisierte EP vertraut auf und benutzt konsequent das Schlechteste in der Natur des Menschen, während sie alles, was ihre Existenz bedroht, verleumdet und zu vernichten sucht. Eine Tatsache ist für die EP lediglich eine Erleichterung, sie zählt nicht für sich selbst. Dementsprechend gibt es keinen Respekt vor Fakten. Die Wahrheit wird lediglich als taktisches Mittel oder zur Aufrechterhaltung der Existenz des emotionalen Sumpfes benutzt. Sie wird über Bord geworfen, sobald sie solche Ziele bedroht oder ihnen gar widerspricht. Diese Einstellung zu Fakten und Wahrheit, Geschichte und menschlichem Wohlbefinden ist nicht nur ein Charakteristikum des roten Faschismus. Sie ist typisch für alle Arten von Politik. Der rote Faschismus unterscheidet sich von anderen Arten von Politik dadurch, daß er alle Kontrollmöglichkeiten über den Machtmißbrauch ausschaltet und damit dem unangenehmen Politiker zur größtmöglichen Macht verhilft. Zu glauben, daß "Friedensverhandlungen" als solche gemeint sind, ist verhängnisvoll; sie mögen es sein oder auch nicht, je nach dem momentanen Vorteil. Der rote Faschismus ist ein Machtapparat, der die Prinzipien von Lüge oder Wahrheit, Tatsache oder Tatsachenentstellung, Ehrlichkeit oder Unehrlichkeit immer für Verschwörung und Hintergehung benutzt.
8. Keiner kann jemals hoffen, den von der Pest befallenen Charakter im hinterhältigen Taktieren zu übertreffen. Spionage und Gegenspionage mögen vielleicht bei den gegenwärtigen Regierungen ihren Platz haben. Sie werden jedoch nie das Problem der sozialen Pathologie lösen. Der Gebrauch der Wahrheit bei menschlichen Angelegenheiten wird dabei helfen, die von Spionage und Gegenspionage geschaffene, allem Anschein nach unlösbare Verwicklung aufzulösen. Sie wird auch mit dazu beitragen, ein Fundament für lebensbejahendes menschliches Handeln zu bauen.]

Obwohl ich die Macht der Staatsorganisation zur Genüge erlebt hatte, wurde ich mir in Dänemark zum ersten Male über eines ihrer Grundprinzipien klar: Der angeblich von einer Menschenmasse gewählte Vertreter dieser oder jener Masseninteressen genießt in seiner Eigenschaft als Staatsvertreter eine ungebührliche Macht. Sie wird ihm von den gleichen Menschen **gegen sich** stumm verliehen, die ihn zur Vertretung ihrer Interessen ernannten. Diesmal zeigte es sich an einem Justizminister und

zwei Psychiatern. Ein Justizminister ist ein Mensch, der von der Gesellschaft beauftragt wurde (nebenbei einer sozialdemokratisch regierten), Recht zu wahren. Und Psychiater sind Menschen, die die Gesellschaft dazu bestimmte, über die geistige Gesundheit der Bevölkerung zu wachen. So wahren sie Recht und so die Gesundheit.
Ich war von dänischen Staatsbürgern geholt worden, um Psychoanalyse zu unterrichten. Unter den vielen, die mich am ersten Tag aufsuchten, war auch ein junges Mädchen, das hysterisch krank war und behandelt werden wollte. Sie hatte schon mehrfach Selbstmord versucht. Niemand hatte ihr helfen können. Nun sollte ich es tun. Ich lehnte sie als Kranke ab. Sie kam wieder und drohte mit Selbstmord. Ich versprach ihr, sie vier Wochen zu beobachten, und ihr dann meine Meinung zu sagen. Nach vier Wochen, die sie gut vorwärtsbrachten, brach ich ab und riet ihr zu warten, bis einer meiner dänischen Schüler weit genug wäre, sie zu behandeln. Sie schien einverstanden. Nach einigen Tagen hörte ich, daß sie auf der Psychiatrischen Abteilung wegen Selbstmordversuchs gelandet war. Sie hatte es getan, weil sie die Behandlung **wollte** und nicht haben konnte. Die Psychiater erklärten, wie immer in solchen Fällen, das wäre "der Erfolg der Behandlung" und zeigten den Fall polizeilich an. Ich schrieb eine ausführliche Erklärung an die Polizei. Über meine weitere Tätigkeit sollten dieselben Psychiater entscheiden. Sie erklärten vom Gesundheitsamt offiziell, daß mein Ansuchen für eine Verlängerung meiner Aufenthaltserlaubnis abzulehnen wäre. Viele Persönlichkeiten setzten sich gegen den Unsinn ein. Der Justizminister verknüpfte diese Sache mit der Pornographieangelegenheit. Versammlungen von Ärzten und Pädagogen wurden abgehalten. Niemand wollte, daß ich weiche. Alle waren an der Arbeit interessiert. Doch der Apparat, in Gestalt **eines** Menschen, siegte. Ich mußte, da mein Aufenthalt nicht verlängert wurde, Dänemark verlassen. Der Polizeipräsident, der selbst außerordentlich interessiert war, erklärte, es wäre nichts zu machen. **Das ist Apparat!**

An die Psychiater Clemensen und Schröder schrieb ich:

Dr. Wilhelm Reich 20.X.33
Stockholm
Vanadisvägen 42

An die
Herren Professor Schröder und Dr. Clemensen
Kopenhagen
Psychatrische Klinik, Communehospital

Aus Ihrer Klinik ging die polizeiliche Anzeige hervor, derzufolge ich in Kopenhagen ärztliche Praxis ausgeführt haben soll. Obwohl ich den Fall und Ihr Mißverständnis ebenso wie Ihre Ununterrichtetheit in der Psychoanalyse klarlegte und nachwies, daß ich mit einer Hysterica, die mich bedrängte, nicht anders fertig werden konnte, konnten Sie es zuwegebringen, daß mir der Aufenthalt in Dänemark nicht verlängert wurde. Daß Sie entgegen allen moralischen Gesetzen, die die Ärzteschaft aller Länder verbindet, und zwar aus Haß gegen die Psychoanalyse, die Sie gar nicht kennen, sowie aus anderen, hier nicht zu nennenden, aber klaren Motiven gehandelt haben, wird Ihnen mittlerweile wohl klar geworden sein. Sie haben weder mir noch der psychoanalytischen Bewegung geschadet. Wohl aber haben Sie dadurch das Kurpfuschertum in Dänemark gefördert und eine Reihe von ehrlich bemühten, der Wissenschaft ergebenen Menschen der Möglichkeit beraubt, Wissen und wissenschaftliche Technik zu erwerben und ein wenig Licht in die Finsternis der Psychiatrie, die ich fachwissenschaftlich kenne, zu tragen. Sie dürfen sich rühmen, als erste in der Welt einen derartigen Schritt gegen die Psychoanalyse unternommen zu haben. Die Geschichte der Wissenschaften und ihrer Kämpfe wird dieses Vorkommnis als ein kleines Kuriosum registrieren und im übrigen stillschweigend darüber hinwegschreiten. Es lohnt nicht die Mühe, sich hierüber besonders aufzuhalten, wenn auch klinische Psychiater wie Bleuler, Pötzl, Schilder sich kaum mit Ihren Methoden des Kampfes solidarisch erklären würden.

Durchschnittlich konservative Psychiater sind gewöhnlich einfache Polizeibeamte, die über Geisteskranke zu wachen haben. Auch darüber, daß kein vernünftiger Seelenarzt ihnen zu nahe komme. Ihre Aktion setzte sich entsprechend den Eigengesetzen zäher Massen über Dänemark hinaus fort. So kam ich dazu, am eigenen Leib zu studieren, wie

es zugeht, wenn man in die Netze der formalen Bürokratie gelangt.
Ich nahm zunächst einen Urlaub von meinen Schülern, verabredete mit ihnen, daß wir in Malmö, Schweden, über dem Sund von Kopenhagen nach Neujahr, also in vier Wochen fortsetzen sollten. Sie wollten ein Schiff mieten und es jenseits der Dreimeilenzone im Niemandsland treiben lassen, um ihre Studien fortzusetzen. Dies, obgleich Freud auf eine Anfrage hin ausdrücklich erklärte, daß er mich wegen meines "kommunistischen Glaubensbekenntnisse" nicht als Lehrer nach Dänemark geschickt hätte. So häuften sich die "logischen Argumente".[33] Ich fuhr nach London, nicht ohne an der Grenze als verdächtige Person (Deutscher!!) angesehen zu werden. Man wollte Schwierigkeiten machen, doch als ich erklärte, daß ich meinen Kraftwagen nachkommen lassen wollte, um eine europäische Tour im Frühjahr zu machen, wurden sie freundlich. Mein Auto leistete mir noch oft unschätzbare Dienste.
In London lebten die Analytiker, die meine Arbeit am meisten fürchteten. Dort mich niederzulassen ging nicht. Doch wollte ich mit Jones, dem Präsidenten der IPV sprechen. In Kopenhagen, das ich verlassen mußte, blieben als hochachtbare Vertreter der analytischen Disziplin der Philosoph Neesgard, ein Außenseiter und sogenannter "Wilder" und als bei den Ärzten besonders anerkannter Tiefenpsychologe, ein Herr, der 14 Tage bei Groddeck gewesen war.
In London traf ich Berliner Schüler und Malinowski, diesen zum ersten Male persönlich. Wir hatten sofort guten Kontakt miteinander. Er hatte meinen "Einbruch" in Amerika empfohlen. Er fand es sehr gut. Ich wäre der einzige gewesen, der sein Buch *Geschlechtsleben der Wilden* fruchttragend verstanden hätte. In seiner Studentengruppe fühlte ich mich wohl. Es war einfache Kameradschaft. Weniger wohl fühlte ich mich in einer Sitzung der Ethnologen, wo ein Vortrag über irgend etwas aus dem Mittelalter gehalten wurde. Ohne mich vorher zu warnen, erklärte Malinowski, nachdem er selbst gesprochen hatte, daß nunmehr sein Freund Reich etwas zu sagen hätte. Seither waren wir wirkliche Freunde, obgleich ich ihn für seine Untat fast in die Seite geboxt hätte. Gefangen konnte ich nicht anders als sprechen. Und zwar englisch. Ich sagte das, was ich so gerade zum Thema gemacht hatte, und siehe da, es ging sehr gut. Was es war, weiß ich nicht mehr. Doch Malinowski war zufrieden.
Merkwürdig war die englische Gruppe der Psychoanalytiker. Ich war bei einer Sitzung zugegen, in der steifes Zeremoniell herrschte. Bei Jones fand mit den Vorstandsmitgliedern eine Sitzung statt, in der ich meinen

33 *Für Freud war ich Kommunist, für die Komintern Freudianer. Mit einem Wort: gefährlich.*

damaligen Standpunkt darlegte. Man war sehr einverstanden, im **Prinzip**, besonders mit der sozialen Genese der Neurosen, doch eigentlich wollte man nichts damit zu tun haben. Politik und Wissenschaft gehörten nicht zusammen. Wieso die Erforschung der sozialen Genese der Neurosen "Politik" wäre, verstand ich trotz allen Wissens noch immer nicht recht. Jones war wie immer liebenswürdig, doch ein Gentleman: Nur kein Engagement. Immerhin erklärte er, daß er sich einem Ausschluß meiner Person aus der IPV strenge widersetzen würde. Ich wußte nicht, daß mein Ausschluß bereits beschlossene Sache war, von der Jones Kenntnis haben mußte. Er kannte auch meine Verbindungen zu Malinowski, der als erster die biologische Natur des Kindelternkonfliktes geleugnet und durch eine soziologische Interpretation an Hand des Mutterrechts ersetzt hatte. Jones dagegen hatte in einer heftigen Polemik gegen Malinowski vor Jahren erklärt. daß der Ödipuskomplex mit Soziologie nichts zu tun hätte und "fons et origo" von allem wäre. Die englische Gruppe der IPV war auch diejenige, die behauptete, die kindliche neurotische Angst wäre biologisch begründet in der Schwäche des kindlichen Ichs im Kampf gegen die Triebe. Korrekt gedacht in einer Gesellschaft, die den Säugling mit 6 Monaten durch strenge Reinlichkeitserziehung "kulturfähig" und krank macht.

Um diese Zeit trug ich mich mit Plänen zu experimentellen Arbeiten herum. Ich wollte meine alte Ahnung, daß die Sexualität identisch ist mit der elektrischen Natur des Orgasmus, bestätigten oder widerlegen. In Kopenhagen hatte ich anhand physiologischer Tatsachen, die bekannt waren, die Hypothese niedergeschrieben, der Orgasmus wäre eine elektrische Entladung. Ich wollte nun die Meinung eines Physiologen hören. Ich besuchte Wright, der ein Universitätsinstitut in London leitete. Als ich ihn fragte, welche technischen Möglichkeiten es gäbe, von der Haut die elektrischen Spannungen abzuleiten und zu messen, erklärte er: "You are crazy! That's impossible!" Er wußte ebensowenig wie ich, daß es in wissenschaftlichen Archiven Haufen von Arbeiten über das Tarchanoffsche Phänomen gab. Er untersuchte nur Muskelzuckungen, nehme ich an.

Mit Ausnahme Malinowskis strahlten alle Menschen, die ich traf, eine Atmosphäre aus, die erst 1938 nach dem "Münchener Frieden" allgemein war. Ohnmacht den Ereignissen gegenüber. Ahnung der Niedertracht und Ungerechtigkeit, des politischen Fiaskos wie der menschlichen Verrücktheit. Lähmende Passivität hielt alle gefangen. So auch einige junge Kommunisten, die nach London emigriert waren. Von den großen Gebärden und Reden war nichts übrig als Verständnislosigkeit für das, was vorging. Ich fuhr nach Paris. Einige führende Funktionäre der Trotzkipartei und der damals noch angeschlossenen SAP (Soz. Partei Deutschlands) besuchten mich im Hotel. Sie hatten die *Massenpsychologie* gelesen und waren einverstanden. Theoretisch! Wenige Fragen genügten, mir zu zeigen, daß man die Rolle des Irrationalismus in der Politik zuzugeben bereit war, doch ablehnte, die Frage **praktisch** zu fassen. Man war einverstanden, daß die gesellschaftliche Sexualunterdrückung die Menschen hörig und stumpf macht und derart der Rebellion gegen die Unterdrückung überhaupt entgegenwirkt. Doch die praktische Antwort darauf, die die Sexualpolitik gab, war fremd. Menschlich war man begeistert, doch als "Politiker" völlig entrückt. Ich spürte zum ersten Male den scharfen Gegensatz von **Mensch** und **Funktionär** im Politiker. Es war leicht zu sehen, daß man mich der Parteiorganisation eingliedern wollte. Damals war ich mir über den Wert oder Unwert einer neuen Parteiorganisation noch im unklaren. Ein unbestimmtes Empfinden hielt mich davon ab, mich zu binden. Ich wohnte mehreren Sitzungen deutscher Emigrantengruppen bei. Nichts schien sich geändert zu haben. Die Diskussion über die "Kategorien des Klassenbewußtseins" und die "Rolle der Avantgarde" liefen fröhlich weiter. Mir schauderte. Welche seelische Struktur vermochte Hitler 1933 zu erleben, ohne diese scholastischen Diskussionen als unmöglich zu empfinden? Ich warf in eine der Diskussionen die harmlose Frage ein, ob mir jemand fünf konkrete Elemente des "Klassenbewußtseins" nennen könnte. "Hunger", sagte einer, doch damit war es zu Ende. Ins Hotel zurückgekehrt verfaßte ich eine Disposition zu einem Artikel *Was ist Klassenbewußtsein?* Zwei Wochen später schrieb ich in Tirol die Broschüre weiter, die unter demselben Titel "von Ernst Parell" herauskam. Sie behandelte den Widerspruch der Struktur des Massenindividuums, die Notwendigkeit einer Massenpolitik von den Bedürfnissen, statt von Kategorien her und erzählte von deutschen Erfahrungen der Sexpol-Arbeit. In dieser Broschüre nahm ich noch **für** die kommunistische Bewegung, doch bereits **gegen** den kommunistischen Apparat Stellung. Ich fühlte mich noch als ihr zugehörig. Meine Stellung war die eines schlecht behandelten und mißverstandenen Oppositionellen. Die Konsequenzen der Kritik von "Partei" und "Politik" überhaupt waren noch nicht gezogen. Ich war auf der Suche nach einer neuen sozialrevolutionären Organisation, die die Lehren aus der Katastrophe produktiv ziehen wollte. Viele meiner politisch-psychologischen Aufsätze dieser Zeit gingen davon aus. Es bedurfte weiterer Erfahrungen, um mit diesen

Illusionen aufzuräumen. Zu erkennen, daß das Problem der menschlichen Organisation überhaupt und nicht nur das einer anderen nach altem Muster, aufgeworfen war. Die Entwicklung der Sowjetunion in reaktionärer Richtung trat erst 1934 deutlich hervor. Heute weiß ich, daß neben diesen sachlichen Motiven eine tiefe Angst vor Organisationslosigkeit, das heißt Heimatlosigkeit bremste. Mehr als ein Jahrzehnt Investition von Energie und Arbeit in eine politische Organisation wollen nicht ohne weiteres aufgegeben sein.

Die Sowjetunion existierte noch für das Bedürfnis nach Rückhalt, wenn auch nicht mehr wirklich. Ich genoß noch einige Tage Pariser Atmosphäre und fuhr dann nach Basel. Dort war Hodann gelandet. Er hatte das Glück gehabt, nach 6 Monaten Aufenthalt im Konzentrationslager zu flüchten. Wir entwarfen Pläne über weitere Arbeit, doch ich merkte, daß er sich nicht binden wollte und von einer Ahnung der ablaufenden Katastrophe noch weiter entfernt war als ich. Ich erzählte ihm von meiner Arbeit, eine Zeitschrift für politische Psychologie herauszugeben. Die Möglichkeit einer organisatorischen Zusammenarbeit mit ihm schien greifbar. Daraus ist dann nichts geworden.

In Zürich besuchte ich Brupbacher. Immer wieder fesselte mich dieser alterfahrene Sexualarzt, der mit tiefer Menschlichkeit alle Freuden und Leiden der Arbeiterbewegung durch Jahrzehnte mitgemacht hatte. Sein Buch *40 Jahre Ketzer*, das zwei Jahre später herauskam, ist eine glänzende Abrechnung mit der Spießbürgerei in der Arbeiterbewegung. Doch der Schluß ist Resignation. Brupbacher hatte keine Hoffnung mehr. Ich hielt ihm entgegen, daß die Wissenschaft noch lange nicht das letzte Wort gesprochen hatte, und daß es eine Entwicklung rückwärts im Grunde nicht gäbe. Fraglich bliebe, ob wir es noch erleben würden oder nicht. Doch in seiner Kritik mußte ich ihm zustimmen.

In Tirol traf ich meine Kinder und meine ehemalige Frau nach 7 Monaten Trennung. Keine Spur von den trostlosen Ereignissen und menschlichen Reaktionen war zu sehen, die nicht mehr als ein halbes Jahr später unser Leben verwüsteten. In Wien ging alles, sechs Wochen vor der Februarkatastrophe, seinen gewohnten Gang. Die Kommunisten bereiteten die Revolution vor, die Sozialdemokraten gaben weiter im Interesse der Demokratie nach, die politische Reaktion ging still voran, und die Menschen ahnten weiter nichts von den "historischen Kräften" und dem "Konflikt der Produktivkräfte". Sie waren nur deprimiert, hungerten, hatten ihre familiären Verödungen und politisierten gelegentlich. Ich wollte über Prag nach Schweden fahren. In Prag sollte ich Bekannte treffen. Mich interessierte die Reaktion der mir bekannten Menschen auf die Geschehnisse. Nirgends eine Spur von Entschlossenheit und Verständnisbereitschaft. Nichts als Illusionen über die Hilfe, die von der Kirche, von den Westmächten, von der deutschen Wehrmacht und selbstverständlich von den immer mehr erwachenden Arbeitern in den Betrieben zu erwarten wäre. Verspätete Bestrebungen nach Einheitsfront zwischen Kommunisten und Sozialdemokraten prägten das Denken. Der Gedanke der Volksfront der Sozialisten mit den Bürgerlichen war noch nicht geboren. Ich versuchte, vorsichtig in den Gesprächen auf die Tatsache der irrationalen Reaktion der Masse hinzulenken. Die *Massenpsychologie* hatte gefallen, doch keine Spur eines Verständnisses war zu entdecken. **Ob wohl dieses Politisieren selbst ein Stück des Irrationalismus in der Gesellschaft war?** Zum ersten Male tauchte die Frage auf. Die bequeme Antwort, daß Politik einen Wissenschaftler überhaupt nicht zu interessieren hätte, wollte ich nicht gelten lassen. Die Politik gab es nun einmal. Von ihr hing alles ab. Doch was war sie? Wie war sie? Ich suchte nach dem rationalen Kern der linken Politik. Prüfstein schien mir dafür Verständnis für die unzweckmäßige Massenreaktion in Deutschland. Es war in keiner Weise vorhanden. Mehr, man lehnte die Frage affektiv ab.

Es überraschte mich zunächst, daß ein früherer begeisterter Anhänger meiner Arbeit in Deutschland, sogar Opponent der Parteiführung, nun völlig umgefallen war. Später begriff ich. Das Problem weiter im Auge behalten, bedeutete zunächst nichts als sellische Belastung. Die Flucht in die Heimat "Partei" war momentan ökonomisch.

Ich wollte, um den Riesenumweg über Polen zu sparen, durch Deutschland reisen. Man hielt es für Wahnsinn. Doch ich dachte, wenn an der Grenze keine Listen aufliegen, dürfte ich es riskieren. Das stimmte nicht, denn die Möglichkeit gefaßt zu werden, war überall vorhanden. Als man mir sagte, daß keine Listen vorliegen, entschloß ich mich, Deutschland zu passieren. An der Grenze war es etwas unheimlich, doch nichts geschah. In Berlin hatte ich drei Stunden Aufenthalt. Das Strassenbild erschütterte. Soldateska überall. Gedrücktheit, müde Bewegung, ängstliches Lauern. Eine Freundin war verständigt. Wir saßen zusammen im Restaurant erster Klasse. Als ich den Zug nach Dänemark bestieg, kam ein Mann vorbei, der mich groß ansah. Ich glaubte ihn zu erkennen, wußte aber nicht, wohin ich ihn einreihen sollte. Viele Kommunisten waren Faschisten geworden. Ganze Stürme der Arbeiterwehr waren zur SA gegangen. Es gab keine Genossen mehr. Was war Gesinnung überhaupt wert? Wie war es möglich, daß man jahrelang sein Leben für

eine Idee riskieren konnte, um dann plötzlich es ebenso begeistert für eine andere zu geben!? Anspielungen auf Korruptheit, Gesinnungslosigkeit keit u.s.f. sagten nichts. War nicht das Parteiwesen überhaupt eine Ordnung verschiedener widersprechender Gesinnungen? Kämpften nicht nur Weltanschauungen miteinander? Scheinbar im Interesse von materiellen Dingen! Doch Zehntausende wechselten die Posten von der einen Gesinnungsvertretung zur entgegengesetzten. Alles drehte sich. Nichts schien festzustehen. Und die alten Freunde und Bekannten fuhren harmlos fort, sich im Chaos an Gesinnungsorganisationen zu halten. Welche Antwort gab es hierauf? Keine! Viellicht war es nur intellektuelle Spintisiererei? Die Klassen gab es zweifellos! Ihren Kampf ebenso! Die entsprechenden Gesinnungen desgleichen! Nur die Menschen, um deren Wohl und Wehe es dabei ging, fluteten hin und her, steuerlos, wie ohne Bewußtsein. Ich wußte, daß es diesseits und jenseits der deutschen Grenzen Arbeiter verschiedener Berufe gab, die illegal, ihr Leben riskierend, Verbindung mit den Parteikadern hielten. Las ich jedoch ihre Berichte in den offiziellen Organen, wußte ich: So sieht es nicht in Wirklichkeit aus. Das sind Wunschphantasien oder Überschätzungen von Realitäten durch Menschen, die nach der sozialen Freiheit lechzen. Zwischen ihnen und der breiten Menschenmasse klafft eine tiefe Kluft. Sie haben keine Beziehung zueinander. Hier todesmutige Treue und Begeisterung, dort Stumpfheit und Beeinflußbarkeit durch die bequemen Ideen mittelalterlicher Ideologie. Wie ist diese Kluft zu schließen? Wann wird es geschehen? Hängt es nur von der aufopfernden politischen Tätigkeit einer Gruppe begeisterter Revolutionäre ab? Hat der Zweifel des satten Intellektuellen an diesem auftreibenden Kampf recht? Sicher nicht! Er setzt nichts an dessen Stelle. Wo ist die Antwort zu holen? Nur die Entwicklung selbst kann sie geben. Doch nur dem Illusionslosen wird sie wahrnehmbar sein. Dem Zweifler aus Angst wird sie unlesbar bleiben. Der Zug rollte durch wohlbekannte deutsche Landschaft. Äußerlich schien sich nichts verändert zu haben. Trotzdem bebte ein Kontinent.

Bei Trälleborg betraten ich und Elsa Lindenberg, die sich mir in Berlin angeschlossen hatte, schwedischen Boden. Ich wollte mich zunächst in Malmö niederlassen und dann zu entscheiden, wohin ich gehen würde. Ich hätte in London bleiben können. Malmö war gar nicht verlockend. Doch meine Berliner Schülerin Dr. Käthe Misch hatte mir berichtet, daß Jones allen namhaften Kollegen abgeschrieben hätte. London hätte eine Riesenarbeit an Anpassung gefordert. London war puritanisch, und ich lebte mit einer Gefährtin ohne Trauschein. Keiner von uns wollte heiraten. Wir waren sehr froh miteinander ohne Ehekonsens. Wir wußten, daß ein Eheschein mehr ist als eine Formalität. Er verleiht das Recht zu plündern und zu unterdrücken. Das wollten wir nicht. Überdies warteten dänische Schüler auf mich, in deren Kreis ich mich wohlfühlte, die meine Arbeit allmählich begriffen hatten und fest zu mir hielten. Aus Berlin kamen Briefe von Kollegen und früheren Schülern, die mir sagten, daß das nahe Malmö besser als das ferne London wäre. Kurz, ich zog den Zustand dumpfen Asyls einer neuen Karriere in einer Weltstadt vor. Ich sollte es nicht bereuen. Obgleich es nach üblichen Begriffen wieder mal eine "verrückte" Reaktion zu sein schien.

In Malmo erwartete mich ein Kopenhagener Schüler. Er hatte in einer Pension am Marktplatz für mich und Elsa Lindenberg je ein Zimmer reserviert. Als ich die Stadt betrat, bekam ich Angst. Ganz gewöhnliche, blöde Angst. Malmö ist eine jener Kleinstädte, in denen die Langeweile den Faschismus ausbrütet. Sechs Monate sollte ich hier leben. Besser als im Konzentrationslager. Die Pension war schrecklich. Steif, kalt, voll älterer alleinstehender Damen, die uns neugierig betrachteten. Ein paar ältere Herren, gut gekleidet, zum Teil mit Monokel und Stock ausgestattet, unterhielten sich in dezenter Weise mit strickenden älteren Damen. Wir nahmen rasch ein Abendessen. Jeder von uns verbarg die Angst vor dieser Stadt und dieser Pension. Wir hielten uns so gut wir konnten. Die Atmosphäre war genau entgegengesetzt der, in der wir früher allein atmen konnten. Wir hielten uns an die Briefe, die wir bekamen und an die Verbindungen zu Menschen in aller Welt. Im Oktober 1933, also vor zwei Monaten, hatte der Redakteur der *Weltbühne* einen Brief voll unerschütterlichen Geistesbewußtseins geschrieben, ohne geringste Aussicht in die Zukunft. Zwei Jahre später war er ein toter Mann, geistig und politisch. In Kopenhagen interessierten sich einige Ärzte für meine Arbeit, doch die Neurologenvereinigung hatte eine Einladung zu einem Vortrag wieder abgesagt, als bekannt wurde, daß der Justizminister in eigener Person gegen mich war. Die *Zeitschrift für Sozialforschung* aus Frankfurt hatte in Paris Zuflucht gefunden und sich mit mir in Verbindung gesetzt. Einige Jahre später mußte sie nach Amerika auswandern. Aus Norwegen hatte mir der Leiter des Universitätsinstituts für Psychologie eine Schülerin brieflich angemeldet. Meine *Charakteranalyse* begann zu wirken. Vier Jahre später wurde derselbe Universitätsprofessor Gegner, als sich die Charakteranalyse zur Vegetotherapie entwickelte. Eine Osloer Analytikerin hatte mir einen sehr be-

kannten Mann zum Studium empfohlen. Sie sollte mich in Kürze mit ihm in Malmö besuchen. Vom berühmten Berliner Internisten Friedrich Kraus hatte ich einen anerkennenden Brief erhalten.
Viel war zu tun. Ich richtete mein Zimmer als Arbeitszimmer ein. Meine Bibliothek war in Kopenhagen. Die Freunde sollten mir jeweils bringen, was ich brauchte. Meine Frau, der ich für ihre Haltung in dieser Zeit tief dankbar war, geriet in Angst, daß sie die in Kopenhagen begonne Arbeit nicht würde fortsetzen können. Da kam ein Freund auf die Idee, daß meine Schüler meine Frau jeweils als Dänin über die Grenze nehmen könnten. Dieses Arrangement klappte gut in den sechs Monaten, als sie legal dänischen Boden nicht betreten durfte. Ich war immer vier Tage der Woche allein. Muße zu wissenschaftlicher Arbeit hatte ich genug. Meine Schüler hatten es sich so eingerichtet, daß sie abwechselnd jeden zweiten Tag für eineinhalb Stunden zu mir fuhren. Die Reise über den Sund hin und zurück nahm etwa drei Stunden in Anspruch. Schiffsmannschaft, Polizei diesseits und jenseits, Professoren und Hygieniker wußten genau Bescheid. Die Sache hatte sich rasch herumgesprochen. Sie staunten und verstanden nichts.
Leunbach hatte meinen Wagen aus Kopenhagen herübergebracht. Wir machten an freien Tagen lange Fahrten in die Gegenden Südschwedens. Eines Sonntags spät nachts sahen wir auf der Landstraße zwei Mädchen müde daher wandern. Ich hielt und bot die beiden noch freien Plätze an. Es entspann sich sehr bald ein Gespräch über den Wert der Ehe. Sie waren unverheiratet, doch sie hofften bald ein eigenes Heim zu besitzen. Im Elternhause wäre es schlimm. Sie könnten so wenig anfangen. Im Elternhause wäre es aber auch so schön. Die Mutter sorgte für alles. Ob wir uns noch treffen könnten? Mit Vergnügen. Da ich immer allein war, riet mir meine Frau, die Mädchen noch mal anzurufen. Vielleicht käme dabei die Einsamkeit weg. Das tat ich eines Tages. Die Freundin hatte keine Zeit, doch sie wollte gerne um so und so viel Uhr am Bahnhof sein. Ich holte sie ab, und wir schlenderten durch die Straßen der Stadt. Wir unterhielten uns englisch. Mit einem Male wurde sie unruhig. "Jemand geht uns nach", sagte sie. Ich sah mich um. Richtig. Ein hoher vornehmer Herr und Halbzylinder und Stock folgte uns in etwa zehn Schritten Abstand. Sie erkannte in ihm einen Onkel. Nach einer Weile blieb ich stehen, bat sie, mich ihm vorzustellen. Unser Gespräch war aus, doch das andere interessierte mich nun mehr. Der Herr wurde, als er uns erreichte, außerordentlich verlegen. Wir luden ihn ein, mitzukommen. Nach etwa zehn Minuten konventionellem Hin und Her entschul-

digte er sich und ging. Nun fuhr sie los. So wäre es immer. Keinen Schritt könnte sie allein tun. Der Onkel wäre zugegen gewesen, als sie mit mir abmachte. Zweifellos hätte ihn die Mutter gebeten, sie zu beschützen. Doch sie wäre kein Kind mehr. 23 Jahre und Studentin. Sie begann zu weinen. Bat mich um Entschuldigung. Ich wollte wissen, ob sie Unannehmlichkeiten zu Hause haben würde. Sie würde schon durchstehen, doch das wäre nicht mehr erträglich. (Es war keine Bolschewistin, sondern eine unpolitische Frau!) Sie hätte so gern noch länger mit mir geplaudert. Man treffe nie andere Menschen als solche, die man zum Überdruß kennt. Ich sollte meine Frau grüßen, vielleicht würde sie noch mal anrufen. So sind alle Kleinstädte wie Malmö. Ich verzichtete von nun an darauf, Anschluß an Malmöer zu suchen. Es war gefährlicher als Verbrecher sein.
In der kleinen Universitätsstadt Lund kannte man meine Publikationen. Die Studentenorganisation Clarte hatte sogar einiges übersetzt. Es gab auch Arbeitszirkel für meine Arbeiten. Die Frau eines Professors für Geschichte hatte gehört, daß ich in Malmö im Exil lebte. Sie lud mich in ihr Haus ein. Mit ihrem Mann verstand ich mich bald recht gut. So ein Universitätsprofessor ist im Heim ein recht annehmbarer Mensch. Sie hatten eine 18jährige Tochter. Voll moderner Ideen. Doch die Mutter sorgte warm um sie, und die Ideen mußten sehr bald verfliegen. Sie hatten den Einbruch, die *Charakteranalyse* etc. gelesen. Das Interesse war brennend. Wir fuhren einige Male zusammen hinaus. Da glaubte ich, erste Anzeichen zu erblicken, die für raschen Abbruch der Bekanntschaft sprachen. Ich ließ die Sache einschlafen und schob Überlastung und Arbeit vor. Nicht immer war ich so hellsichtig.
Die Polizei hielt es nicht aus. Da wohnten schon 6 Wochen lang zwei Ausländer in einer Pension. Sie waren nicht verheiratet und doch "verheiratet". Täglich kamen Menschen mit der Fähre aus Dänemark herüber. In Malmö hatte die Polizei wenig zu tun. Es war eine stille, anspruchslose Stadt, selbst ohne Prostituierte. Also eine Stadt, in der die Zivilisation in "Ruhe und Ordnung" schlafen konnte. Es gab keinen Unfug. Um 10 Uhr abends spazierte die Jugend nach Geschlechtern getrennt in den Straßen auf und ab. Sie kicherten einander bloß verschämt frech an. Sie wußte alles und doch nichts. An den Ecken standen die 20jährigen Männer und machten Glossen über die Mädchen. Die Polizei hatte also nichts zu tun. Es mußte ihr daher auffallen, daß da wochenlang deutsch sprechende Menschen in einer Pension wohnten, Besuch empfingen und sogar regelmäßig. Daß sie gültige Pässe besaßen und trotz-

dem in Malmö wohnten. Daß sie nichts von sich hören ließen. Nur ordentlich polizeilich gemeldet waren sie. Das war zu auffallend. Also mußte man das Paar beobachten. Also beauftragte man einen vom Geheimdienst, sich gegenüber, hinter den Gardinen eines Büros aufzupflanzen, was mir nicht entging. Da stand einige Wochen lang ein auf Distanz erkennbarer Spitzelgeselle vor dem Eingang der Pension. Ich ging an ihm täglich vorbei, sah ihm vertrauensvoll in die Augen. Und er tat, als ob er nicht wüßte, wer er war und wozu er da war. Mehr, er tat, als ob er nicht merkte, daß ichs wußte. Das war noch auffallender und verdächtiger. Ganz ruhig geht dieser deutsche Fremde am Geheimagenten vorbei und tut, als ob nichts wäre. Da muß man zu schärferen Maßregeln greifen. Die Polizei begann meine Schüler einzeln am Ausgang abzufangen und oben polizeilich vorzuführen. Was sie denn da täten? ("Demokratie!!!") Was denn der Deutsche da mache! Er wohne "da mit so einer Dame da!" Unverheiratet! Und am Sopha lägen die Besucher!! Psychoanalytische Unterrichtsstunden? Was ist **das** merkwürdiges? Auch so eine bolschewistische Sache! Meine Schüler gaben ruhig Bescheid. Am Schluß luden sie mich vor. Stellten dieselben Fragen. Ich konnte nicht anders als so: "Welche Anklage liegt gegen mich vor?" "Keine!" "Weshalb verhören Sie mich dann da?" Verlegenheit! Ja weshalb verhörten sie eigentlich? Fragten weiter. Ich: "Ich erkläre ausdrücklich, zu jeder erwünschten Auskunft bereit zu sein! Doch vorher muß ich wissen, wessen Sie mich beschuldigen oder verdächtigen!" "Wer verhört eigentlich hier? Wir Sie oder Sie uns?" entfuhr es der Uniform. "Sie verhören also doch! Wessen bin ich verdächtigt?" Große Verlegenheit. Sie werden freundlicher. "Na, ist ja nicht so schlimm" oder ähnlich! "Tun Sie, was Sie wollen. Meine Papiere können Sie jederzeit sehen." Und ich ging. Das war noch verdächtiger gewesen. Merkwürdige Person, dieser Deutsche. Einmal hielten sie mich an, als ich am Hafen spazierte. "Ihren Paß bitte!" "Bitte sehr!"
Im Mai lief die Zeit ab, die ich ohne besondere Erlaubnis in Schweden verbringen durfte. Ich suchte um Verlängerung an. Ein Ansuchen beim dänischen Justizminister um die Erlaubnis, vier Wochen vor Ablauf der gesetzten sechsmonatigen Frist, für die notwendige Abwesenheit war abgeschlagen. Ohne jede Begründung. Weder die Polizei noch die Psychiater hatten geruht. Ich begriff nicht, was sie mir **entsprechend ihren Gesetzen** vorwarfen. Im April versuchte die Malmöer Polizei eine Haussuchung. Das lief so ab: Mein Kollege Filipson weilte gerade bei mir. Wir hatten analytische Sitzung. Da klopfte es brüsk an die Tür: "Öffnen, Poli-

zei." Zwei typische Kriminalbeamte betraten rasch das Zimmer. "Wir müssen Ihr Zimmer durchsuchen!" "Und wer ist dieser Mann da?" Ich beherrschte meine Wut über diese Äußerung anonymer Gewalten und lud die Herren ein, meinen Schreibtisch zu besehen. In der Schreibmaschine war gerade das Manuskript *Über den Urgegensatz des vegetativen Lebens* eingespannt. Sie stürtzen sich darauf mit unglaublicher naiver Neugierde. Lasen einige Zeilen, machten lange Gesichter und wollten im Zimmer weiterstöbern. Da stellte ich mich entgegen und forderte die Bescheinigung über die Ermächtigung zur Haussuchung. Sie hatten keine. Und wurden verlegen. Dann verschwanden sie mit einem Gemurmel, das eine Entschuldigung sein sollte. Am nächsten Tage erfuhr ich, daß zur selben Zeit in der Wohnung Filipson tatsächlich eine Haussuchung stattgefunden hatte, ohne Ergebnis natürlich. Unsere kriminellen Taten waren eben von einer Art, die sie noch nicht kannten. Die dänische Polizei hatte die Aktion mit der schwedischen verabredet. Und dies alles, weil sie nicht verstanden, was das eigentlich heißt "Psychoanalyse".

Mein Ersuchen um Verlängerung des Aufenthaltes wurde vom Polizeiamt abgelehnt. Es war unangenehm, wenn auch nicht gefährlich. Analytische Arbeit läßt sich schwer ohne weiteres unterbrechen. Ich protestierte beim Landesamt. Keiner hatte eine Ahnung, weshalb ich eigentlich keine Erlaubnis bekommen hatte. Doch das ist die Eigengesetzlichkeit bürokratischer Sätze. Hat ein Amt einmal etwas beschlossen, so läuft die Sache nur mehr ohne Beziehung zur Sache. Rein nach Buchstaben und Formeln. Es ging also nur mehr darum, gegen die eine Sorte Formeln eine andere zu mobilisieren. Der Polizeichef lud mich und Elsa Lindenberg vor. Große Zeremonie. Auf einem gerichtsartig aufgebauten Podium saß der Allgewaltige. Deutlich verlegen, doch mit einer napoleonischen Pose. Rechts und links von ihm Schreiber. Dann zwei Beamte als Zeugen. Wir mußten Aufstellung nehmen. Und dann verlas er den Bannspruch. Bis zum 24. Mai sollte ich das Land verlassen haben. Ich sagte kein Wort und wir gingen.

Unser Freund Sigurd Hoel war in Malmö. Er setzte sich sofort mit einem Rechtsanwalt in Verbindung. Dieser hatte mehr Angst vor der Polizei und dem Gesetz als ein Verbrecher. Wir ließen ihn stehen. Hoel telegraphierte sofort an den Reichsabgeordneten Ström in Schweden, an Freud, Malinowski und unsere Freunde in Oslo. Zwei bekannte Kopenhagener Journalisten kamen nach Malmö. Mit Hoel zusammen gingen sie zum Polizeichef Malmös. Ob er denn nicht wüßte, daß er es

mit einem künftigen Nobelpreisträger zu tun hätte? Der Beamte erschrak tief und fiel auf den Bären herein, der ihm – meinem Gefühl nach – aufgebunden war. (Die Freunde waren überzeugt, daß ich Nobelpreisträger in spe wäre.) Ich sollte doch noch einmal einreichen, es würde schon gehen, meinte er beschwichtigend. Doch mittlerweile hatte es einen regen Telegrammverkehr mit dem Abgeordneten Ström gegeben. Der Justizminister war verständigt und wollte auf dem laufenden gehalten werden. Ich sollte mich im Falle der Ausweisung an das Ministerium berufen. Weshalb der Justizminister nicht einfach den Auftrag gab, die Erlaubnis zu verlängern, verstand ich nicht. Doch das sind Geheimnisse der Staatsführung, keinem gewöhnlichen Sterblichen begreifbar. Ström teilte Hoel in einem Brief mit, daß die Ablehnung meines Gesuchs auf "Informationen" eines "persönlichen Feindes" von mir zurückzuführen wären. Staatsaffairen!! Später erzählte man mir, daß sich die Kopenhagener Psychiater mit dem Gesundheitsamt in Schweden in Verbindung gesetzt hatten. So also spielt ein antisexueller Komplex in Staatsgetriebe ein.
Malinowski schrieb einen warmen Brief. Freud dagegen: "Ich kann mich Ihrem Protest in Sachen Dr. Wilhelm Reich nicht anschließen. "Das ganze war lächerlich. Es stattete mich mit einer Gefährlichkeit aus, die ich nicht hatte. Es enthüllte die Kulissen hochgeachteter Institutionen. Es ekelte an. Um die Reputation zu retten, "bewilligte" der Polizeichef weiteren Aufenthalt bis zur formellen Entscheidung meines einzureichenden Rekurses an die Landesleitung. Ich verzichtete. Ohne weitere Verhandlungen blieb ich solange in der Pension – ungestört – wohnen, bis ich meine Angelegenheiten geordnet hatte. Mit Hoel war besprochen, daß ich illegal zu den Sommerferien nach Kopenhagen und dann in ein Landhaus reisen sollte. Am 4. Juni fuhr ich mit dem Wagen nach Helsingör, wo man mich nicht kannte. Mein Wagen hatte dänische Nummer. Es war ein Sonntag. Im Wagen saß ein Däne und ein Norweger. Wir sprachen eifrig und laut dänisch. Es ging ohne weiteres. Jenseits der Grenze lachten wir herzlich. In Sletten wohnte ich unter dem Namen Peter Stein. Alle befugten Polizeibeamten hatten davon Kenntnis. Doch alle schienen mir im geheimen die Hand zu drücken. Ich erwartete Besuch von meinen Kindern, die ich viele Monate nicht gesehen hatte.

Wilhelm Reich in Schweden 1934

Kongreß der psychoanalytischen Opposition, Ostern 1934
Links Elsa Lindenberg; dritter von links Reich; zweiter von rechts Otto Fenichel

Reich im Labor in Oslo mit Roger du Teil

KAPITEL 8

DER KONGRESS DER PSYCHOANALYTIKER IN LUZERN IM AUGUST 1934

[SB: Es gibt wenige tragischere Dinge als das menschliche Unvermögen – als Folge von Unwissenheit – rational zu handeln, wenn die richtige Antwort direkt hinter der Ecke liegt, und dieses Unvermögen ist eine Folge der Furcht vor der rechtzeitigen Entdeckung der Wahrheit.
Die Entwicklung der Konflikte innerhalb der Psychoanalytiker auf dem Luzerner Kongreß erreichte ihren Höhepunkt mit dem Ausschluß WRs aus der Organisation für Tiefenpsychologie, in den Umständen dieses Ausschlusses und in der Tatsache, daß **zusammen mit WR die Libidotheorie von Sigmund Freud (SF) heimatlos wurde.**
Wir folgen mit Verwunderung WR auf seinem Leidensweg 1934. Er scheint nicht zu wissen, von was, warum oder wie er geschlagen wird. Er ist leichtgläubig und vertrauensselig wie ein Kind, in einem für einen bekannten Psychiater unglaublichem Ausmaß. Er weigert sich, SFs Organisation zu verlassen. Er will, daß sie ihn rauswerfen. Heute scheint dies dumm, ihm selbst schadend und unverständlich. Um jemanden loszuwerden, den man nicht mag, muß man ihn überzeugen, daß er besser aus "eigener freier Entscheidung" zurücktreten soll, daß er einen "Genesungsurlaub" machen soll, daß er seine Loyalität zeigen und alles ohne unnötiges Aufsehen freidlich seinen Lauf nehmen lassen soll. WR spürt irgendwie, daß ein Skandal für alle Zeiten mit der psychoanalytischen Bewegung in Verbindung gebracht werden würde. Er weiß, daß er der einzige Vertreter der naturwissenschaftlichen psychoanalytischen Theorie ist. Er weiß noch nicht, daß dies ihn zur Entdeckung der Lebensenergie führen wird. Er kann auch unmöglich wissen, daß als Resultat dieses Kampfes die Situation in der Psychiatrie der USA sechzehn Jahre später seine Position in Betracht zieht:
Die Todestriebtheorie, die, um den schwerwiegenden sozialen Konsequenzen der Psychoanalyse aus dem Weg zu gehen, entwickelt wurde und der man 1934 voll beipflichtete, ist 1950 mausetot, außer für einige einflußlose Anhänger. Die "marxistische Opposition" ist verschwunden und vergessen. Alle ihre überlebenden Mitglieder schweigen. Otto Fenichel, der sie eher in einer politischen als wirklichkeitsbezogenen, politischen Weise anführte, verließ WRs schlingendes Schiff. Aber die

sozialen Konsequenzen der psychoanlytischen Libidotheorie von 1920 sind lebendig und tatsächlich in der amerikanischen Gesellschaft verwurzelt im praktischen Umgang mit der Genitalität der Kinder in der ersten Pubertät.

WRs Buch über die Charakteranalyse, das die IPV aus Furcht vor den Nazis und wegen Paul Federns fortgesetzten Intrigen von 1924 bis 1934 nicht druckte, ist zum bedeutendsten Handbuch der psychoanalytischen Heiltechnik geworden und ist überall in der Welt als ein "Klassiker" anerkannt. Jeder Psychiater ist bemüht, jedermann zu versichern, daß er "Charakteranalyse praktiziert". Trotzdem traut sich die psychiatrische Welt immer noch nicht, die Worte "Orgasmus" und "Wilhelm Reich" in den Mund zu nehmen.

WRs Orgonomie blüht in der USA. Die Entdeckung der Lebensenergie, die durch die konsequente Verfolgung von SFs sehr unbeliebter Libidotheorie zustande kam, steht an der Grenze zur völligen öffentlichen Anerkennung. Sie hat viele Leben gerettet und wird noch unzählige weitere retten.

WRs Buch *Massenpsychologie des Faschismus*, das in Luzern 1934 nicht ausgestellt werden durfte und 1933 von den roten Faschisten in Moskau als "konterrevolutionär" verdammt wurde, ist in drei Auflagen erschienen und in vielen tausend Exemplaren in Europa und den USA verkauft worden. Es wurde 1949 von der New Yorker Zeitung *PM* als das Buch genannt, daß in der New Yorker Stadtbibliothek am meisten verlangt wurde. Es hat einen bedeutenden Beitrag zur Anwendung der Psychologie in der Soziologie geleistet. Das war unvorhersehbar im Jahre 1927, als WR, nach seinen entscheidenden Gesprächen mit Freud, seine Reise durch das Gebiet der Soziologie begann.

Charakteranalyse und *Massenpsychologie des Faschismus* – beide fest auf SFs Libidotheorie gegründet – sind einen langen Weg der Vermeidung von Siegen der asketischen Tendenzen innerhalb der katholischen Kirche und des roten Faschismus in den USA gegangen. Kirchen vieler Konfessionen wurden dazu gebracht, mit der Zeit zu gehen und die Existenz der genitalen Funktion in der Kindheit anzuerkennen. Die Pubertät ist immer noch in bösen Schwierigkeiten durch unwissende Polizisten und der Vererbungstheorie anhängende, lebensfeindliche Psychiater wie Scharffenberg in Norwegen.

Und nicht zuletzt ist SFs wahrhaft naturwissenschaftliches Denken in der Psychatrie, repräsentiert durch sein Festhalten an der Theorie einer "psychischen Energie", eine dauernde Errungenschaft der menschlichen

Wissenschaft geworden. WRs Feststellung sexueller Strömungen auf dem Oszillographen war der Beweis der bioelektrischen Natur menschlicher Gefühle. (Spätere Studien, die die Anwendung des Geiger-Müller-Zählers einschlossen, erbrachten, daß diese Energie nicht elektromagnetisch ist, sondern eine neue Form physikalischer Energie.)
Dies sind große Fortschritte im Kampf für Klarheit über das menschliche Leben und für dessen Schutz. Verglichen damit muten die Ereignisse in Luzern, wenn sie damals auch dramatisch und tragisch waren, eher sonderbar an.
Man war allgemein überrascht über WRs Ausschluß. Anna Freud nannte ihn eine "große Ungerechtigkeit". Federn und Jones hatten schließlich, nach jahrelangem maulwurfähnlichen Wühlen triumphiert. Sie hätten niemals unter normalen Umständen Erfolg gehabt. SF war zu einem großen Schnitzer verleitet worden, der seinen Einsichten und Hoffnungen der 20er Jahre zuwiderlief. Als der wahrhaft große wissenschaftliche Pionier, der er war, hatte SF früh die Entwicklungen geahnt, die WR dann nach 1934 in die Realität umsetzen sollte: die feste Verwurzelung der Tiefenpsychologie in der Naturwissenschaft.]

Ich muß, um meinen Ausschluß aus der internationalen psychoanalytischen Vereinigung verständlich zu machen, auf meine Arbeit in Malmö zurückgreifen. Drei wichtige Reihen in der Entwicklung der Arbeit traten hervor: Die Gründung der *Zeitschrift für politische Psychologie und Sexualökonomie,* die Vorbereitungen zur Auseinandersetzung mit der IPV, deren Mitglied ich noch war und schließlich die ersten konkreten Anfänge der sexualökonomischen Biophysiologie.
Die Situation war ohne ein Sprachorgan nicht länger zu halten. Viele Arbeiten warteten darauf, publiziert zu werden. Probleme der politischen Psychologie drängten nach Auseinandersetzung. Kein Organ, das wußte ich, würde Arbeiten von mir nehmen. Überdies wollte ich unabhängig sein. Deshalb wurde ein Verlag für Sexualökonomie unter Leitung eines deutschen Emigranten in Kopenhagen gegründet. Ich ließ einen Lehrer, der in Berlin mitgearbeitet hatte und 1933 brotlos geworden war, kommen. Er sollte die Zeitschrift besorgen. Damals gab es noch eine Gruppe "dialektisch-materialistischer Psychoanalytiker". In Berlin hatte ich dem Psychoanalytiker Otto Fenichel die Verantwortung für ihre Zusammenfassung überlassen. Er war durch mich in die marxsche Soziologie eingeführt worden und schien bereit, sich der Aufgabe zu unterziehen. 1933 war er nach Oslo gezogen. Ich schlug eine Zusammenkunft der

skandinavischen Psychoanalytiker für Ostern 1934 in Oslo vor. Der Vorschlag wurde angenommen. Schjelderup, selbst Psychoanalytiker und Leiter des psychologischen Universitätsinstituts in Oslo, besorgte zur Abhaltung der Tagung Räume in der Universität. Aus Berlin kam unsere Freundin Dr. Edith Jacobson, deren eifrige Mitarbeit in der Bewegung und späteres Unglück – sie mußte zwei Jahre in einem deutschen Gefängnis verbüßen – ich ebenfalls am Gewissen habe. Eine Frau besonderer geistiger Klarheit und tiefer Menschlichkeit. Die späteren organisatorisch bedingten Zerwürfnisse haben an unserer guten Beziehung nichts zu ändern vermocht. [SB 1951: Unglücklicherweise erlag sie später den gefährlichen Praktiken einiger Psychoanalytiker des Wiener Kreises, die mit einem Eifer, der einer besseren Sache wert gewesen wäre, fortfuhren, Wilhelm Reichs guten Namen zu verleumden.] Sie kam zu mir nach Malmö, und wir fuhren zu dritt zur Tagung nach Oslo. Zweieinhalb Tage währte die Autofahrt durch die nordische Landschaft. Jeder von uns war voll von Fragen und Sorgen. Wir wußten, daß die Psychoanalyse als Bewegung die Probe der Zeit nicht bestand. Wir fühlten uns für ihr Schicksal außerordentlich verantwortlich. Hatten wir doch, wenn man das so nennen darf, den radikalen wissenschaftlichen Flügel gegenüber den Ethikern und Ästheten in der Berliner Vereinigung gebildet. Unsere Gruppe war durch Freundschaft und die gemeinsame Sache innig verbunden. Die Psychoanalyse war eine Wissenschaft und keine Weltanschauung. Das hielten wir strenge fest. Doch sie wurde wie eine Weltanschauung bekämpft, vor allem von den Nationalsozialisten, weil sie mächtige soziologische Konsequenzen haben konnte. Sie hatte das nicht. Das verhinderte die Bremsung durch die Todestrieblehre, die ja wie dazu geschaffen schien, der sozialen Frage auszuweichen. Daß sie überdies die klinische Arbeit am Kranken verödete, trieb die besten jungen Kräfte in mein Lager. Ich hatte den Todestrieb als nicht existent nachgewiesen, doch seine Ersetzung durch eine bessere Anschauung stand noch aus. Wer in einen fertig eingerichteten wissenschaftlichen Betrieb kommt und dessen Früchte mühelos genießt, macht sich selten eine korrekte Vorstellung von dem, was sachliche Verbundenheit von Oppositionellen heißt. Oppositionellen, die das feste Bewußtsein hatten, nicht eine neue Abbiegung scharfer Erkenntnisse, sondern im Gegenteil die Beibehaltung des strengen naturwissenschaftlichen Weges zu vertreten. Jeder von uns glaubte daran, daß die Sache noch innerhalb der Internationalen Vereinigung zu retten war. Durch fleißige und korrekte klinische Arbeit sollte deren Überlegenheit bewiesen werden. Das an-

dere würde dann selbst vergehen. Wir hatten die Rechnung ohne die politische Entwicklung der Zeit gemacht. Die folgenden Ereignisse bestätigten unsere Grundanschauung, daß Wissenschaft nie ganz objektiv und gewiß nie unabhängig vom politischen Geschehen ist. Trotzdem hatten wir Illusionen. Noch waren keine Erfahrungen über die Rolle der "Organisation" gemacht. Die Komödie, die der Polizeichef in Malmö bot, sollte sich wiederholen. Doch niemand hätte die Geschehnisse vom August 1934 vorauszusagen gewagt. Heute weiß ich, daß wir alle damals von der Krankheit "Heimatsempfinden" befallen waren. Keiner wollte wirklich aus der Organisation fliegen. Und eine Sache in der Opposition ohne derartiges Risiko durchführen zu wollen, heißt Sozialdemokrat sein. Das heißt, so tun "als ob". Alles, was ich vorher über die Rolle der sogenannten "Taktik" geahnt und nachher am eigenen Leibe erfahren hatte, verdanke ich dem Erleben der "Führung" der psychoanalytischen Opposition durch Fenichel. Mir darf ich den Vorwurf stupider Vertrauensseligkeit nicht ersparen.
Ich wurde zu jener Zeit von einer gefährlichen Charakterschwäche beherrscht. Mit Selbstverständlichkeit setzte ich voraus, daß diejenigen, die zur Bewegung stießen, die gleiche Risikobereitschaft und persönliche Unabhängigkeit aufbringen sollten, die ich eben auf Grund so vieler schmerzlicher Erfahrungen entwickelt hatte. Natur und Beruf hatten mich mit der Fähigkeit ausgestattet, schädliche Haltungen beim Mitarbeiter zu spüren, lange ehe sie deutlich oder gar dem Betreffenden selbst bewußt waren. Darauf reagierte ich in zweifacher Weise. War mir der Betreffende persönlich nahe, schob ich meine Wahrnehmungen als unwahr ab, das heißt, ich verdrängte sie. Regelmäßig bestätigte die Entwicklung der Ereignisse, daß ich richtig gefühlt hatte. Oder ich konnte mich der Wahrnehmungen nicht erwehren und führte selbst den Bruch herbei, in dem korrekten Empfinden, daß der Betreffende "ein Verräter an der Sache" sei. Daran war nur unrichtig, daß ich glaubte, der Mitarbeiter verrate die Sache schon jetzt, daß ich nicht wartete, bis sich sein Umfall allen eindeutig offenbarte. So kam es oft, daß ich zu einem Zeitpunkt abbrach, wo niemand meine Handlungsweise begriff. Im Falle Otto Fenichel hatte ich schon im Beginne der politisch-psychologischen Zusammenarbeit die dumpfe Ahnung, daß er charakterlich und strukturell einer Sache nicht gewachsen war, die strenge Geradheit, Risikobereitschaft und weitgehende Freiheit von persönlicher und organisatorischer Bindung forderte. Diese Dinge gelten allgemein. Sie beherrschen den Ablauf aller Organisationsbildungen. Die Organisation

wird um eine Sache gebildet, um ihr Verbreitung und Schutz, mehr: **ein Heim** zu sichern. Doch gleichzeitig damit entsteht ein Widerspruch. Eine Sache, die neu ist, lebt und entwickelt sich, solange sie unabhängig ist. Auch von den persönlichen Bindungen ihrer Vertreter. Wird sie von vielen vertreten, dann wächst die Einmischung persönlicher Hemmungen und ihr hemmender Einfluß auf den freien Fluß der Entwicklung. Es beginnt zuerst die Bremsung, dann die sanfte Streichung des Radikalen und Rasanten, um schließlich in Umbiegung und Anpassung gerade an dasjenige zu münden, gegen das die Sache in Bewegung kam. Erfolgt die Organisierung nicht früh genug, dann verlieren sich wertvolle Mitarbeiter, die den Fehler haben, ohne heimatliche Anlehnung nicht wirken und nicht allein stehen zu können. Organisiert man zu früh, dann beginnt auch die Abflachung und Umbiegung zu früh , das heißt noch ehe die Sache Zeit hatte, das Pionierstadium zu passieren. Dann erst müssen in der Opposition alle Kräfte der Kritik am Bestehenden sich zu neuen produktiven Gedanken verdichtet haben, ehe das Neue fähig wird, seinen Einsatz an Stelle des Alten zu wagen. Dabei wird zunächst das Alte dort negiert, wo es falsch ist. Doch gleichzeitig wird die ehrliche Oppositionsbewegung dasjenige genau kennen und fortzuentwickeln bereit sein, was sie vom Alten übernehmen will oder muß. Es gibt ja nichts, das eindeutig richtig oder eindeutig falsch wäre. Die Zeit verändert viel an "richtig" und "falsch". Was heute richtig ist, kann morgen falsch sein und umgekehrt. Andererseits kann das Neue in seiner kritischen Aktion, da es mit schweren Fragen zu ringen hat, nicht sofort auf alles Antwort geben. Mehr, es darf es gar nicht unternehmen, alles beantworten zu wollen. Das würde sofort lähmen. So kann zum Beispiel niemand, der den Faschismus schlagen will, sofort alle positiven Maßnahmen **im Detail** parat haben, die er an dessen Stellen setzen muß. Hauptsache bleibt, daß die Kritik im Einklang mit den Tatsachen ist und die positive Konstruktion keine Utopie. Sie muß mit den wirklichen Vorgängen in der Welt nicht nur übereinstimmen. Sie muß nicht nur in der Entwicklung vorwärts liegen. Mehr: Die oppositionelle Bewegung einer Gruppe innerhalb einer verkalkenden oder verkalkten Organisation, muß genau wissen, suchen und auffinden, welche Kräfte in der Welt **unabhängig von ihr** dem **gleichen** Ziele zustreben. Nur dann besteht die Hoffnung, den Anschluß der Gruppenbewegung an den Prozeß in der Gesellschaft zu sichern. In diesem Stadium ist die Herausarbeitung der Gegensätze zur festgefahrenen Organisation das Wichtigste. Da alles Neue nicht nur Negierung des Alten ist, sondern auch seine Fortsetzung in bestimmten Bereichen, müssen die Gemeinsamkeiten stets am richtigen Platze stehen. Wer Opposition macht und nur behauptet, daß er die Gemeinsamkeit selbst besser vertreten will, ist ein Esel. Denn er kann es nicht besser vertreten als die Organisation. Hätte er nichts als Gemeinsamkeiten mit der kritisierten Bewegung, dann hielte er lieber stille. Sie ist stärker als er. Den Gegensatz so zu formulieren und zu vertreten, daß er die Sympathie der besten Kräfte der Organisation sichert, ist eine Kunst. Sie ist nicht durch Taktik zu ersetzen. Sie beruht auf absoluter Ehrlichkeit und Konsequenz im Auftreten, mögen auch vorübergehende Mißerfolge drohen. Das heißt, man muß die Fähigkeit haben, auch **allein** zu stehen. Nie ist zu vergessen, daß die hörigen Mitglieder einer alten Organisation in schweren Widersprüchen leben. Sie lieben die Organisation, der sie angehören, mit der sie sich identifizieren, die sie sichert und schützt. Sie sind selbst oppositionell, hier mehr, dort weniger, hier mit klarem Sinn, dort ohne solchen. Sie sympathisieren also automatisch mit demjenigen, der ihre Organisation und Sache gut kennt und zeigt, wo sie versagt und wie es besser zu machen wäre. Verrät er Schwäche dabei, dann lebt sich zwar die Oppositionsspielerei aus, doch es entsteht keine ernste Bewegung über das Organisierte hinaus. Die Mitglieder der Organisation haben nur geheime oder offene Sympathie zu demjenigen Oppositionsführer, der ihnen zeigt, daß er auch zur absoluten Feindschaft bereit ist. So sympathisierten sehr viele hervorragende Mitglieder der Sozialdemokratie mit den Kommunisten, als diese als Oppositionelle noch ernst zu nehmen waren. Es war eine der Stärken der faschistischen Bewegung, daß sie keine dieser Schwierigkeiten einer Opposition zu überwinden hatte. Denn sie vertrat nicht das Vorwärts, sondern das bequeme Rückwärts. Sie stellte keine neuen Probleme, sondern belebte uralte Lebensweisen. Das "Neue" an ihr war bloß die revolutionäre **Form**, die sie dem Alten gab. Damit hatte sie alle Vorteile **zunächst** für sich.

Im Falle der Psychoanalyse lag die Sache besonders kompliziert. Fenichel begriff nicht, daß es nicht auf ein paar Menschen ankommt, die als Freunde in Opposition gingen. Daß nicht auf Personen Rücksicht zu nehmen war, sondern daß es um klare Festhaltung einiger entscheidender Grundsätze ging. Er führte die Opposition also so, daß möglichst niemand von ihrer Existenz erfahren sollte. "**Geheim**" sollte sie sein. "Marxistische Analytiker" sollten sie sein. Doch es ging nicht um eine Beziehung, sondern um Sachen, um Urteile, um Entwicklung von Erkenntnissen. Ich muß die heute an sich unwichtigen Dinge etwas ausführlicher schildern, weil sie typisch sind, sich jederzeit in unserer Bewegung wiederholen könnten und überdies historisch eine große Bedeutung für die Beurteilung der Menschen haben, die einmal eine Rolle spielten oder sie nochmal beanspruchen könnten. Es ist auch nützlich, ähnlichen Vorgängen vorzubeugen.

Um meinen Ausschluß aus der internationalen Organisation der Psychoanalytiker begreiflich zu machen, muß ich den Stand meiner wissenschaftlichen Stellung 1934 darlegen. Bisher konnte es scheinen, als ob die politischen Konflikte das wesentliche gewesen wären. Nirgendwo hatte eine reale Darstellung der Opposition gegen meine Arbeit stattgefunden. Die Ansätze meiner Theorie der politischen Psychologie lagen verstreut, waren mit fremden Anschauungen vermengt, entbehrten noch wichtiger Grundlagen, die erst in den folgenden Jahren entwickelt wurden. Die Jahre zwischen 1930, meinem ersten Konflikt mit Freud, und 1934, dem Luzerner Kongreß, hatten große Veränderungen gebracht. Ich fühlte mich organisatorisch nicht gebunden, war zur Einsamkeit gezwungen. Alleinsein ist wohltuend für die Reifung schwerer Gedanken, die man nicht denkt, sondern die einen zum Denken zwingen. Allein die Loslösung von der illusionären Heimatlosigkeit der Fachorganisation nötigt, neue Wege zu suchen. Materielle, aber auch solche der geistigen Existenz. Die Darstellung eines Stückes der sexualökonomischen Problematik, die mich damals fesselte, soll erklären, weshalb ich 1934 alle, buchstäblich **alle** Freunde im Fachkreis verlor. Es soll zeigen, daß es nicht mangelhafte Umgänglichkeit war, sondern ein innerer Zwang, getragen von klaren und dumpfen Einstellungen zur Arbeit. Die folgenden fünf Jahre gaben mir voll recht.

Meine soziale Arbeit in Deutschland hatte mir gezeigt, daß die Sexualpolitik, aufgebaut auf klaren wissenschaftlichen Erkenntnissen und einfach vorgetragen, eine scharfe Waffe gegen den faschistischen Irrationalismus bildet. Die massenpsychologische Praxis des Faschismus bedient sich der unbewußten Triebkräfte der Menschen, im besonderen der sexuellen Lebenssehnsucht. Ich beherrschte die massenpsychologische Technik, dieser Lebenssehnsucht an Stelle des mystischen **realen** Ausdruck zu geben. Das, was der Faschismus nur aufstöberte, um es als Mittel der tollsten Hörigmachung der Menschen zu gebrauchen, war dasjenige, das die Massen in meine Versammlungen trieb. Was der Faschismus mystisch und lebensverneinend abbog, wurde von mir gerade aufs Ziel gelenkt: Lebensglück für alle im **Diesseits**, im Zentrum **sexuelles** Lebensglück. Für die Arbeit unter Massen ist es schädlich, die Probleme zu komplizieren und die Schwierigkeiten ihrer Durchführung allzusehr hervorzuheben. Das lähmt den Massenmenschen, der ohnedies den gesellschaftlichen Kräften ohnmächtig gegenübersteht. Doch im Hintergrunde der sozialen Arbeit mußte jede Schwierigkeit erfaßt, formuliert und den Kenntnissen entsprechend beantwortet werden. Der Marxismus konnte das Problem weder fassen noch beantworten. Er war Ökonomie und nicht Sexuologie oder Psychologie. Die Psychoanalyse bot alle Mittel, das unbewußte seelische Geschehen zu begreifen. Doch erstens war sie in unrichtigen Auffassungen festgefahren, zweitens lehnte sie die soziale Arbeit organisatorisch ab, drittens stand sie den wirtschaftlichen Problemen verständnislos gegenüber. Es kam also darauf an, die längst vollzogene Einordnung der Psychologie in die Soziologie klar zu halten, die Psychologie vom Unbewußten von unrichtigen Anschauungen zu befreien, um sie besser zu gebrauchen. Die Gruppe der sogenannten "marxistischen Psychoanalytiker" lebte in der Idee, daß es sich um eine Vereinigung von Psychoanalyse und Marxismus, Psychologie und Soziologie handelte. Daran war ich nicht ganz unschuldig. Zwar hatte ich die Beziehungen längst in Arbeiten dargelegt, doch ich hatte der Sache keine organisatorische Fassung gegeben. Die marxistischen Psychoanalytiker lebten und wirkten in der Organisationswelt der Psychoanalyse einerseits, der marxistischen Arbeiterbewegung andererseits. Eine Organisation für meine Arbeit gab es nicht. Also mußte bei ihnen die Einstellung in einer mechanischen, eklektischen Synthese von Marx und Freud hängen bleiben. Davon hatte ich mich längst befreit. Die Sache korrekt durchsetzen hätte bedeutet, viele sehr wertvolle Mitarbeiter verlieren, die nicht parat waren, den Beginn einer dritten Bewegung zu unterstützen. Im Gegenteil: Meine Arbeit in diesen Jahren war geprägt von den Schwierigkeiten, die mir von den organisatorischen Bindungen meiner Mitarbeiter bereitet wurden. Der Begriff "Sexpol" war zwar bereits eingeführt, er meinte die "Organisation der Sexualpolitik", doch es gab keine Präsidenten und Sekretäre. Ich hätte solche vorschlagen können. Doch mich hielt unbestimmtes Empfinden ab, Bindungen einzugehen. Die Struktur der alten Organisationen schien mir für meine Sache nicht brauchbar. Eine andere Organisationsform auszudenken, schien unmöglich und fruchtlos. Sie wäre nicht eine Einheit mit der Sache geworden. Die Sexpol forderte etwas durchaus neues. Ich wußte nicht was. Das Problem ist auch heute noch nicht gelöst. Doch die Selbstbeherrschung in der Bildung einer eigenen Organisation lohnte sich. Das stets lebendig

wirksame Problem führte zu Aufstellungen über das menschliche Organisationsproblem überhaupt, die ich später vorbringen werde.
Da ich sowohl die heutigen Organisationsformen als auch die Reaktion der Menschen in ihnen als irrational empfand, die Sexualökonomie jedoch einmal ein wichtiges Mittel im Kampfe gegen Irrationalismus sein sollte, durfte sie nicht vor der Geburt getötet werden. Eine Organisation hat ein Ziel. Dieses Ziel war bei uns gegeben durch die Arbeit selbst. Soziale Konsequenz aus der wissenschaftlichen Erkenntnis war das erste. Eintreten für die Konsequenz – das zweite. Wissenschaft und wissenschaftliche Praxis als einziges Geltungsprinzip in der Lenkung der Gesellschaft das dritte und wichtigste. Weder die Organisation des Marxismus noch die der Psychoanalyse waren als Rahmen dafür geeignet. Beide lehnten meine sexualökonomische Theorie ab. Keine von beiden wollte mit der Zielsetzung zu tun haben. Wohl theoretisch damit, daß "die Politik wissenschaftlich zu sein hätte". doch nicht damit, daß es Konsequenzen der **sexualökonomischen** Erkenntnis gab. Deshalb war der Tenor aller Einwendungen gegen mich, daß ich politische, d.h. soziale Konsequenzen aus meiner Wissenschaft ziehe. Beide Ausschlüsse waren davon getragen. Das heißt einfach, man lehnte die sexualökonomische Ordnung des kindlichen und jugendlichen Lebens[34] ab und bestätigte damit alles, was aus der Unordnung dieses Lebens heute in aller Welt quillt. Unter anderem den Faschismus.

Die Bestätigung meiner Arbeit und Zielsetzung hätte für den Marxismus die Einbeziehung der Psychologie des Unbewußten und der Sexuologie bedeutet, damit den Umbau der marxistischen Weltanschauung nach dem Stande des 20. statt des 19. Jahrhunderts. Für die Psychoanalyse bedeutete Akzeptierung meiner Arbeit folgendes: Vereinheitlichung von sozialer Anschauung und Wissenschaft, Preisgabe der Lehre von der biologischen Natur der Perversionen und des Kindelternkonfliktes. Die Akzeptierung eines Plans zu einer wirtschaftlichen Ordnung, in der sich

[34] *1952: Die traurigen logischen Grundlage dieser Ablehnung wurde im Christusmord behandelt, zumindest zu eingem gewissen Teil. Das Oranur Experiment entwickelte, daß der Kern des Problems darin lag, daß die menschliche bioenergetische Struktur die Ausdehnung fürchtet und ihr wiedersteht.*

die entsprechende Kulturpolitik entfalten konnte, also der Arbeitsdemokratie. Preisgabe der Lehre vom Todestrieb und ihre Ersetzung durch meine Lehre von der **gesellschaftlichen Herkunft von Angst und Leid.** Überdies hätte die Akzeptierung meiner klinischen Orgasmustheorie einen radikalen Umbau der psychoanalytischen Technik im Sinne der Charakteranalyse und der späteren Vegetotherapie gefordert. Und dies wieder hätte Eindringen in die Biophysiologie nach sich gezogen. Darauf waren die Analytiker nicht vorbereitet. Kurz, die Sexualökonomie war eine neue Disziplin geworden, reinigte sich in jenen Jahren von Anschauungen, die ihren Heimatgebieten entstammten und nicht mehr zu ihr paßten. Das, was neu und Eigengut der Sexualökonomie war, keimte erst in der Zeit um den Luzerner Kongreß aus. Ich nenne nur die wesentlichsten Stücke: Die Orgasmusformel, die gleichzeitig als die Formel des Lebendigen gelten konnte. Die bioelektrische (später orgonische) Natur von Sexualität und Angst. Die Erfassung organischer Erkrankungen wie etwa des Rheumatismus ("muskuläre Panzerung") und des Krebses. Von den Bionen ahnte ich damals noch nichts. Es ist begreiflich, daß in mir der Drang nach geistiger Unabhängigkeit stark war. Meine damaligen Freunde und Mitarbeiter dagegen verstanden nichts von der Entwicklung meiner Arbeit, und was sie kannten und bejahten, reihten sie skrupellos entweder dem Marxismus oder der Psychoanalyse ein. Sie dachten nicht daran und wollten daran nicht denken, daß diese Organisationen nicht nur für die Arbeit nicht sorgten, sondern sie vielmehr bekämpften. Es war, als ob sich die Freunde durch diese Einordnung meiner Theorie in fremde Organisationen das Alibi schaffen wollten, daß sie nur "verbessern", doch keineswegs rebellieren wollten. Der Gang der Sache dagegen folgte den Gesetzen jeder Entwicklung. Das aus dem Alten hervorkeimende Neue stellt sich dem Alten erst feindlich gegenüber, um nach Lösung des Konfliktes selbständig zu werden. Im Beginne seine eigenen Wege zu gehen. Unter Wahrung des Lebensfähigen am Alten, wenn es klug und überlegen ist, unter Ableugnung der Herkunft und der geistigen Heimatsgebiete, wenn es sich unsicher fühlt. In meiner Arbeit "Überblick über das Forschungsgebiet der Sexualökonomie" versuchte ich diese Frage korrekt zu lösen.

So war meine innere Haltung. Nach außen hing ich noch durch viele Freunde aus den Organisationen an diesen selbst, war von ihnen abhängig. Die komplette Loslösung von der sexual-ökonomischen Theorie erfolgte erst vier Jahre später nach der großen Kampagne der Gegner in Oslo.

Im folgenden will ich ein Stück weit die Geschichte der Oppositionsbewegung in der IPV schildern. An sich wäre sie nur für den Geschichtsschreiber der Psychoanalyse interessant. Für uns gewinnt sie Bedeutung prinzipieller Natur. In ihr erscheinen all die Züge, die bisher noch jede oppositionelle Bewegung geprägt hatten. Es bleibt zu erwarten, daß irgendeinmal, wenn die Pionierzeit für die Vertreter der Sexualökonomie und politischen Psychologie vorüber sein wird, sich Oppositionen und Fraktionen bilden werden. Es ist nützlich, ihnen das Verständnis ihres Handelns vorauszuschicken. Ihre frommen Wünsche und praktischen Schwächen zu zeigen. Wird diese Opposition **objektiv korrekt** sein, dann **soll** sie es leichter haben zu siegen. Wird sie menschlich und sachlich schwach sein, die Linie der strengen wissenschaftlichen Arbeit nicht **besser** weiterführen können, dann **soll sie kaputt gehen.** Denn dann wird etwas weniger Unheil angerichtet werden. Das wollen wir uns an dem Bilde vergegenwärtigen, daß die oppositionellen Psychoanalytiker 1932 bis 1934 boten und an den möglichen Folgen, wenn sie durchgedrungen wäre.

Das Grundproblem jeder ernsthaften oppositionellen Bewegung ist, das Gleichgewicht zwischen Aktuellem und Prinzipiellem zu halten. Das erste ist durch die Vielheit der Alltagsereignisse und menschlichen Bindungen, das zweite einzig durch den **natürlichen Gang der Entwicklung der Sache** bestimmt. Sie widersprechen einander. Diesen Konflikt vermochte ich als der Urheber der Opposition nicht zu lösen. Ich schlug mich am Ende, da es nicht anders ging, auf die Seite des Prinzipiellen. Die oppositionellen Analytiker blieben in den aktuellen und persönlichen Dingen stecken. Später wurden sie durch andere wissenschaftliche Arbeiter ersetzt. Die Sache kostete viel Aufregung, buchstäblich Tränen und war oft peinlich.

Kehren wir zur Osloer Tagung Ostern 1934 zurück. Es wurden nur zwei Referate gehalten. Das eine von Fenichel, das andere von mir. Fenichel sprach zuerst. Er beschränkte sich auf die Kritik der Zustände in der IPV. Der wissenschaftlichen ebensowohl wie der organisatorischen. Er stellte sie nachher in einem seiner "Rundbriefe" zusammen, die er als Leiter der Opposition an deren Mitglieder verschickte. Diesen entnehme ich einige typische Tatsachen. Dadurch breche ich "Diskretion". Fenichel wollte nämlich, daß seine oppositionelle Arbeit durch die Rundbriefe niemand bekannt werden sollte außer den Empfängern. Die Rundbriefe sollten verbrannt werden, nachdem sie gelesen waren. Ich fragte Fenichel einmal: "Glaubst Du wirklich, daß Du die

Existenz unserer Fraktion geheim halten kannst?" Darauf Fenichel ("Rundbrief" vom April 1934):
"Ich meine zwar, daß es sich nicht geheim halten läßt, daß wir miteinander in Korrespondenz und Meinungsaustausch stehen, daß sich aber wohl verheimlichen läßt und verheimlichen lassen muß, in welcher in der bürgerlichen wissenschaftlichen Geschichte ungewohnten Art unser Meinungsaustausch stattfindet, wer an ihm teilnimmt und welche Meinungen dabei geäußert werden."
Also Illegalität nach kommunistischem Muster. Doch wir waren keine Politiker, die gegen Polizei zu kämpfen hatten, sondern wissenschaftliche Arbeiter, die bestimmte Anschauungen vertraten. Diese waren längst bekannt, dachte ich. Es gab kein IPV-Mitglied, daß meine Anschauungen nicht kannte. Ich glaubte naiv, daß Fenichel gemeint hatte, was er versprach, als er die Lenkung übernahm. Er hatte sich mit meinen Anschauungen solidarisch erklärt. Hatte die Arbeiten positiv in der Zeitschrift besprochen. Eine andere Plattform für eine Opposition in der IPV als die meine gab es nicht. Sollte er gar nicht meine Sache, sondern nur die "Leitung einer Opposition" meinen? Langsam kroch dieser Gedanke heran. Und ließ sich nicht mehr abweisen: Fenichel wollte mithilfe der Sympathie, die die Kollegen meiner klinischen und soziologischen Arbeit entgegenbrachten, mit der sie sich identifizierten, die ihnen Zukunft zeigte, er wollte also damit . . . was? "Oppositionsführer" sein? Unsinn! Opposition ohne klare sachliche Stellung ist doch Selbstmord! Doch das gab es wirklich. Nicht nur in der psychoanalytischen Bewegung. Ich entdeckte mit einem Male, daß die meisten Oppositionsbewegungen in den Parteien und Gesellschaften keine sachliche Grundlage hatten. Sie hatten nichts weiterzuführen, wußten nichts besseres an die Stelle des Kritisierens zu setzen. Sie wollten einfach "Führer" sein. Führer auf jeden Fall und um jeden Preis. Welche Struktur vermochte sich derartiges Unheil auszusetzen? Ich sollte sie bald kennenlernen.
Fenichels Kritik an der Psychoanalyse von 1934 war richtig. Ich hatte es 1924 bis 1934 oft und oft gesagt. In den Konflikten der Psychoanalyse spiegelten sich die gesellschaftlichen Verhältnisse wieder. Die Unsicherheit der Existenz und die Angst vor der Gefährdung durch die revolutionären Folgen der Lehre bringen die Analytiker zu alten Widerständen zurück, die sie ihr analytisches Wissen vergessen lassen. Göring, der Führer der deutschen Psychotherapeuten, erwartete von den Mitgliedern, "daß sie Adolf Hitlers grundlegendes Buch *Mein Kampf* mit

allem wissenschaftlichen Ernst durchgearbeitet haben . . ." Zu Mitarbeitern der deutschen Fachschaft wurden ernannt Künkel (Individualpsychologe, Charakterologe), Schultz-Hencke (Psychoanalytiker und Ethiker), Weizsäcker. Alle jüdischen Analytiker wurden aus den leitenden Stellungen entfernt. Bei einer Sitzung hatte ein deutscher Psychoanalytiker den Antrag gestellt, die jüdischen Mitglieder mögen ihren Austritt anmelden. Schultz-Hencke war Reichskommissar geworden. (Er hatte sich immer sehr für die "Wertethik" eingesetzt!). Böhm, deutscher Analytiker, unternahm eine Reise nach England zum Präsidenten der IPV Jones und erklärte diesem, daß es ihm nur durch eine sehr geschickte Haltung gelungen wäre, das Auffliegen der gesamten Vereinigung und die Unterbringung der Analytiker in einem Konzentrationslager zu verhindern. Nach Fenichel wäre Böhm besonders stolz gewesen, nun "Führer" der deutschen Psychoanalyse zu werden. Unter anderem hatte er festgestellt, daß die Psychoanalyse "der Erziehung des heldischen Menschen dient". Die emigrierten Mitglieder der deutschen Gesellschaft waren unter solchen Umständen für die Auflösung der Gesellschaft. Die meisten meldeten sich aus. Der Nationalsozialismus übernahm die Sorge für die künftige Entwicklung der Psychoanalyse.
Und so sieht eine wissenschaftliche Organisation aus, die einmal ein Zentrum der Wahrheitsforschung war, wenn sie "unpolitisch" ist: Die Arbeiten von Weizsäcker, dem Faschisten, wurden von der jüdischen Redaktion der Zeitschrift im noch nicht faschistischen Österreich den Arbeiten der radikalen Gruppe vorgezogen. 1938 mußten viele dieser Redakteure flüchten. Doch ein Weizsäcker retttete sie, obwohl sie höchst akademisch "Brücken zu den bisherigen Gegnern" zu bauen für richtig hielten. Weizsäcker hatte nach Fenichels Bericht auf 100 Seiten dargestellt, daß es einen Ödipuskomplex gibt, doch auch betont, daß es mehr Dinge als nur naturwissenschaftliche zwischen Himmel und Erde gäbe. Die Naturwissenschaft sollte sich bescheiden. Nicht alles auf dieser Welt wäre naturwissenschaftlicher Erfassung zugänglich. So zum Beispiel, dürfen wir hinzufügen, die nationalsozialistische Mystik. Fenichel wollte Federn scharf kritisieren, der empfohlen hatte, Kinder zur Vermeidung von Erektionen tief einatmen zu lassen. Das Referat durfte nicht erscheinen. Die Redakteure der *Imago* hatten Roheims Referat über meine ethnologische Arbeit zurückgewiesen, weil es gespickt war mit persönlichen Herabwürdigungen. Die großen Ereignisse in der Welt bewirkten allerdings, daß dies Referat dann doch erschien. Darin kam der berühmt gewordene Satz vor, daß nicht, wie ich meinte, die Privatwirtschaft die

Neurosen, sondern umgekehrt die Neurosen den Kapitalismus machten. Arbeiten von Mitgliedern der Opposition wurden nicht genommen.
Ich begnüge mich mit diesen Beispielen an Stelle von vielen. Sie entstammen Rundbriefen und waren sogenannter guter analytischer Klatsch. Wir warteten auf der Tagung darauf, konkrete Maßnahmen zu hören. Mitglieder der Opposition kritisierten Fenichel, weil er so viel Persönliches und so wenig Sachliches brachte. Von meiner positiven Kritik der Psychoanalyse, der Orgasmustheorie, der ethnologischen Kritik, der Aufdeckung der sozialen Herkunft der Neurose, der Massenpsychologie des Faschismus kein Wort. Ja es fiel der Satz: "Seit Freud ist auf dem Gebiete der Sexualtität nichts neues mehr erschienen." Da verstand ich: Fenichel war entschlossen, meine Ansprüche zu usurpieren, doch meine Theorie totzuschweigen [was er später in Amerika weiter ausgeführt hat.] Deshalb erklärte ich der Versammlung scharf, welche Auslassungen Fenichel sich zuschulden hatte kommen lassen und gab die positive Kritik in Übersicht. Nicht Neurosentherapie, sondern Prophylaxe in erster Linie. Dynamik der Neurose fordert energetischen Standpunkt, das heißt die Orgasmustheorie. Die klassische Technik ist unzulänglich, weil sie die Sexualstauungen nicht berücksichtigt, u.s.f.
Fenichel entschuldigte sich in der Diskussion sehr verlegen: Er hätte "vergessen", die Orgasmustheorie zu erwähnen. Von da ab verfolgte ich einen Prozeß über ein Jahr lang, der mir bis dahin verschlossen geblieben war. Nachher sah ich ihn bei vielen. Revoluzzertum aus unbefriedigtem Ehrgeiz und Mangel eigener orgineller Gedanken verführt leicht zur Oppositionsmacherei. Neid verführt dazu, fremdes Gut zu usurpieren. Feigheit verleitet dazu, mehr zu versprechen als man halten kann. Unausweichliche Folge ist Verrat. Und zwar **unbewußter** Verrat. Verrat verhüllt durch taktische Theorien, die den persönlichen Grund verdecken sollen.
Unheil ahnend schrieb ich an die Gruppe einen Brief, den Fenichel vollständig im Mitteilungsblatt publizierte. Der Kampf zwischen der wissenschaftlichen und der mystischen Richtung in der Psychoanalyse wäre alt. Er hätte 1925 begonnen, als die Orgasmustheorie formiert war. Unter dem Drucke der politischen Ereignisse würde der Konflikt auf dem kommenden Kongreß zur Krise treiben. In der Wissenschaft pflege sich der weltanschauliche Konflikt nicht direkt zu äußern. Das verbiete die Rede von der "objektiven Wissenschaft". Es gehöre viel Erfahrung dazu, um zu unterscheiden, wo wissenschaftliche Differenzen Mängeln

sachlicher Erkenntnis und wo sie weltanschaulichen Motiven entspringen. Innerhalb einer wissenschaftlichen Organisation dürfe der Kampf nicht mit den gebräuchlichen politischen Mitteln getrieben werden. Nicht auf den Nachweis, daß die eine Richtung "reaktionär hitlerisch", die andere "revolutionär marxistisch" sei, käme es an, sondern um den Nachweis der **Bremsung wissenschaftlicher Erkenntnis durch eine unbewußt festgehaltene Weltanschauung.** Nicht auf die Weltanschauung käme es an, sondern auf die Einstellung zur Erforschung der Wahrheit. Hier erst scheiden sich die Wege nach "rechts" bzw. "links". In diesem Zusammenhange unwichtig wäre, ob die französische Gruppe die Emigranten schlecht behandelte, wichtig wäre dagegen, daß ihre unrichtigen Behauptungen lieber gedruckt werden als die richtigen. Man müßte **offen** auftreten. Ich selbst hätte seit 1924 einen festen klinisch-theoretischen Standort für meine Kritik. Alle anderen Mitglieder der Opposition sollten ebenfalls einen stabilen sachlichen Standpunkt beziehen. Man könnte nicht "opponieren" und dabei nicht wissen, wogegen oder gar gegen rein formale, organisatorische Vorfälle opponieren. (Erst vier Jahre später hätte ich die klarere Formulierung treffen können: Nicht auf Gesinnung und Organisation kommt es an, sondern auf Vertretung der **Sache.**)

Weiter: Fenichels Vorgehen wäre besorgniserregend. Er trachtete, Freud selbst stets außerhalb des Konfliktes zu halten. Selbstverständlich wäre auch verständlich, daß wir Freud nicht weniger verehrten und verteidigten, weil er in letzter Zeit unannehmbare Behauptungen vertrete. Die wissenschaftlichen Sünden der Roheim, Laforgue etc. wären sämtlich bei Freud angelegt. Wenn man das Freudsche Werk für die Zukunft retten wolle, müsse man Freud selbst gegenüber aufrichtig sein. Nur wenn man den Nachweis würde führen können, daß und wo der Naturforscher Freud mit dem konservativen Philosophen Freud in Konflikt geriet, könnte man sich fruchtbar behaupten. Aus meinen persönlichen Erfahrungen an und mit Freud wäre ich der Überzeugung, daß auch ihm selbst das am liebsten wäre.

Die Verantwortung für den gesamten Konflikt trüge ich selbst. Die Differenzen wären klar gewesen, als man noch glaubte, daß alles in Ordnung wäre und nur meine "Aggression" die Schuld trüge. Ich wäre unter allen Umständen verpflichtet, meine Arbeit zu schützen. Man akzeptiere viele Lehrsätze der Orgasmustheorie, ohne sie zu begreifen. Ja, um sie zu zerstören. Die Sache hätte sich zur Sexualökonomie und politischen Psychologie weiterentwickelt. Sie enthielten die besten wissenschaftlichen Elemente und Traditionen der Psychoanalyse, doch sie wären darüber hinaus gewachsen.

Dadurch wäre mein Weg festgelegt. Da die wenigsten oppositionellen Analytiker meinen wissenschaftlichen Standort teilten, würde meine Stellung bei einem Konflikt am Kongreß etwas anders sein als die der anderen. Mein Vorschlag zum Verhalten am Kongreß wäre: Keine kleinliche organisatorisch-politische Kritik. An dessen Stelle Vertretung der unstrengsten Anforderungen der Forschung zusammen mit sachlicher, unpersönlicher, doch konzessionsloser Kritik der Gegner. Organisatorische Zusammenfassung aller oppositionellen Analytiker zu einer straffen Organisation **innerhalb der IPV**. Für die Ausbildung zum praktizierenden Analytiker wären ergänzend zu fordern: Geordnete sexuelle Ökonomie des Betreffenden, wegen der katastrophalen Auswirkung sexuell nicht gesunder Analytikerschulung in korrekter Anwendung der Psychoanalyse in der Soziologie und umgekehrt. Ausgiebige sexualwissenschaftliche Schulung, die die wenigsten Analytiker hatten. Priester und sexualreaktionär eingestellte Ärzte und Pädagogen sollten keine analytische Praxis ausüben dürfen, da dies der Arbeit widerspräche.

Eine ausführliche Diskussion ergab Übereinstimmung mit mir in allen wesentlichen Punkten (Brief vom April 1934, S. 6). Sehen wir zu, was am Kongreß geschah. Es war – uns allen unbemerkt – vorausgesagt durch den Leiter der Opposition in einem einzigen Satz: "Zum Briefe Reichs wird auch darüber eine Einigung erzielt, daß eine Plattform, von der aus wir unsere Ziele betreiben, unbedingt ausgearbeitet werden muß. Wir (das heißt Otto Fenichel)[35] meinen aber, daß diese Ausarbeitung verschoben werden kann, um nicht (Taktiker!!) die **im Moment nötige breite Diskussion der praktischen Fragen** (?) **zu erschweren**. Eine solche Plattform dürfe **nicht** inhaltliche Lehrsätze enthalten, etwa die Reichschen Lehrsätze über Todestrieb und Angst, an die man dogmatisch glauben müßte (!!), sondern - - - - - - unsere Meinungen über die wissenschaftlich-geschichtliche Bedeutung der Psychoananlyse, über ihre Forschungsmethode und ihre naturwissenschaftlichen Grundprinzipien." (!!) Welche, wurde nicht gesagt. Eben "Meinungen über die wissenschaftlich-geschichtliche ... Forschungsmethode ... naturwissenschaftliche Prinzipien ... " Worte!!!

Worte an Stelle von wissenschaftlichen Überzeugungen, hoher Klang an Stelle einfacher Stellungnahme! Fenichel hatte keine sachliche Überzeugung. Und damit riß er einige sehr kluge und anständige oppositionelle

[35] *Diese und die in diesem Absatz folgenden Anmerkungen in Klammern sind Anmerkungen Wilhelm Reichs. – Der Hrsg.*

Analytiker in eine Sache herein, die für die gar keinen Sinn hatte. Als ich die oben zitierten Zeilen las, wußte ich Bescheid. Nichts mehr von dem, was am Kongreß vorfiel, überraschte mich. Die Opposition war um meine wissenschaftliche Arbeit herum entstanden. Am Kongreß war ich der einzige, der sie vertrat. Der Umfall erfolgte mit den harmlosesten Gefühlen.

Beschlossen war: Möglichst viele Vorträge aus der Opposition anmelden, um "unsere Ansichten" und ihre Differenzen zu den herrschenden klar hervortreten zu lassen. Im Falle einer Sabotage meines Vortrages sollte die Gesamtgruppe protestieren. In der Geschäftssitzung sollte eine Resolution eingebracht werden, die die Sorge der Oppositionellen um die Zukunft der Psychoanalyse zum Ausdruck brachte. Ferner sollte eine Anfrage statthaben wegen des Verhaltens der IPV in der Kopenhagener Pornographie-Affaire.

Im Juni hielt Fenichel einen Vortrag in unserer Kopenhagener Gruppe, die allen sein komplettes Unverständnis für das Orgasmusproblem enthüllte. Er wurde scharf zurechtgerückt und holte sich später in Prag Sukkurs, wo ihm niemand widersprechen konnte. Ende Juni schrieb ich noch einen warnenden Brief an die Gruppe. Ich schickte ihn nicht mehr ab. Es hatte keinen Sinn. Ich wußte, daß alle das beste wollten, doch zu nichts wirklich bereit waren. Noch immer war ich ahnungslos.

Am 1. August, kurz vor dem Kongreß erhielt ich einen Brief von Müller-Braunschweig, dem Sekretär der deutschen Vereinigung. Der Verlag wollte zum Kongreß einen Kalender herausbringen. Ich sollte nicht überrascht sein, wenn sich in der deutschen Mitgliederliste mein Name nicht fände. "Ich würde mich freuen, wenn Sie dem Gegebenen Verständnis entgegenbringen würden, die etwaige persönliche Empfindlichkeit im Interesse unserer psa. Sache in Deutschland zurückstellen und sich mit dieser Maßnahme einverstanden erklären würden. Sie sind als wissenschaftliche und schriftstellerische Potenz in der internationalen psa. Gelehrtenwelt zu bekannt, als daß Ihnen . . . durch diesen Fortfall der geringste Schaden erwachsen könnte." Überdies würde durch die Anerkennung der skandinavischen Gruppe am Kongreß und das zukünftige Erscheinen meines Namens in der Gruppenliste dieser Organisation alles gegenstandslos werden. Das ganze sah nach einer Notmaßnahme aus, die ich begreifen mußte. Die Mitgliedschaft in Skandinavien schien gesichert. Später staunte ich über meine Naivität und politisch-psychologische Unerfahrenheit, die mich das Manöver nicht durchschauen ließ.

Als ich am 25. August in Luzern ankam und am 26. zum Empfang ging, schien alles in bester Ordnung. Die Begrüßung mit den Kollegen aus naher und weiter Ferne war herzlich wie immer. Niemand sagte irgend etwas von Differenzen. Am Vorabend des Kongresses holte mich der deutsche Sekretär zur Seite und teilte mir sehr verlegen mit, daß der deutsche Vorstand meinen Ausschluß aus der deutschen Gesellschaft beschlossen hätte. Damit war automatisch meine Mitgliedschaft in der internationalen Organisation erloschen. Ich konnte nicht mehr an der Geschäftssitzung teilnehmen. Ich fragte, weshalb ich nicht verständigt worden wäre und welcher Grund vorläge. Der Sekretär zuckte nur verlegen die Achseln. Mir war sofort klar, was die Sache bedeutete. Am Abend beim Essen erzählte ich es einigen Kollegen. Sie wollten es nicht glauben. Das wäre ein Irrtum und im übrigen würde ich ja sofort von jeder anderen Gruppe selbstverständlich aufgenommen. Der Vorstand der Internationalen wäre damit sicher nicht einverstanden. Doch, er war einverstanden! Immer mehr Kollegen erfuhren die Sache. Sie bestürmten Müller-Braunschweig mit Fragen. Ich schickte einen nach dem anderen, der es nicht glauben wollte, hin!

Die "Opposition" hielt Beratungen ab. Was sollte in dieser Veränderten Situation geschehen?

Die sachlichste und fruchtbarste Art des Auftretens wäre zweifellos die Vertretung der Sache in den Vorträgen gewesen. Eine Kollegin sprach über die "biologischen Grundlagen der Freudschen Angsttheorie". Schon 1931 in Berlin hatte sich diese Kollegin mit mir in Verbindung gesetzt. Meine Ableitung der Stauungsangst hatte sie damals als die korrekte Fortsetzung der Freudschen Angstlehre ins Biologische empfunden. Sie wollte physiologische Versuche machen. Einige Ergebnisse hatte sie bereits: Diese bestätigten voll meine Auffassung, daß die Angst einem Erregungszustand des vegetativen Systems entspricht und das gerade Gegenteil der Sexualität wäre. Wir erinnern uns, daß Freud diese Anschauung abgelehnt hatte. Am Kongreß stellte die Kollegin, die gerade **dieses** Problem in meine Gegend gebracht hatte, alles dar, korrekt und schön, nur fiel weder mein Name noch die meiner Arbeiten, auf denen sie baute. Nach dem Vortrag kam sie verlegen zu mir und entschuldigte sich, daß sie mich nicht genannt hatte. Sie hätte es vorbereitet gehabt, doch es wäre "ihr entfallen". Ich beruhigte sie mit ein paar nichtssagenden Worten.

Eine andere Analytikerin aus der Opposition, mit mir gut befreundet, sprach über das "Heilungsproblem in der Kinderanalyse". Da beim Kinde die gesellschaftliche Möglichkeit der Triebbefriedigung fehle, könne es das für den Erwachsenen gültige Heilungsziel, die Bereitschaft und Fähigkeit zur genitalen Lust, nicht erreichen. Sehr richtig. Doch diese Theorie hatte gerade den Streitapfel zwischen mir und der IPV gebildet. Mein Name und meine Arbeiten waren nicht genannt. Als ich sie fragte, weshalb sie mich denn nicht erwähnt hätte, fragte sie erstaunt, wo sie das hätte tun können. Ich sagte nichts mehr. Die Sache war ja vertreten gewesen und hatte Erfolg gezeigt. Dieser Trost war Selbstbetrug.

Fenichel sprach über Angstprobleme. Wir wissen, welche zentrale Rolle die Frage der neurotischen Angst im Gedankenkreis der Opposition spielte. Mit keinem Worte erwähnte Fenichel diesen Problemkreis.

Der Analytiker Gerö, der mir in die Emigration nachgekommen war, um die Charakteranalyse zu lernen und an sich zu erproben, sprach "Zur Theorie und Technik der Charakteranalyse". Ich entnehme seinen publizierten Leitsätzen folgende Stelle, auf die meine Urheberschaft des Gesamtproblems beschränkt war. "Auf die Betonung dieser formalen Momente haben Ferenczi, Fenichel und Reich hingewiesen."(!) Später wurde er Feind. Als meine Arbeit über den Orgasmusreflex erschien, in der der Inhalt seines meinen Arbeiten entliehenen Themas restlos durchgeführt war, erklärte er, ich wäre auf die "schiefe Ebene" geraten.

Die Nennung dieser Vorfälle mag kleinlich erscheinen. Sie sind hier nur Beispiele zur Merkwürdigkeit der menschlichen Struktur. **Sie nimmt, wo sie kann und gibt dort, wo gefordert wird.** Sie tut es unbewußt. Und fühlt Kränkung, wenn man sie an die notwendige Korrektheit erinnert. Vor allem lehnt sie es ab, die Verantwortung für das Geschenk zu tragen.

Mittlerweile erfuhr ich, daß ich bereits **vor einem Jahre** in einer geheimen Vorstandssitzung der deutschen Vereinigung ausgeschlossen worden war. Der Vorstand der Internationalen mit Jones an der Spitze ergriff die Gelegenheit begeistert.

Ich muß ausführlich sein. Später versuchten die Verantwortlichen die Schuld auf mich zu schieben. Sie verbreiteten das Gerücht, ich hätte selbst den Ausschlußantrag gestellt. Das alles mag ein Bild von dem Treiben hinter den Kulissen einer "demokratisch-parlamentarischen" Organisation geben. Die Diktatoren schließen einfach aus oder erschiessen. Die demokratischen Diktatoren erschlagen in schlauer Weise und mit weniger Mut und Verantwortungsbereitschaft. Wir erinnern uns, daß mir Jones in London ausdrücklich erklärt hatte, er würde unter

allen Umständen gegen einen Ausschlußantrag sein.
Ich ließ bei Jones anfragen, ob ich noch den Vortrag halten und an der Geschäftssitzung teilnehmen könnte. Den Vortrag könnte ich als Gast halten, doch von der Geschäftssitzung wäre ich ausgeschlossen. Jones selbst schien sehr besorgt zu sein. Man erzählte mir, er hätte besorgt gefragt, was man denn tun sollte, wenn ich dennoch kommen und den Präsidenten hinauswerfen würde. Man traute mir dies zu. Ich gestehe, daß es mir später leid tat, es nicht getan zu haben. Ich sprach mit Bibring, Hartmann und Kris darüber. Was geschähe, wenn ich das wirklich täte? Ich erwähnte kein Wort von Jones' Bemerkung. Sie erschraken und redeten mir geduldig zu, Würde zu wahren. Dabei sah ich ein, wozu Gebote wie Würde, Bescheidenheit und Höflichkeit dienen: Zur besseren Deckung der Impertinenz der Kultivierten. Am Schlusse beruhigte ich sie. Es würde nicht lohnen.
Im Vorstand ging es wüst zu. Alle hatten schlechtes Gewissen. Das schlimmste hatte Federn. Er, Jones und Eitingon[36] sprachen scharf und schlecht gegen mich. Ich verführte alle meine Patientinnen. Ich wäre ein Psychopath etc. etc. Die Norweger waren entsetzt. Ich fragte mich nur, weshalb mich diese Herren dann 12 Jahre als hervorragendes Mitglied der IPV leben und wirken ließen. Es war häßlich und unanständig.
Nur die norwegischen Analytiker verhielten sich korrekt. Raknes, Nic Hoel und Schjelderup. Sie erklärten mir, daß ich jederzeit Mitglied der norwegischen Vereinigung werden könnte. Ich warnte sie. Sie kennten die Schärfe des Themas und das Explosible daran nicht aus eigener Erfahrung. Was sie jetzt erlebt hatten, wäre nur ein kleines Stück davon gewesen. Sie blieben trotzdem dabei. Schjelderup hatte im Sommer vor dem Kongreß bei mir die charakteranalytische Technik gelernt. Er wollte, daß ich die Arbeit in Norwegen fortsetzen sollte. Um diese Zeit hatte ich bereits Pläne bestimmter Art zur Ausführung meiner bioelektrischen Experimente. Wenn ich durch sein Institut die Möglichkeit zu ihrer Durchführung bekäme, würde ich kommen. Doch ich müßte nochmal warnen. Keiner von uns ahnte, daß drei Jahre später eine tolle Kampagne in Norwegen gerade wegen dieser Experimente lasgehen sollte. Daß Schjelderup als Gegner daraus hervorgehen würde. Man wird fragen, ob es nicht an mir gelegen hätte, daß so viele hervorragende Menschen sich mir anschlossen und wieder gingen. Lassen wir die Tatsachen sprechen. Sie enthüllten das eigentliche Problem der Sozialpsychatrie.
Als niemand mehr an der Tatsache meines Ausschlusses zweifelte, ent-

[36] *1952: Eitingon verneinte später in einem Brief (vom 29. Dezember 1935), daß er an dem Verfahren gegen mich teilgenommen hätte.*

stand eine von merkwürdiger Achtung und Scheu gleichzeitig gefüllte tiefe Kluft um mich herum. Sie war fast körperlich spürbar. Alle anderen standen jenseits. Meine Freunde weinten, trösteten sich jedoch bald. Nur einzelne fanden zurück. So die unermüdlich bestrebte und gerade Ellen Siersted. So Dr. Nic Hoel, die mich auf meinem Zimmer aufsuchte und mir Blumen brachte. Ich war ihr sehr dankbar.

Formell spielte sich mein Ausschluß wie folgt ab: Um meine Anwesenheit in der Geschäftssitzung zu verhindern, wurde vom Vorstand beschlossen, eine internationale Kommission zu bestellen, die mit mir zusammen vorher Sitzung halten sollte. Das geschah am Tage vor der Geschäftssitzung. Man legte es darauf an, wie schon früher in Wien, mich zum freiwilligen Austritt zu bewegen. Das wäre bequemer gewesen. Ich sollte also meinen Standpunkt darlegen. Ich erklärte, daß ich den **bereits vollzogenen** Ausschluß aus der IPV vom Standpunkt der Todestriebtheoretiker voll begreife, denn meine Anschauungen hätten sich in so entscheidender Weise von dem der Psychoanalyse von 1934 entfernt, daß eine Verständigung kaum mehr möglich wäre. Doch **gleichzeitig** betonte ich, daß **ich mich als legitimen Fortsetzer der ursprünglichen naturwissenschaftlichen Psychoanalyse betrachte und von diesem Standpunkt aus den Ausschluß, der bereits vollzogen war, nicht akzeptiere.** Da sich jedoch rein formal geschäftsmäßig nichts mehr machen ließe, forderte ich Publikation der Gründe des Ausschlusses in der Zeitschrift. (Das wurde vom Vorsitzenden des Komitees versprochen, doch nie gehalten.) Meine Orgasmustheorie und die ihr entspringenden Anschauungen widersprächen in keiner Weise der klinischen Psychoanalyse (heute weiß ich, daß sie ihr doch in wichtigen Punkten widersprachen), doch sie ließen sich mit der Todestriebtheorie nicht vereinigen. Denn entweder entstamme der Zwang der Verdrängung der Sexualität einem biologischen Trieb oder aber gesellschaftlichen Prozessen. Beides gleichzeitig ist nicht denkbar, ohne daß man eine höchst unwahrscheinliche Vererbung sozialer Einwirkungen annimmt.

Da der Vorstand der IPV meine Anschauungen nicht decken wollte, mich vielmehr bereits geheim ausgeschlossen hätte, zöge ich es vor, allein weiterzumarschieren und meine Lehre Sexualökonomie zu nennen.

Die Sitzung war beherrscht von stiller Erregung. Anna Freud soll nachher gesagt haben: "Hier ist ein großes Unrecht geschehen." Als Sekretärin der IPV hatte sie aber nichts getan, das dieser Haltung entsprochen hätte.

In der Geschäftssitzung am folgenden Tage geschah nichts. Meine Sache wurde von niemandem erwähnt. Fenichels lahme Resolution fiel unter den Tisch. Nur Nic Hoel geriet mit Jones in Konflikt.
Ich beschloß von nun an folgende Haltung zu bewahren:

1. Immer die historischen und sachlichen Gemeinsamkeiten der Psychoanalyse und der Sexualökonomie zu betonen.
2. Die vorhandenen Gegensätze in der Sexualtheorie und Angstauffassung streng hervorzuheben.
3. Das kommende Neue ebenso streng als Eigengut zu reklamieren.

Am vierten Tage des Kongresses hielt ich meinen Vortrag. Er erschien später im Sexpol-Verlag unter dem Titel "Psychischer Kontakt und vegetative Strömung".[37] Ich leitete mit den Worten ein: "Nach 14jähriger Mitgliedschaft spreche ich zum ersten Mal als Gast des Kongresses . . ." Mir wurde eine Aufmerksamkeit zuteil wie nie vorher. Die gleiche Stimmung wie die in der Komiteesitzung herrschte im Saal. Der Ausspruch eines Kongreßteilnehmers, daß dieser Kongreß in meinem Zeichen gestanden hätte, war korrekt. Eine problemschwangere Organisation, die ausgezogen war, die kommenden Jahrhunderte zu erobern, gestattet sich eine Farce wie die meines Ausschlusses nicht ohne schwerwiegende Konsequenzen. Und in der Folge stellten sich die Konsequenzen auch Stück für Stück ein. Ich hatte das Empfinden, daß die IPV die Sexualtheorie ausgeschlossen hatte, die ihren Lebensnerv bildete. Und nun sprach die strenge naturwissenschaftliche Sexualtheorie als Gast in der Heimat zu fremden Gesichtern, verständnislosen Menschen. Mein Vortrag enthielt die Probleme, die sich am Übergang von der Erforschung des Charakters in der Neurose zum körperlichen Grundmechanismus der seelischen Erkrankungen in der ärztlichen Arbeit ergeben hatten. Das Thema dieses Vortrags wurde in der Folge der Ausgangspunkt für die experimentelle Begründung der bioelektrischen Natur der Sexualtität. Freuds Erwartung, daß die analytische Psychologie einmal auf ein organisches Fundament gestellt werden würde, ging in diesem Vortrag und auf diesem Kongreß zum ersten Male der Erfüllung entgegen. Ich darf hinzufügen, zum ersten Male hörte eine große wissenschaftliche Versammlung Überlegungen und Tatsachen an, die später Seele- und Körperfunktionen in eine naturwissenschaftliche Einheit zusammenfaßten. Mir selbst war dies zu der Zeit nicht voll bewußt. Ebensowenig, daß mit den Problemen der Kontaktlosigkeit und der vegetativen Strömung sowohl das Krebsproblem wie die Schizophrenietrage zentral und in einer neuartigen [bioenergetischen] Weise berührt

[37] *Dieses Papier ist in der 3. erweiterten Ausgabe der Charakteranalyse enthalten.*

waren.

Ich war am Ende der gesetzten Redefrist nicht ganz fertig und fragte, ob ich fortsetzen könnte. Lebhafte Akklamation war die Antwort. In meinem Vortrag fiel kein Wort negativer Kritik. Nachher hörte ich, daß wohl die eine Hälfte der Versammlung ohne jedes Verständnis gewesen war, die andere jedoch begriffen hatte, welchen Weg ich beschritt.

Einer meiner früheren Wiener Schüler, Dr. Bergler, sprach dann über "Tanatos" im Traum. Ich fragte ihn nach dem Vortrag, ob er jemals etwas vom Todestrieb gesehen hätte. "Nein, gewiß nicht!" anwortete er. "Das ist doch nur Theorie!" "Wozu reden Sie dann darüber?" fragte ich ihn.

Die Organisation hatte meinen Ausschluß wie folgt begründet: Nicht meine wissenschaftlichen Anschauungen, auch nicht meine politische Gesinnung wären der Grund. Es gäbe in der IPV viele mit verschiedenen wissenschaftlichen Anschauungen und es gäbe viele Kommunisten. Was unvereinbar wäre mit der Mitgliedschaft in der IPV, wäre meine Eigenart aus **wissenschaftlichen Erkenntnissen soziale Konsequenzen** zu ziehen, also die aus der wissenschaftlichen Sexualökonomie hervorragende **Sexualpolitik.** [12 Jahre später war meine soziale Sexualtheorie allgemein anerkannt und in Amerika zum Teil praktiziert.] Ich verstand nicht, weshalb meine sexualpolitischen Anschauungen gefährlicher oder schädlicher sein sollten als Kommunismus und falsche wissenschaftliche Theorien. Ich begriff es **wirklich** nicht. Politisch im üblichen Sinne hatte ich mich ja nie betätigt. Ich hatte nur als Arzt soziale Hygienearbeit geleistet und war weit entfernt von Ansprüchen auf politische Führerschaft oder Machteroberung. Noch steckte die Ehrfurcht vor der Politik in meinen Knochen. Noch hatte mein Organismus nicht erfaßt, daß Wissenschaft entscheidender ist als Politik. Daß die wirklichen Gefahren für das bestehende Elend nicht von der Politik, sondern von der Wissenschaft drohen. Ja, daß die Politik selbst von der Wissenschaft bedroht ist. Daß diese ehrbaren "unpolitischen Wissenschaftler" extreme politisch-taktische Manöver durchgeführt hatten, als sie ein Stück ernster und ehrlicher Wahrheitsforschung ausschlossen. Daß sie des geistige Elend unterstützten, das Europa gerade zu zersetzen begonnen hatte. Daß sie ein Teil der großen politisch so aktiven und doch so unbewußten Masse bildeten, die erstickend in einem Meere von Schlagworten ohne Sinn den breiten Rücken bilden, auf dem Politisiererei und Diplomatisiererei die Welt in den Abgrund reiten. Erst in den folgenden Jahren vermochte ich mich zur revolutionären Natur der Wissenschaft ohne große Worte zu bekennen. Nur sehr allmählich ging mir der Sinn auf für den Zusammenhang zwischen dem vegetativen Empfinden der Menschen, ihrer Kontaktlosigkeit und Erlösersehnsucht sowie der politischen Kraft von Schlagworten wie "Wallen des reinen arischen Blutes" und "Ruf von Heimat und Boden". Dies, obgleich ich ein 300 Seiten dickes Buch über die Massenpsychologie des Faschismus geschrieben hatte. Doch ich ahnte es langsam, erfüllt vom Erleben dieses verrückten Geschehens am Luzerner Kongreß. Angst vor der Verantwortung für eine große Erkenntnis hatte mich verhindert, ihre Last sofort auf mich zu nehmen.

Ich nahm von meinen Kindern Abschied und fuhr mit meiner Gefährtin über Frankreich nach Dänemark. Sie hatte unter den Ereignissen sehr gelitten. Menschlich hatte sie ohne viel Worte einfach zu mir gehalten. Ich war ihr sehr dankbar.

In Kopenhagen kamen wir spät nachts bei Regen und Dunkelheit an. Wir waren ohne Wohnung und wohnten einige Tage bei Freunden. Wir erzählten von den Ereignissen, doch wir hatten das Empfinden, daß diese Freunde fremd zu werden begannen. Zufall und nicht sachliche Notwendigkeit hatte sie hergetrieben. Sie würden ebenso zufällig wieder gehen. Und so geschah es später. Wir packten Kleider und Bücher und fuhren nach Norwegen. An der schwedischen Grenze wurde ich aufgehalten. Angeblich wäre ich aus Schweden ausgewiesen und hätte keine Erlaubnis zur Durchreise. Ich telegraphierte sofort nach Oslo und nach Stockholm. Der Beamte erschrak, weil ich einen Universitätsprofessor und einen Reichtagsabgeordneten genannt hatte. Was tut in solchem Falle ein geflüchteter Schlosser aus einem deutschen Millionenbetrieb? Die Durchreise wurde schließlich ohne weiteres gestattet. In Oslo nahmen wir wieder in einer jener schrecklichen Pensionen Aufenthalt, die zur Knickung des schärfsten Willens eigens eingerichtet zu sein scheinen. Es war Ende Oktober 1934.

Die norwegische Psychoanalytikervereinigung lud mich zu ihren Sitzungen ein, doch ich ging nur selten hin. Ich war voll beschäftigt mit den Vorbereitungen zu den biophysikalischen Experimenten.

Nach etwa zwei Monaten lud mich Schjelderup zu Vorlesungen an der psychologischen Fakultät ein. Nach einigen Vorlesungen erschien im *ABC*, der norwegischen Faschistenzeitung, einem Winkelblatt, ein maßlos niedriger Hetzartikel. (Sie druckten sogar absichtlich ein Bild von mir mit dem Gesicht eines Verrückten.) Er fand sich 4 Jahre später in den Beilagen der Polizei, die sie gegen mich gesammelt hatte. Die norwegischen

Analytiker hielten jedoch zu mir. Um diese Zeit kam einmal das Gespräch mit Schjelderup auf die Frage zurück, ob ich nun um Wiederaufnahme einreichen wollte. Sie wären dazu bereit. Am Kongreß hatte man der norwegischen Gruppe große Schwierigkeiten bereitet. Sie sollte in die internationale Organisation nur aufgenommen werden, wenn sie sich verpflichete, mich nicht wieder aufzunehmen. Das hatten sich die Norweger nicht gefallen lassen. Sie ließen sich keine Bedingungen stellen. Entweder wollte man sie aufnehmen, oder aber sie verzichteten. Hier lernte ich zum ersten Male die norwegische Mentalität kennen, die allgemein ist. In den letzten Jahren begann sie ohnehin der europäischen Faschisierung Konzessionen zu machen. Ich schrieb einen formellen Brief an die norwegische Gruppe, in dem ich vorschlug, die Frage meiner Wiederaufnahme zuerst mit mir durchzusprechen, um sich über deren Konsequenzen restlos ins Klare zu kommen. Ich könnte die notwendigen Aufklärungen am besten geben. Nun fand sich ein Mann, der von einem Mitglied zum anderen ging, um gegen meine Aufnahme zu agitieren. Zu einem dieser Mitglieder sagte er, ich wäre nur nach Norwegen gekommen, um ihm alle seine Patienten abspenstig zu machen. Zu einem anderen sagte er, ich wäre geisteskrank geworden. Dieses Gerücht kommt von ihm. Dieser Mann war der "Führer der marxistischen Psychoanalytiker", Otto Fenichel. Diese Tat, die überall Abscheu weckte, kostete ihn viel. Im Sommer 1935 mußte er Oslo verlassen, weil er hier nicht mehr existieren konnte. Ich betone, daß ich gegen sein Auftreten nichts unternommen hatte.

Als ich sah, daß die norwegischen Mitglieder zögerten, schlug ich ihnen selbst vor, die Wiederaufnahme fallen zu lassen. Ich könnte auch ohne sie existieren, und es wäre vielleicht besser, keine Konflikte heraufzubeschwören. Ich habe diesen Schritt nicht bedauert. Sie besuchten die Abende, die ich zur klinischen Arbeit einrichtete, und wir waren gute Freunde. Fast alle studierten die bereits sehr fortgeschrittene Technik der Charakteranalyse, die gerade mit den Problemen der Bewältigung der körperlichen Erstarrungen rang. Und nun begann der für die Entwicklung der Sozialpsychatrie so wichtige Abschnitt der experimentellen bio-physiologischen Arbeit. Sie löste mich von der Psychoanalyse völlig los und wurde gleichzeitig ein starkes Fundament, auf das sich die korrekten Einsichten der klinischen Psychoanalyse gründen konnten.

Nur meine Naivität Menschen gegenüber war nicht zu Ende. Sie war mitschuld an den erregenden und gefährlichen Vorkommnissen, die im

Herbst 1937 in der Osloer Psychiatrischen Gesellschaft starteten und ein Jahr die norwegische Öffentlichkeit in Atem hielt. Mit dem Resultat, daß ich mich persönlich kaum mehr in Gesellschaft oder anderer Öffentlichkeit zeigen konnte, meine Arbeit jedoch mit einem Schlage um ein Jahrzehnt **voranschnellte**. Um die Osloer Kampagne gegen meine Arbeit im Interesse der politisch-psychologischen Mechanismen gründlich auszuwerten, muß ich ihr eine Schilderung der Darstellung der biologischen Arbeit veranschicken.

KAPITEL 9

DER WEG ZUR BIOGENESE

Die norwegische Pressekampagne

Seit meiner Übersiedlung von Malmö in Schweden nach Oslo in Norwegen im Spätherbst 1934 schwebte meine Arbeit sozusagen zwischen Himmel und Hölle. Der Anspruch auf mindestens 2 Nobelpreise wurden von zahlreichen Freunden und Bewunderern meiner Arbeit ebenso vertreten wie die Notwendigkeit meiner Ausweisung polizeilicher Untersuchung und Überwachung seitens meiner Feinde. Und Feinde gab es in Überzahl, Neurologen, die Sex haßten, Gerichtspsychiater, die in die Erblichkeit von "kriminellen Geschlechtsverkehr in der Pubertät" glaubten, faschistische Polizeibeamte, die "Fremde" haßten, usw. Der Irrationalismus im sozialen Leben des 20. Jahrhunderts der "Kultur und Zivilisation" hat im Kampf des gepanzerten Lebens gegen die Entdeckung der biologischen Energie (und damit der Biogenese) riesenhafte, im Rückblick von heute unwahrscheinliche Dimensionen angenommen. Freunde und fernstehende Beobachter priesen die Entdeckung der Bione als größte Tat der Wissenschaft in Jahrhunderten. Der norwegische Polizeichef Konstad (ein Faschist, der später als Nazikollaborateur hingerichtet wurde,) hielt mich für den gefährlichsten Feind von Ruhe und Ordnung. Die Entdeckung der Bione und des Krebsprozesses spielte sich sozusagen zwischen Tür und Angel, in den kurzen Pausen zwischen Übersiedelungen und Neueinrichtungen ab. Der Impuls des Lebendigen muß Riesenkräfte entwickelt haben, wenn ich befähigt war, die Zeit zwischen etwa 1934 und 1944 durchzuhalten. Die Schilderung dieser Zeit ist aus mehreren Gründen gebieterisch gefordert.
Der Kampf um die Biogenese enthüllt das Rätsel, weshalb es der Wissenschaft bis dahin nicht gelungen war, dem Lebendigen auf die Spur zu kommen. Er zeigt die fruchtbaren Wirkungen der emotionellen Pest im Getriebe des menschlichen Seins. Er ist ferner geeignet, eine Fülle von falschen Gerüchten außer Funktion zu setzen, die über mich in jener Zeit in Umlauf kamen und von den Feinden des ungepanzerten Lebens lebhaft verbreitet und ausgenützt wurden. Er zeigt den Stand des ungepanzerten Lebens in unserer Staatsordnung.
Ich habe die Zusammenfassung und Niederschrift der brühmt gewordenen "Norwegischen Pressekampagne" gegen meine Arbeit jahrelang

aufgeschoben. Wenn ich an meinen Bionpräparaten arbeitete, die Orgonenergie beobachtete, die Zusammenhänge der Lebensfunktionen oder die Stellung des Lebendigen in der nichtlebenden Natur erriet, durchdachte und ordnete, erschien die so lärmende "Kampagne" als völlig lächerlich. Sie war durch die ihr folgenden Ereignisse, wie die Entdeckung des Geheimnisses der Krebszelle (1938 - 1939), die Entdeckung des atmosphärischen Orgons und der Temperaturdifferenz am Orgonakkumulator 1940, der Heilwirkungen des Orgonakkumulators auf Blut und Gewebe eindeutig beantwortet. Diejenigen, die in der Kampagne gegen meine Forschung irrational aufgetreten waren, standen nun in wenig rühmlichem Lichte da. Auf ihre Argumente von 1937 eingehen, hätte bedeutet, auf Sperlinge mit Kanonen zu schießen. Es lag mir auch nicht viel daran, völlig unbekannte Namen in die Wissenschaftsgeschichte einzutragen. Der wütende Kampf gegen meine Person, der sich aller Arten von Beleidigung, Verdächtigung, Verfemung bedient hatte, war von mir zwar sehr schmerzlich erlebt worden; aber es war nichts davon zu erwarten, Invektiven mit Invektiven zu beantworten. Obgleich ich 1937 keine Ahnung von den großen Ereignissen hatte, die sich später in meiner Arbeit einstellten, war ich doch meiner Riesenverantwortung bewußt. Ich gehöre nicht zu denen, die Milde und Ergebenheit als Größe vorheucheln. Ich kann schimpfen wie jeder andere. Ich gestehe, daß ich oft Lust verspürte, den einen oder anderen Vertreter der Scheinwissenschaften zu züchtigen, wenn er es gar zu bunt trieb. Ich bin also kein milder Heiliger. Doch mich hielt ein merkwürdiges Emfpinden von Einmischung in diese Art "wissenschaftlicher Debatte" ab, ein Empfinden, das ich erst viele Jahre später, da Hunderte von Beobachtungen und Experimenten meine ersten Ahnungen bestätigten, als ich staunend die **Grundstimmung des ungepanzerten Lebendingen** erkannte.

Das Lebendige steht den boshaften Abirrungen des Lebens, den Handlungen der gepanzerten Menschentiere, gleichgültig oder verständnislos, fremd und manchmal mitleidsvoll gegenüber. Ich habe diese Grundhaltung des Lebendigen gegenüber den Verzerrungen und Monstrositäten des Lebens an kleinen gesunden Kindern beobachtet: Ein vierjähriger Junge spielte vergnügt auf der Straße. Ein paar Kinder vom Typus des lärmenden und boxenden Großmauls kamen heran und forderten den Jungen auf, ihnen ein Glas Wasser zu bringen. Er tat es willig. Als er ihnen das Wasser reichte, gossen sie es ihm mit Geschrei ins Gesicht, ohne daß er ihnen den geringsten Grund dazu gegeben hätte. Einige der

Kinder lachten boshaft; andere standen verlegen dabei, ohne etwas zu sagen. Keiner, weder ein Kind, noch einer der vielen Erwachsenen, die der Szene beiwohnten, griff ein. Er stand still da und ging mit Tränen in den Augen verständnislos davon. Ich sah denselben Jungen eines Tages, als er von einem anderen offensichtlich nervösen und sadistischen Jungen sinnlos belästigt wurde, böse werden. Er warf den Quäler zu Boden, verprügelte ihn herzhaft und ging ruhig davon. [Das freundliche Leben hatte schließlich seine unangebrachte Toleranz und Gutmütigkeit aufgegeben; **es hatte zu kämpfen begonnen**. Eines Tages, früher oder später, werden alle netten und gutmütigen Jungen überall anfangen, die bösartigen, feigen "großen Jungen" zu verprügeln und zum Heulen zu bringen.]

Zur Zeit der Kampagne war ich ein Gast in fremdem Lande. Ich war zwar als Universitätslehrer einladen worden; doch die falsche Sympathie, die mit Neid und Angst vor Konkurrenz gemischt war, lauerte stets hinter dem Worte "Flüchtling", das wie ein Stempel jedem Nicht-Eingeborenen aufgedrückt wurde. Die Kampagne verschärfte diese peinliche Situation. Ich war tatsächlich aus Deutschland vor den Faschisten nach Skandinavien geflüchtet; ich bemüchte mich, mein Gastland so wenig wie möglich zu belästigen. Ich hielt in Norwegen im Verlaufe von fünf Jahren Aufenthalt nur zwei Vorträge vor Universitätsstudenten. Ich schrieb nicht in den Zeitungen, obgleich ich dazu aufgefordert wurde. Ich begründete keine Zeitschrift in der norwegischen Landessprache, sondern beschränkte mich freiwillig auf eine **deutsche** Zeitschrift, die in Skandinavien selbst kaum gelesen wurde, da die wenigsten deutsch lesen konnten. Ich arbeitete still in meinem Laboratorium, ließ mir aber nicht das Recht absprechen, meine engeren Schüler zu Seminaren und kleinen Vorträgen im Privatkreise einzuladen. Man lebte ja schließlich in einem demokratischen Lande mit einer sozialistischen Arbeiterparteiregierung an der Spitze.

Zur Zeit der Zeitungskampagne betonte ich meinen Freunden gegenüber meine Zurückgezogenheit. Mein Freund, der Dichter **Arnulf Oeverland** sagte dazu: "Ich habe eine so laute Stille noch nie erlebt." Dieser Satz traf die Sache tief. Hätte ich mich mit harmlosen Alltäglichkeiten unter die Menge gemischt, so wäre nichts passiert. Es war gerade meine Stille, die meine Gegner reizte, laut Lärm zu schlagen.

Dort wo das gepanzerte Leben die Tribüne des sozialen Verkehrs beherrscht, findet man am Grunde aller Tätigkeit:

1. Überfülle von Worten und Begriffen, die einzig den Zweck haben, von den **einfachen** Grundprinzipien des Lebens **abzulenken**;

2. überspannten Enthusiasmus, wo gepanzerte Lebewesen auf die einfachen Daseinsgesetze des ungepanzerten Lebens stoßen;
3. komplette Unfähigkeit des gepanzerten Lebens, zur praktischen Betätigung der einfachen Lebensgesetze vorzustoßen, daher **Enttäuschung** und **haßerfüllte Verfolgung** von Allem, das auch nur entfernt an ungepanzertes Leben erinnert.

In diesen drei typischen Verhaltensweisen erschöpft sich der Inhalt des Begriffes der emotionellen Pest. Es wird sich zeigen, daß die natürlichen, so einfachen Lebensgesetze ohne soziale Anerkennung und Schutz sind, daß Wahrheit eine Freibeute jeder Art biopatischer Lebensanschauung ist; daß die Gesetzgebung des 20. Jahrhunderts weder ein Interesse an noch ein Verständnis für die Funktion des ungepanzerten Lebens hat. Diese pathologischen Mechanismen des menschlichen Lebens habe ich nicht erdacht, sondern zunächst als eines ihrer vielen Opfer staunend erlebt. Es war die Verantwortung für meine große Entdeckung, die mich zwang, die verborgenen und verschlungenen Pfade aufzufinden, auf denen das biopathische Menschentier sein eigenes Leben und Wohlbefinden umschleicht und zu töten versucht.

Ich habe früher bereits geschildert, in welcher Weise sich der Kampf gegen meine Arbeit am Lebendigen in Deutschland, Dänemark und Schweden auswirkte. Er konnte seitens der Gegner des Lebendigen stets unter dem Mantel politischer Schlagworte geführt werden. Denn meine Arbeit fiel unglücklicherweise in eine Zeit, in der der "politische Flüchtling" im Zentrum der Interessen aller Polizeiämter dieser Welt stand. Und es hieße einem Staatsbeamten zuviel zumuten, den politischen Flüchtling von der Frage der Biogenese abzutrennen, wenn selbst ein Professor der Krebspathologie diese Unterscheidung nicht treffen konnte.

Zwischen dem Herbst 1934 und dem Beginn von 1937, also etwa drei Jahre lang, hatte meine Arbeit die nötige Ruhe, sich zu entwickeln. Die große Kampagne gegen die Biontherapie setzte im Mai 1937 ein. Ihr gingen Plänkeleien von geringer allgemeiner Bedeutung voraus, denen ich die kommenden Gefahren hätte ablesen können, wenn ich nicht allzu naiv an meinem Glauben an Objektivität wissenschaftlicher Kreise festgehalten hätte. Daß die mechanistische Wissenschaft selbst in denktechnischer Hinsicht ein Kind der mechanistischen Zivilisation ist, wußte ich zwar theoretisch, doch ich kannte ihre Praxis nicht.

Gesunde Kinder , in denen das Leben frei funktioniert, entdecken und üben die neuen Lebensfunktionen spielerisch. Indem das Kind seine

Sprechorgane spielerisch bewegt, lernt es Worte formen, Worte, die zunächst nichts besagen, falsche Worte, keine Worte im Sinne strenger akademischer Sprachkunde, aber doch Laute, aus denen unter dem Einfluß der Umgebung sich allmählich die "korrekten" Worte ergeben. Neugeborene Kinder sind bis etwa zum Ende des zweiten Lebensjahres die größten wissenschaftlichen Entdecker. Sie bringen nichts als eine lebhafte biologische Energie mit. Die Handhabung eines Löffels oder Stuhls, das Öffnen und Schließen von Türen, die Auswahl der Nahrung, das Streicheln, Kosen und Spielen sind inhaltlich nicht vererbt. Dieselben Kinder würden, in einem anderen Kulturmilieu aufgezogen, andere Inhalte für ihre Betätigungen entwickeln. Kinder sind also die größten Naturforscher. Und die großen Naturforscher sind zunächst Kinder, die neue Wissensgebiete spielerisch erobern, genau wie Kleinkinder ihre neue Welt erobern. Man denke an Leeuwenhoek, Faraday, Edison und andere.

Auch die bionöse Natur aller Materie, die sich ausdehenen durfte, wurde spielerisch erobert. Wer mir an den einsamen Abenden zugesehen hätte, als ich die Bione "entdeckte", hätte nur den Kopf geschüttelt. Und kein "ernster Wissenschaftler" hätte dem die genügende Beachtung geschenkt. Die praktischen Effekte des kosmischen Orgons auf Gewebe, Wachstum bei Tieren und Pflanzen, auf biopatische Fäulnis des Krebses etc. von heute sind die Ergebnisse der biologischen Spielereien von 1935. Ich spielte wie folgt:

Im Laufe des Jahres 1935 bestätigte sich am Oszillographen die Hypothese, die ich auf Grund meiner sexualökonomischen Untersuchungen aufgestellt hatte, daß die Lebensfunktion bestimmt ist durch einen VIERTAKT in der Folge von **Mechanischer Spannung – Ladung – Entladung – mechanischer Entspannung**. Diese Anordnung von mechanischen und bioenergetischen Funktionen gab es im nichtlebenden Bereiche nicht. Der Zugang zum Problem der Biogenese war, wenn richtig, im Zusammenhange mit dieser Lebensformel zu suchen. Die Findung eines solchen Zuganges zur Biogenese würde natürlich die Richtigkeit meiner Sexualitäts- und Lebensformel bestätigen. Ergäbe sich ein solcher Zugang **nicht**, so könnte die Formel noch immer richtig sein, wenn auch zumindest für einige Zeit steril.

Ich besaß 1935 nur einen Oszillographen, den ich in meinem kleinen Studierzimmer von 15 Fuß Seitenlänge im Quadrat mitten in einem Haufen von Büchern und Manuskripten aufgestellt hatte. Ich erwähne diese Details nicht aus Sensationssucht, sondern um den Gegensatz solcher Anfänge großer wissenschaftlicher Entwicklungen mit der Pracht der staatlichen Paläste und Denkmäler der Politiker ins schärfste Licht zu setzen. Ich war nicht der erste Entdecker, der in solcher Weise zu arbeiten gezwungen war, während die Drohnen des sozialen Lebens über Milliarden verfügten. Ich bin ergeben dem Lebendigen und ehrlicher Arbeit gegenüber, aber ich fühle mich nach 28 Jahren harter, gefahrvoller Arbeit am menschlichen Organismus nicht verpflichtet, mich vor sozialem Unsinn zu verbeugen.

Im Verlaufe des Winters 1934/35 hatte ich aus meinem Verdienst als Lehrer der Biopsychatrie fast 3000 norwegische Kronen für den Bau der Oszillographen ausgegeben. Es tat nicht weh, denn ich liebte die Arbeit und hatte keine großen Ansprüche im persönlichen Leben. Ich verdiente in meiner prominenten Stellung genug, um mich und meine Kinder zu erhalten, und überdies derartigen Luxus wie einen Oszillographen mir zu leisten. Doch nun brauchte ich ein Mikroskop. Eine Schülerin, eine Ärztin, Dr. Lotte Liebeck, die nach Oslo gekommen war, um bei mir zu studieren, hatte die bioelektrischen Experimente als Versuchsobjekt mitgemacht, und da sie sehr interessiert war, erbot sie sich, mir ein Mikroskop zu schenken. So gelangte ich Ende 1935 in den Besitz eines prächtigen binokularen Leitz-Forschungsmikroskops und einer primitiven Vorrichtung zum Mikrophotographieren. Als ich das Mikroskop erhielt, hatte ich erst alte vergessene Kenntnisse aufzufrischen, die ich als Medizinstudent in Wien vor 16 Jahren erworben hatte. Das Mikroskop verfügte über eine normale und übliche Vergrößerung bis etwa 1500-fach. Am selben Tage, als das Mikroskop ankam, ging ich daran, meine Hypothese zu kontrollieren. Ich erinnere mich noch des Abends, an dem ich allein in meiner Wohnung saß und heftig nachgrübelte, wie ich den Versuch anstellen sollte. Während ich noch recht hoffnungslos mit dem Mikroskop herumspielte, indem ich alle erreichbaren Stoffe unter das Objektiv brachte, fuhr mir durch den Kopf, daß der Organismus sich von organischer Substanz, also von einer Substanz ernährt, die früher einmal gelebt hat. Wenn der lebende Organismus weitere Lebensenergie aus der Nahrung bezieht, die einmal selbst lebendig war, so müßte es, meinte ich, nun sicherer werdend, einen Zusammenhang geben. Die Nahrung enthielt "chemische Stoffe," die der Organismus aufnahm und in seinen Körpersäften einverleibte. Dies war ein chemischer, stofflicher Prozeß, über den die Wissenschaft bereits alles erfahren hatte. Die Chemie der Nahrungsstoffe konnte mikroskopisch nicht beobachtet werden, das wußte ich. Doch wie kam es, fragte ich mich, daß die Nahrungsstoffe durch

die Darmwand in die Säftebahn des lebenden Organismus geraten? In welcher Weise geschieht dies? An das Rätsel der Osmose vom Darminhalt durch die Darmwand[38], das die Physiologie nicht gelöst hatte, dachte ich damals noch nicht. Hätte der menschliche Geist beim spielerischen Experimentieren alle Probleme der Naturwissenschaften stets gegenwärtig, so wäre manches viel einfacher zu lösen.
Das einfachste wäre, dachte ich mir, Nahrungsstoffe verschiedener Art mikroskopisch zu beobachten. Ich hatte zum Glück keine biochemische Einrichtung, um die Nahrungsstoffe fein säuberlich nach Fetten, Kohlehydraten und Proteinen gesondert zu studieren. Ich sage: zum Glück. Wäre ich "streng wissenschaftlich" und nicht naiv spielerisch vorgegangen, so hätte ich die bionöse Natur aller gequollenen Materie wohl nie entdeckt. Das Fett hätte nichts verraten, da es nur aus Fettkügelchen besteht, der Zucker hätte sich molekular aufgelöst und Muskelgewebe hätten keine Bione gezeigt, ebensowenig Eiweiß. Ich handelte mit nicht allzuviel Überlegung, doch gequält von der Grundfrage nach der Beziehung des Nahrungsstoffs zum Organismus, "verrückt".
Ich warf Fleisch, Kartoffeln, Gemüse aller Art, Milch und Eier in einen Topf, den ich mit Wasser füllte, kochte eine halbe Stunde lang, entnahm eine Probe und eilte damit ans Mikroskop. Was ich sah, schien ebenso verrückt wie mein Unternehmen. Ich ging an das Mikroskop mit der Erwartung heran, daß ich die verschiedenen Substanzen würde klar unterscheiden können. Der Zufall, den man sonst Schicksal nennt, half meinem Unternehmen um Meilen voran. **Das Präparat enthielt nichts als Bläschen**, verschiedener Größe zwar, aber doch Bläschen desselben Grundtypus. Daneben gab es noch große Blasen und Formen, die ich als Stärkekörner erkannte. Der Mischmasch, den ich gebraut hatte, war also eine wesentlich einheitliche Masse. Die einzelnen Bläschen leuchteten blau bis blaugrün. Diese Erscheinung tat ich zunächst mit der "Erklärung" ab, daß es sich um Lichtrefraktion handelte, genau so, wie es noch heute strenge Naturforscher zu tun pflegen,wenn sie das Blau oder Blaugrün der biologischen Kolloids wegerklären. Mein erster orgonphysikalischer Schluß lautet korrekt: Orgonische Stoffe zerfallen beim Kochen, also Quellen, in einheitliche Bläschen. Ich war den "Bionen" auf die Spur gekommen.
Ich stellte die größte Vergrößerung ein, 1500 x. Es war deutlich eine Bewegtheit im Inhalt der Bläschen zu sehen, doch nicht klar genug, um Schlüsse zu gestatten. Ich fragte bei Leitz an, wie stark seine stärksten Objektive wären. Die Antwort lautete 150 x. Ich bestellte sie sofort. Zu-

38 *vgl. The Cancer Biopathy (Farrar, Straus und Giroux, 1973), S. 361-64.*

sammen mit einem 16 x Okular oder gar einem 25 x konnte die Vergrösserung in die Nähe von 5000-facher Vergrößerung gebracht werden. Ich war klar darüber, daß man über 2000 x keine Strukturen mehr aufzulösen vermag. Doch mir lag nicht an Sichtung von feiner Struktur, sondern an **Sichtung von Bewegtheit** im Inneren der Bione. Obgleich ich diesen Unterschied zwischen Struktur und Bewegung in der Beurteilung mikroskopischer Objekte mehrere Male in Publikationen betonte, konnte ich als Einwand hören, daß ich von Mikroskopie nichts verstünde, denn ich wüßte nicht, daß es eine Grenze für die mikroskopische Beobachtung mit Hilfe der Lichtenergie gäbe. Vorurteile sitzen wie Läuse in einem Pelz fest, und je größer die Ignoranz desto größer die Arroganz. Einzig und allein auf tote Strukturen getöteten Gewebes eingestellt, geht es einem Mechanisten nicht auf, daß es auch Bewegung gibt, und daß eine feine Bewegung in einem Teilchen bei 2000 x Vergrößerung noch nicht, aber bei 3000 x schon merkbar werden kann.
Ich verdanke die Entdeckung der biologischen Energie und mit ihr der kosmischen Orgonenergie dieser **Unterscheidung von Struktur und Bewegung**, einer Unterscheidung, die dem mechanistischen Denken fremd und "unwissenschaftlich" erscheint. Die **innere** Bewegtheit, die ich in meinen Bionen entdeckte, lösten nämlich auch die Frage der "Brownschen Bewegung". **Brown** hatte im vorigen Jahrhundert beobachtet, daß feinste Tuschepartikel sich von Stelle zu Stelle bewegen. Er selbst hatte diese Bewegungen für Zeichen von Lebenskräften völlig korrekt angesehen. Doch die mechanistischen Physiker bemächtigten sich bald der Sache, sie töteten den so fruchtbaren Gedanken von Brown und verwandelten die Qualität des Lebendigen darin in eine tote Maschinerie. Die Bewegtheit der feinsten Partikel, so lautete ihr Argument, war bedingt durch den Anstoß der Moleküle der Flüssigkeiten. Damit hatten sie einen Riesenfund für Jahrzehnte erschlagen. Ihre feinen Berechnungen der Weglängen der Brownschen Partikel konnten daran nichts ändern. Ich begriff erst in den 40er Jahren, daß bei diesem Vorgehen der Physiker der Mechanismus der Destruktivität gepanzerten Lebens beteiligt war, und daß ihr Verhalten dem allgemeinen Ausweichen vor allem, was einem auch nur an Orgonenergie erinnern könnte, zuzuschreiben war.
An meinen Bionen war die **innere**, und nicht die äußere lokale Bewegtheit wichtig. Der "Anstoß der Moleküle" vermochte aber die innere Bewegtheit, wie Vibrieren, Expansion, Kontraktion, Zucken etc. nicht zu erklären. So wie das Vertieftsein in die Materie den Mechanismus in der Beobachtung unter 1500 x festgehalten hatte, so verrammelte seine me-

chanistische Stoßtheorie das Tor zur **inneren Bewegtheit** quellender Materie und damit zur Bioenergie.

Ich habe die Entwicklung der Protisten aus Bionen und der Bione aus Materie und freier Orgonenergie so ausführlich geschildert, daß ich mich nun kurz fassen kann. Es war logisch, daß ich immer mehr und sehr verschiedene Stoffe in meinem Gebräu zusammentat und kochte. Es gab am Ende nichts als bläulich schimmernde, innerlich bewegte Bläschen. Ich ging nun daran, verschiedene Stoffe langsam in Wasser bei Zimmertemperatur quellen zu lassen. Das Auftreten der Bione erfolgte nun viel langsamer in Tagen oder Wochen, je nach der Härte der Substanz. Aber der bionöse Zerfall blieb nie aus, gleichgültig welche Materie ich vornahm und quellen ließ. Langsam wurde klar, daß **die innere Bewegtheit einer Energie zuzuschreiben war, die beim Quellen oder Kochen aus der geformten Materie freiwurde**. Ich nannte die Bione daher auch "**Energiebläschen**". [Der Begriff "Orgon" existierte noch nicht.] **Die innere Bewegtheit war eine Arbeitsleistung, und Arbeit ist ohne Energie nicht denkbar.** Ich vermied es absichtlich, bestimmen zu wollen, welche Art von Energie ich vor mir hatte. Das hatte Zeit. Nur die sorgfältige Beobachtung konnte weitere Aufklärung bringen.

Das Aufquellen von Moos- und Grasfasern enthüllte die Entwicklung der Protisten aus Bionen, das heißt die natürliche Organisation der Biogenese. Daran ließ Beobachtung und Mikrophotographie keinen Zweifel. Um sicher zu gehen, wandte ich mich an das Botanische Institut in Oslo, um Amöbenkulturen zu bekommen. Der Assistent des Instituts war sehr freundlich und sagte, das einfachste wäre, Aufgüsse von Gras zu machen. Ich fragte ihn, im Augenblicke völlig naiv und unbewußt, das heißt ohne Nebenabsicht, wie die Protisten in den Aufguß kämen. "Aus der Luft natürlich," sagte er überrascht mit einem staunenden Blick. "Und wie kommen sie in die Luft?", fragte ich. "Das wissen wir nicht." Er verriet mir nicht, daß noch niemand Protisten aus der Luft gezüchtet hatte. So trat die Aufgabe vor mich hin, eine Fülle von Luftinfektionspräparaten herzustellen, um mich zu überzeugen, daß es keine Protistenkeime in der Luft gibt.

[Während der folgenden Jahre versuchte ich mehrere hundert Male erfolglos, Protisten aus der Luft zu züchten. Diese Tatsache bürdet den Theoretikern der "Luftinfektion" die Aufgabe auf, ihre Behauptung zu beweisen, daß Protisten aus "Luftkeimen" entstehen.

Heute müssen alle Studenten der Orgonbiophysik und Biogenese, ehe sie zu fortgeschrittener biogenetischer Arbeit am Orgoninstitut zugelassen werden, zu beweisen versuchen, daß Protisten, Krebszellen, Plasmateile, Bione, T-Bazillen, "Zysten" usw. durch "Luftinfektion" gezüchtet werden können. Nur wenn sie durch ausreichende Experimente davon überzeugt sind, daß es so etwas wie Protisten in der Luft nicht gibt, werden sie in der Lage sein, den vielen Einflüssen der sozialen Umgebung zu widerstehen, ihre Ängstlichkeiten vor "Verfälschungen" über Bord zu werfen und die Natur zu studieren, wie sie wirklich funktioniert. Nur dann werden sie in der Lage sein, fundiert zu beurteilen, wo Luftinfektion tatsächlich vorkommt. In solchen Fällen werden sie strikte Sterilisation vornehmen. Aber sie werden nicht länger alle mikroskopischen Untersuchungen, die die Biogenese klar veranschaulichen, als "bloße Luftinfektion" abtun. Das Ausmaß und die Probleme des Nichtverstehens, die dadurch möglich werden, daß man sich selbst nicht die Möglichkeiten der tatsächlichen Luftinfektion beweist, sind unglaublich. Dieses Unverständnis muß sowohl bei den Studenten als auch bei den Professoren der Biologie aus dem Weg geräumt werden, wenn man beabsichtigt, den Sumpf der "Luftinfektions"gläubigkeit zu überwinden.

Das Problem ist im Falle der Fäulnisbakterien (Mischung, Subtilis usw.) komplizierter. Man kann solche Bakterien aus der Luft züchten. Doch ist das nicht einfach. Und selbst wenn man es schafft, ist die nächste logische Frage: "**Wie kommen Bakterien in die Luft?**" Diese unvermeidliche Frage ruft irrationale Reaktionen statt einer realen Antwort hervor. Es hat sogar noch niemand eine Beantwortung versucht. Die Orgonomie bietet die folgende Erklärung: Die Staub"partikel" in der Luft entstehen aus allen Arten verfallener organischer Materie. Man züchtet Fäulnisbakterien aus der Luft durch Hydrierung und Zersetzung der Staubbione genauso wie bei jedem verfallenden Bionpräparat.

Die Verfechter der Luftkeimtheorie verweigern die Prüfung dieses Arguments und nehmen stattdessen manchmal ihre Zuflucht zur Verleumdung. Trotzdem wird von nun an diese Frage jeden ernsthaften Biologen beschäftigen. Man kann ihr nicht länger aus dem Weg gehen.

All dies hat überhaupt nichts mit "Urzeugung" zu tun. Auch ist die Theorie, daß Leben aus toter Natur entsteht, niemals widerlegt worden. Weder Pasteur noch jemand anderes hat dies behauptet. Pasteur verhielt sich in seiner Auseinandersetzung mit Bastian wie ein Mann, der entgegen allem Anschein behauptet, daß ein bestimmtes lebendiges, bewegliches Pferd nicht lebendig ist. Wenn der Pferdebesitzer darauf besteht, daß es lebt, nimmt der Mann eine Axt, zertrümmert den Schädel des Pferdes und sagt triumphierend: "Jetzt ist es für jedermann offensichtlich, daß das Pferd tot ist." Diese Geschichte ist der Bedeutung des Sterilisierens lebender Materie in der biologischen Forschung vergleichbar. Glücklicherweise hat die Orgonbiologie den Bann gebrochen. Bione entstehen aus vollständig sterilisiertem Material durch Quellung wie im Experiment Nr. XX nach dem Frieren der gelben Bionflüssigkeit. Es kann Monate oder Jahre dauern, ehe Protisten in sterilen Präparaten auftauchen, aber sie sind da. Die ursprünglichen Zersetzung lebenden Gewebes in Bione und dann in Fäulnisbakterien kann durchs Mikroskop beobachtet und experimentell reproduziert werden. Dieser Prozeß läuft dauernd in der ganzen Natur und bei vielen Krankheiten ab. Die Hilflosigkeit der falschen bakteriologischen Theorie angesichts solcher Krankheiten wie Krebs wird früher oder später die Niederlage der Anhänger der Luftinfektionstheorie bedeuten. Unentdeckte Luftkeime können unmöglich gegen deutlich sichtbare bionöse Prozesse bestehen. Man kann gespannt sein, wieviele Menschenleben noch verloren gehen, ehe dieser unglaublichen Fehlbehandlung wissenschaftlicher Probleme ein Ende gesetzt wird.]

Ich hatte zu der Zeit Respekt vor der mechanistischen Naturwissenschaft und ihren Vertretern. Es waren anständige, arbeitsame Männer und Frauen, die ihre Untersuchungen sorgfältig anstellten. Es war den folgenden Jahren vorbehalten, mich von einem gefährlichen Irrtum zu befreien, einem Irrtum, an dem ich nicht ohne irrationale Begründung festhielt. Ich wußte, daß ich mit dem Problem der Biogenese zusammengestoßen war. Ich wußte, daß dieses Problem das Grundproblem nicht nur aller biologischen Wissenschaften, sondern der Naturwissenschaft überhaupt ist. Mir war klar, daß, trotz meiner gründlichen naturwissenschaftlichen und naturphilosophischen Schulung von mehr als anderthalb Jahrzehnten, ich für **dieses** Problem nicht gut genug ausgerüstet war. Es war zuviel, viel zuviel für **einen** Menschen, selbst einen meiner Arbeitsfähigkeit und Erfahrung. Ich wußte damals noch nicht, daß ich Angst vor dem Problem hatte. Ich mußte Kooperation der etablierten naturwissenschaftlichen Zweige erlangen, wenn ich durchkommen sollte. Auf allen Seiten traten immer gehäufter Erscheinungen auf, die ich nicht begriff. Ich wußte nicht, daß die Mechanisten ebenfalls keine Ahnung von der Natur oder sogar Existenz dieser Erscheinungen hatten. Davon sollte ich mich erst in einer gefährlichen Weise überzeugen.

Ich möchte aus der Fülle dieser gewaltigen neuen Tatsachen nur eine hervorheben und den Leser an ihr orientieren. Die Erscheinung, die ich wähle, führte später zur Aufhellung der unbekannten Anfänge der

Krebserkrankung. Wie die Forscher der Orgonbiophysik wissen, konnte die Krebsgeschwulst auf die allgemeine Krebsschrumpfungsbiopathie und diese auf eine Fäulnisneigung des Blutes und der Gewebe zurückgeführt werden. Die Fäulnisneigung selbst wurzelte auf Grund sorgfältiger klinischer Untersuchungen auf einer scharfen Herabsetzung der Pulsationsfunktion und mit ihnen der Energiewechselvorgänge im Organismus. **Der Schlüssel zum Problem der Krebserkrankungen war also das Problem der Fäulnis** oder, "wissenschaftlicher" ausgedrückt, die Natur der mortalen Degeneration und Putrifikation lebender Gewebe. Ich ahnte zu der Zeit, als ich mit meinen Bionen zusammenstieß, nichts davon, daß die Fäulnis für die gesamte Medizin, Bakteriologie, Biologie und Biophysik "zu banal" und "unwissenschaftlich" war, um sich damit zu beschäftigen.

Fäulnis ist ein allgemeiner Naturprozeß. Alles Leben schwingt sich mehr oder weniger noch auf, um am Ende in den Tod und mit dem Tod in faulige Zersetzung der Gewebe abzusinken. In der Natur gibt es keine Sterilisation und keine "Luftinfektion". Der mechanistische Biologe und Bakeriologe empfindet sich nicht als Naturforscher, wenn er nicht fein säuberlich alles erst **wegsterilisiert** hat. Indem nun diese Naturforscher alle "Luftinfektion" und Fäulnismöglichkeit aus ihren Präparaten ausschalten, fein säuberlich, gewissenhaft, mit der strengsten Präzision des mechanistischen Zeitalters, ging ihnen die größte Entdeckung der Biologie durch die Finger, die einfache Tatsache nämlich, daß der Krebsprozeß im Grunde auf verfrühter Fäulnis des Blutes und der Gewebe beruht, daß er also ein Sterben bei lebendigen Leibe ist. Es war die "Luftkeimtheorie", starr mechanisch angewendet, und der Satz "omnis cellula ex cellula" , der die Krebsforschung und alle bioenergetische Forschung im strengen Sinne des Wortes sterilisiert hatte. Wir werden bald sehen, welche Riesenrolle der "banale Fäulnisstab" nicht nur in der Krebsforschung, sondern auch in der Kampagne des gepanzerten Lebens gegen das ungepanzerte Lebendige, der mechanistischen Wissenschaft gegen den orgonomischen Funktionalismus spielt.

Ich hatte zunächst völlig unsteril gearbeitet. Ich bediente mich keiner Sterilisation, sondern beobachtete die Gewebe in ihrem natürlichen Zustand, ungekocht und gekocht. Heute ist mir klar, daß ich nie auf das Krebsproblem gestoßen wäre, hätte ich mich ausschließlich an Beobachtung steriler Präparate gehalten, wie es das Gesetz strenger Biologie fordert. Ich sah in meinen Präparaten Fäulnisstäbe auftreten. Bei starker Vergrößerung konnte man deutlich den Zerfall der Gewebe in Bläschen und später unmittelbar in lange Stabformen verfolgen. [Dieser Prozeß ist gefilmt worden. Wenn meine Gegner sich doch nur einmal die Mühe machen würden, ins Mikroskop zu schauen, könnten sie die Bildung von Fäulnisbakterien klar und eindeutig erkennen.] Die Beobachtung war nicht zu bezweifeln. Sie stieß mit einem Schlage einen Haufen falscher Vorstellungen der mechanistischen Biologie um. Um mich von der Richtigkeit experimentell zu überzeugen, sterilisierte ich Eiweißnährstoff, hielt ihn steril und fand, daß auch bei den strengsten Vorsichtsmaßnahmen unter bestimmten inneren Bedingungen eine Selbstzersetzung des Proteins auftrat und damit das Auftreten von Fäulnisbakterien. Ich bestrich frische Eier mit Lack und Teer, doch die Eier faulten früher oder später. Alle Stoffe, die ich sterilisiert hatte, degenerierten aus inneren und nicht aus äußeren Gründen früher oder später. Ich stellte ein steriles Gemisch aus Stoffen her, das seither berühmt gewordene Präparat 6 c.[39] Die Fäulnisstäbe traten binnen weniger Minuten auf. Ich glühte Kohle, tat sie in Quellungsflüssigkeit und nach fünf Minuten konnte ich bewegte kurze Organismen, die späteren T-Bazillen feststellen und mit Gram färben. An der **inneren Herkunft der Fäulnis war also nicht zu zweifeln**. Doch es war völlig unklar, welchen energetischen Kräften man sie zuschreiben sollte.

Nun beging ich meinen ersten "taktischen" Fehltritt. Ich gab dem Drängen Dr. Odd Havrevolds nach und trat an das Bakterologische Institut in Oslo um eine Diagnose der Mikroorganismen heran. Ich muß den Leser bitten, zu begreifen, weshalb ich diesen Schritt als schweren Fehler ansehe. Ich hatte meine bakteriologischen Grundkenntnisse, aber ich war kein spezialisierter Bakteriologe. Das Erscheinen von biologisch färbbaren Mikrogorganismen wenige Minuten nach Herstellung eines Bionpräparats, schloß natürlich die sogenannte Luftinfektion aus. Denn die Entwicklung einer Infektion im Präparat erfordert doch mindestens 24 Stunden bis zum Auftreten der Mikroorganismen. Das wußte ich. Doch ich konnte selbst die Frage nicht entscheiden, ob die Mikroorganismen, die ich erzielte, mit bekannten Formen indentisch waren oder ob sie grundsätzlich neue Formen darstellten. Hätte ich ich damals über wohlausgerüstetes Laboratorium verfügt und vor allem über genügend Geldmittel, so hätte ich einen Bakteriologen angestellt, um die notwendigen Spezialtests durchzuführen. Doch ich hatte das Geld nicht. Ich wollte warten und den Kontakt mit der offiziellen Beamtenwissenschaft vermeiden. Dem lagen bereits einige böse Erfahrungen zugrunde, die ich nun kurz schildern möchte.

[39] *1937 der Französischen Akademie der Wissenschaften mitgeteilt.*

Als ich in den letzten Monaten des Jahres 1936 Bione aus dem Präparat 6 c erzielte, ersuchte ich Freunde in Kopenhagen, an das biologische Institut von Albert Fischer heranzutreten und sie zu ersuchen, mir ihre mikrofotographische Ausrüstung zur Verfügung zu stellen, um durch Zeitraffung die Entwicklung der Bione aus der quellenden Materie zu studieren. Fischer war freundlich eingestellt. Ich reiste nach Kopenhagen und demonstrierte das Experiment 6 c. Kurz bevor ich damit ansetzte, entfuhr Fischer eine höhnische Bemerkung, die die Grundhaltung der klassischen Biologie in Miniatur darstellte. Er fragte, ob ich wohl eine Paste brauen wollte. Ich war daran, den Raum zu verlassen, gab aber seiner beruhigenden Entschuldigung nach und setzte das Experiment fort. Die Stoffe wurden gemischt und dann wurde das Präparat gekocht. Am Mikroskop kop gab es Schwierigkeiten. Fischers Mikroskop verfügte über nur 1500 X Vergrößerung. Damit konnten wohl die Gebilde selbst, aber nicht deren innere Bewegung gesehen werden. Dies erforderte zumindestens 2000 X. Fischer wurde nervös und brachte das Argument der Grenze der Nützlichkeit einer Vergrößerung. Ich entgegnete, daß es auf Bewegung und nicht auf Auflösung von Strukturen ankäme. [Dieses Fehlen der Unterscheidung zwischen dem Funktionalen (Bewegung) und dem mechanistisch-statischen (Struktur) hielt sich jahrelang in allen Diskussionen über starke Vergrößerung in der Mikroskopie.] Ein Assistent Fischers schlug eine Giemsafärbung vor, die sofort durchgeführt wurde und positiv reagierende Gebilde nachwies. Der Eindruck dieser Demonstration war eindeutig stark. Doch das Vorurteil der "Keimtheorie" war zu stark, wie sich in der Folge herausstellte.
Ich fuhr nach Oslo zurück und bat Dr. Leunbach (einen dänischen Physiker und frühen Freund der Orgonomie), die Verbindung mit Fischer aufrechtzuerhalten. Bald kam ein Brief von Leunbach mit der Mitteilung, daß Fischer sehr sonderbar reagiert hätte. Er hätte mir "Kritiklosigkeit" und "Phantasterei" vorgeworfen. Ich hätte unsinnig große Vergrößerungen verlangt. Ich hätte behauptet, Spindelbildungen und Teilchen beobachtet zu haben. Alle Bewegungen wären Flüssigkeitsbewegungen gewesen. Es handelte sich um die "alten Märchen" aus der Zeit vor Pasteur. Ich vermengte unerlaubterweise Psychologie und Biologie.
Ich berichtigte in einem Schreiben an Leunbach am 9. Januar 1937 alle Behauptungen Fischers, um falschen Gerüchten vorzubeugen. Doch ich hielt in einer sträflich naiven Weise an meinem Zutrauen zur Objektivität der Naturforscher fest. Ich hätte besser getan, brüsk und abweisend

aufzutreten. Fischer hatte einfach klare Tatsachen wegzudisputieren versucht. Die Giemsafärbung wurde verleugnet, das Auftreten der Kokken und Stäbe einige Minuten nach Herstellung des Präparats nicht beachtet, und er flüchtete in die Lächerlichmachung des ganzen. Ich ahnte leider nicht, wie neu, revolutionär und umfassend mein Versuch war.

Die Angst des mechanistischen Naturforschers vor dem Lebendigen erlebte ich bei einer Demonstration des Kohlebionversuchs vor dem norwegischen Krebspathologen Leif Kreyberg. Diese Demonstration war der unmittelbare Anlaß zur Wendung Kreybergs von Kooperation zu haßerfüllter Feindschaft. Kreyberg brachte mir wieder ein Krebspräparat. Ich fragte ihn, ob er die Krebszellen bei großer Vergrößerung sehen wollte. Dies wollte er, da er über solche Vergrößerung vorher nicht verfügte. Ich hatte eine Spindelform eingestellt, die sich langsam ruckartig im Felde fortbewegte. Ich stellte Krebszellen bei 4000 X ein. Er sah durchs Mikroskop und erkannte die Gebilde nicht als Krebszellen.

Er wollte meine Kohlebione sehen. Ich glühte ein frisches Kohlestaubpräparat, tat es in die Quellösung entnahm einige Minuten später eine kleine Probe und stellte eine 4000 X Vergrößerung ein. Die Bione waren stark bewegt, kontraktil und blauschimmernd. [Diese Kennzeichen sind heute denen vertraut, die einmal Kohlebione beobachtet haben.] Kreyberg sah ins Mikroskop und erschrak sichtbar. "Ich möchte Ihre Bouillon sehen". sagte er. Er war also der Auffassung, daß es sich um eine infizierte Lösung handelte. Ich war sehr erstaunt, denn er hatte die klare Lösung gesehen, und überdies ist ein Kohlebion mit keinem bekannten Infektionsstab oder Bläschen zu verwechseln. Doch ich gab seinem Ansuchen nach und stellte bei derselben Vergrößerung einen Tropfen aus der Lösung ein. Es gab natürlich nichts zu sehen. Kreyberg ging sichtlich erschüttert davon. Vorher ersuchte er mich noch um eine Kohlebionkultur zum Studium zu Hause. Ich zögerte ein wenig, da ich ahnte, daß er damit nichts werde anzufangen wissen, doch ich gab ihm ein wenig von der Kultur auf Agar. Seine Beurteilung dieser reinen Kultur demonstrierte klar den Verbalismus der Bakteriologie. In seiner späteren Kampagne gegen mich behauptete er, daß die Bionkultur "nur Staphylokokken" enthalten hätte. "Nur Staphylokokken!" Kreyberg hatte also die Neuigkeit von bewegten Krebszellen bei 4000 X und den Vorfall mit den Kohlebionen unterschlagen. Er erwähnte dies mit keinem Wort, ein Vorgehen, unerhört für einen Menschen, der sich "objektiv" und "wissenschaftlich" nennt. Er hatte ferner unterlassen, mitzuteilen, daß die Staphylokokkken eine "Reinkultur" darstellen. Luftinfektionen sind in den meisten Fällen gemischte Kulturen. Er hatte ferner nicht gewußt, daß im Prozeß der Tötung, Fizierung und Färbung von Bionen alle Unterschiede verschwinden und nur kreisrunde, in der Tat Staphylokokken ähnliche blaugefärbte Kugeln zurückbleiben. Kreyberg demonstrierte seine Unwissenheit, die er dann in typischer Weise mir zuschrieb, in dem er glaubte ein Gebilde zu begreifen, wenn er es mit einem Namen benannte. [Er verstand nicht, daß das Wort "Staphylokokken" nichts über den Ursprung des Gebildes aussagt.] Diesen Grundfehler hatte er mit der gesamten mechanistischen Forschung gemeinsam. Daß man Bläschen aus Materie sich unter dem Mikroskop formen sehen kann, verschwieg er dem Publikum, obgleich ich es publiziert hatte. Kurz, dieser Mann entpuppte sich als ein frecher Neurotiker, der seine eigene Unwissenschaftlichkeit und Neigung zur Intrigue verbarg, indem er mich des Scharlatanismus bezichtigte. Er hatte furchtbare Angst, daß ich tatsächlich recht haben könnte. (In seinen späteren Bemühungen, mich zu diskreditieren, griff er sogar zu gemeinen Lügen.) Rätselhaft ist nicht sein Verhalten, sondern das des Publikums, einige meiner engen Freunde eingeschlossen, die diesem Mann nur deshalb Autorität zuschrieben, weil er ein Beamter eines öffentlichen Krebshospitals war. [In solchen Händen ruht das Schicksal tausender Krebskranker.]

Trotz dieser zwei Erfahrungen am Ende des Jahres 1936 stimmte ich Havrevold zu, dem Bakteriologen Thjötta, Bionpräparate zur Bestimmung der Gebilde einzuschicken.[40] Ich sandte ihm ein ungekochtes Bionpräparat 6 a, in dem die Stäbe wenige Minuten nach Herstellung der Mischung aufgetragen waren. Seine mündliche Auskunft an Havrevold lautete, daß es sich um Stubtilis und Proteus handelte, also um einfache Stäbe, wie bei der Fäulnis sich vorfinden. Von der Riesenbedeutung dieser "einfachen Fäulnisstäbe" für das gesamte Krebsproblem hatte ich zu der Zeit, wie gesagt noch nicht die geringste Ahnung. Ich folgte bloß der Entwicklung der Erscheinungen und versuchte in einer sträflich harmlosen Weise, Hilfe seitens der "Spezialisten" zu erhalten. Auch von

[40] *Anstatt sich auf eine einfache Identifizierung der Organismen in dem Präparat zu beschränken, mißbrauchte er diese Gelegenheit im Interesse der Luftkeimtheorie. Ungebeten und unbefugt gab er eine öffentliche Erklärung heraus, in der es hieß, daß er "Reichs Versuche kontrolliert" und "nichts außer einfachen Bazillen" gefunden hatte. Seine Aussagen hatten in keinster Weise etwas mit unserem Ersuchen, die Organismen zu identifizieren, zu tun.*

der Todesangst des gepanzerten Lebens vor der Lebensenergie, dem Orgon, wußte ich nichts. Denn von "Orgonenergie" war noch nichts begriffen.

Die sogenannte Luftinfektion des unsterilen Bionpräparats 6 stellte sich als der Schlüssel zum Krebsproblem heraus. Lassen sie mich deshalb kurz die Argumente zusammenfassen, durch die die theoretische Position meiner Gegner ungültig wird; sie wurden im zweiten Band von *Die Entdeckung des Orgons: Der Krebs* herausgearbeitet.

1. Der Krebs ist ein langwieriger Prozeß des Zerfalls innerhalb des Organismus als Folge der bioenergetischen Schrumpfung des Körpers. Im Verlauf dieser Degenerierung und Fäulnis des lebendigen Proteins, entstehen Fäulnisbakterien, die langsam weiter in T-Bazillen degenerieren, die in Geweben – einschließlich dem Blut jedes Krebskranken – beobachtet und aus diesen kultiviert werden können. Die Krebszelle selbst ist ein Protist, der im tierischen Gewebe entsteht, genauso wie Protisten aus verfallenem Pflanzengewebe entstehen.
2. Keine Krebszellen oder Protisten, welcher Art auch immer, können oder werden jemals "in der Luft" entdeckt werden. Jeder Versuch, in meinem Labor Protisten aus der Luft aufzufangen, ist fehlgeschlagen, und es gibt auch in der Literatur der klassischen Biologie keinen Beweis, daß tatsächlich Protisten in der Luft entdeckt wurden. Diese Behauptung ist eine reine Erfindung von seiten vorurteilsbeladener Wissenschaftler. Sie dient der Aufrechterhaltung einer überholten Auffassung vom Leben, die strikt das organische vom anorganischen, sowohl vom Ursprung wie seiner Funktion her trennt. Die Orgonomie hat anhand von mikroskopischen Beobachtungen und sterilen Experimenten bewiesen, daß sich das ursprüngliche Leben über verschiedene Phasen aus den Bionen, d.h. Energiebläschen entwickelt. Kein gegenteiliger Beweis ist bis jetzt beigebracht worden. Keine in der Luft schwebenden Protisten oder Krebszellen wurden bisher demonstriert. Die Last des Gegenbeweises ruht nun ganz auf den Schultern der Luftkeimtheoretiker. Wenn sie ihre Position aufrechterhalten wollen, müssen sie beweisen, daß Krebszellen und Protisten in der Luft existieren. Falls sie dies nicht beweisen können, muß man logischerweise annehmen, daß Krebszellen irgendwie innerhalb des Organismus entstehen. Genau an diesem Punkt nun betritt ein gefährlicher Irrationalismus das Feld in Auseinandersetzungen über orgonomische Beobachtungen. Solange die Gegner der Orgonomie sich weigern, in Mikroskope zu schauen, können ihre Einwände je-

denfalls nicht ernst genommen werden.

Man muß diese Widersacher daran erinnern, daß wir uns nicht mehr im Anfangsstadium der Bakteriologie befinden, sondern in ihrem Niedergangsstadium. Sie ist zu einer Hemmschwelle für das Verständnis und die Heilung solcher Krankheiten wie Krebs, hoher Blutdruck, Gelenkrheumatismus usw. geworden. Wir stehen jetzt völlig neuen Problemen gegenüber, die um die natürliche Funktion der endogenen Infektion und Zersetzung gruppiert sind. Diese Leiden sind in ihrer Entstehung nicht länger parasitär; sie sind bioenergetisch und emotional, d.h. funktional. Somit treten wir in Medizin und Biologie in ein neues Zeitalter ein. Die Leitlinie dieser neuen Entwicklungen werden notwendigerweise die (noch herauszuarbeitenden) Funktionen der konkreten, meßbaren, kontrollierbaren, sichtbaren Lebensenergie, der Orgonenergie sein.

Die Entdeckung einer Energie in der Atmosphäre mit den spezifischen Eigenschaften des Lebens (Vibrieren, orgonomisches Potential, ständig höheres Hitzepotential usw.) im Jahre 1940 bestätigte nicht nur die mikroskopischen Phänomene bei den Bionen, sondern beendete all das engstirnige und kurzsichtige Geschwätz über unsichtbare und unbewiesene "Luftkeime" als Quelle des ursprünglichen Lebens wie Amöben, Trichomonaden, Kolpidien usw. Sie räumte auf mit einer leeren Phrase, die jahrzehntelang eindeutig Fakten verdunkelt und jeden Fortschritt zu einem Verständnis der Biogenese blockiert hatte. Als 1945 das Experiment Nr. XX die Bildung von Plasma aus sterilem, im Autoclav erhitztem und gefrorenem Bionwasser ans Licht brachte, wurde klar, daß alles organische Leben aus Orgonenergie entsteht, die Wasser absorbiert und zu Bionen verdichtet hat und die fortfährt, innerhalb flexibler Membranen zu vibrieren. Das Leben **kommt** "aus der Luft und aus dem Boden", nicht als unsichtbare Luftkeime, sondern als kosmische Lebensenergie.

Ich weiß nicht, in welchem Licht ich der Welt erscheine; aber in meinen Augen scheine ich nur wie ein Junge gewesen zu sein, der am Strand spielt und sich damit ablenkt, hier und da einen glatteren Kieselstein oder eine hübschere Muschel als gewöhnlich zu finden, während das große Meer der Wahrheit unentdeckt vor mir lag.

Isaac Newton

REGISTER

Wilhelm Reich

Bernd A. Laska

rororo bildmonographien

298 / DM 6,80

wilhelm reich blätter

erscheinen 3 x im Jahr

Herausgeber
Bernd A. Laska
Postfach 3002
D-8500 Nürnberg 1

Einzelheft 5,00 DM
Abonnement 15,00 DM
Postscheckkonto
Nürnberg
Nr. 276645-852

Nexus Verlag DEUTSCHE ERSTAUSGABE

REIHE MINDERHEITENLITERATUR

BAND 1

Raymond Barrio

PFLAUMENPFLÜCKER

PFLAUMENPFLÜCKER ist ein *Chicano*-Roman.
Chicanos sind Saison- und Wanderarbeiter auf den reichen Obstplantagen von Kalifornien. Sie sind billige, mobile Arbeitskräfte. Sie werden auch als Streikbrecher eingesetzt.
Über das Leben der *Chicanos*, über ihr Elend, ihre kleinen Freuden, über ihren Widerstand erzählt **Raymond Barrio** in seinem 1968 erschienenen Roman. Er beschreibt das harte Leben fleißiger Menschen, die auf keinen grünen Zweig kommen. Die im Schatten leben. Am Rande der Gesellschaft. Unter dem Existenzminimum.
Ort der Handlung: eine große Obstplantage in Kalifornien.
Zeit der Handlung: als der Gouverneur von Kalifornien noch R. Reagan hieß.
In Nebenrollen treten auf:
reiche, rüde Unternehmertypen; auf Ellenbogen spezialisierte Aufsteiger; geldgierige Menschenhändler; total ausgeflippte Aufseher; clevere Manager; ein völlig irrer Verwalter; die 'ehrenwerten' Damen des Wohltätigkeitskränzchens sowie Beamte; Politiker; Prostituierte; Texas Ranger; weißer Abschaum; strenge Richter; kleine Gewerbetreibende und viele andere.

Der Roman **PFLAUMENPFLÜCKER** - vom Autor **Raymond Barrio** in den U.S.A. als Selbstdruck im Eigenverlag herausgegeben - hat inzwischen mehr als 25.000 Leser begeistert, gerührt und entsetzt.

Ein engagiertes Buch.
Ein leidenschaftliches Buch.
Ein bewußt parteiisches Buch.

Für Leser, die nicht in Traumwelten entfliehen wollen.
Für Leser, die einst Travens Baumwollpfücker verschlungen haben.
Für Leser, die auf so ein Buch schon lange warten.

ISBN 3-923301-25-1 DM 18,00

Nexus Verlag

DEUTSCHE ERSTAUSGABE

REIHE MINDERHEITENLITERATUR

BAND 2

SHAWN WONG

BAUM DES HIMMELS

Im Roman **BAUM DES HIMMELS** erzählt **Shawn Wong** die Geschichte eines jungen Amerikaners chinesischer Herkunft.
Hauptperson und Icherzähler Rainsford Chan sucht nach den Spuren seiner Vergangenheit, den Geschichten seiner Vorfahren: seiner eigenen Geschichte.
In langen Nachtfahrten durch Amerika überläßt er sich seiner konkreten Phantasie.
Mit großer Sensibilität versetzt er sich in Zeit und Personen.
So ist er sein Urgroßvater, sein Großvater und sein Vater in einer Person. Sie begleiten ihn auf der Entdeckungsfahrt quer durch die Vereinigten Staaten.
Mit dem Urgroßvater baut er mit an der Eisenbahnlinie, die die Ostküste mit der Westküste verbindet.
Mit dem Großvater reitet er Pferde ein auf einer Ranch.
Mit seinem Vater zusammen erlebt er die tropische, geheimnisvolle Welt der Insel Guam.
Mit seiner blonden, attraktiven Freundin 'Amerika' erforscht er Canyons und Naturparks.
Auf Angel Island - einem Internierungslager für chinesische Einwanderer - erlebt er Isolation, Haft und Verhör.
Auf langen, anstrengenden Autofahrten durch die Vereinigten Staaten sucht Rainsford nach dem magischen Ort, nach dem man ihn benannt hat, nach dem Ort, an dem er sich niederlassen will, wo er sich endlich zu Hause fühlen kann. Die Suche nach einem Stück Land wird zugleich zur Suche nach der eigenen Identität.

Überzeugend mischt der junge, vielversprechende Autor **Shawn Wong** - **BAUM DES HIMMELS** ist sein erster Roman - die verschiedenen Handlungsebenen miteinander.
Unaufhörlich verschmelzen Vergangenheit und Gegenwart: Träume, Halluzinationen und Erinnerungen verbinden sich nahtlos mit dem Alltag und den wirklichen Geschehnissen.

Ein leise, unaufdringliches Buch.
Ein sehr poetisches Buch.
Ein Buch der Beschwörung.

ISBN 3-923301-35-9

DM 16,80